Kilian Kleinschmidt
Jenny Schuckardt

BEYOND
SURVIVAL

Kilian Kleinschmidt
Jenny Schuckardt

BEYOND SURVIVAL

Flucht. Ankunft. Zukunft.

Kinder erzählen ihre Geschichte

DUMONT

FSC
www.fsc.org
MIX
Papier aus ver-
antwortungsvollen
Quellen
FSC® C105485

1. Auflage 2016
© 2016 DuMont Reiseverlag, Ostfildern
Alle Rechte vorbehalten
Gestaltung: FAVORITBUERO, München
Umschlagfotos: aptArt - Awareness & Prevention through Art (Umschlag außen), picture alliance / dpa, Julian Stratenschulte (Umschlag innen)
Zitat Titelseite: Gunther Müller: »Der Krisenfeste« aus DIE ZEIT #6/2016
Autorenfotos: privat
Fotos Innenteil: Robert Pöcksteiner (S. 11); Jacobia Dahm (S. 37-45, 216); laif / Gordon Welters Agenturen (S. 46); laif / Jan Grarup (S. 64); laif / Murat Tueremis (S. 82); Lukas M. Hüller (S. 94, 120); picture alliance / Jochen Eckel (S. 136); laif / Eisermann (S. 154); laif / Thomas Grabka (S. 172); laif / Dominik Butzmann (S. 186); Getty Images / Anadolu Agency, Falk Heller (S. 202), laif /Nissen/Berlingske (S. 238/239)
Karte: Stephanie Karraß
Printed in Spain
ISBN 978-3-7701-8283-1

www.dumontreise.de

Das Recht auf ein Leben »beyond survival«, ein menschenwürdiges Leben über das bloße Überleben hinaus, ist unser Ziel für alle!

Kilian Kleinschmidt

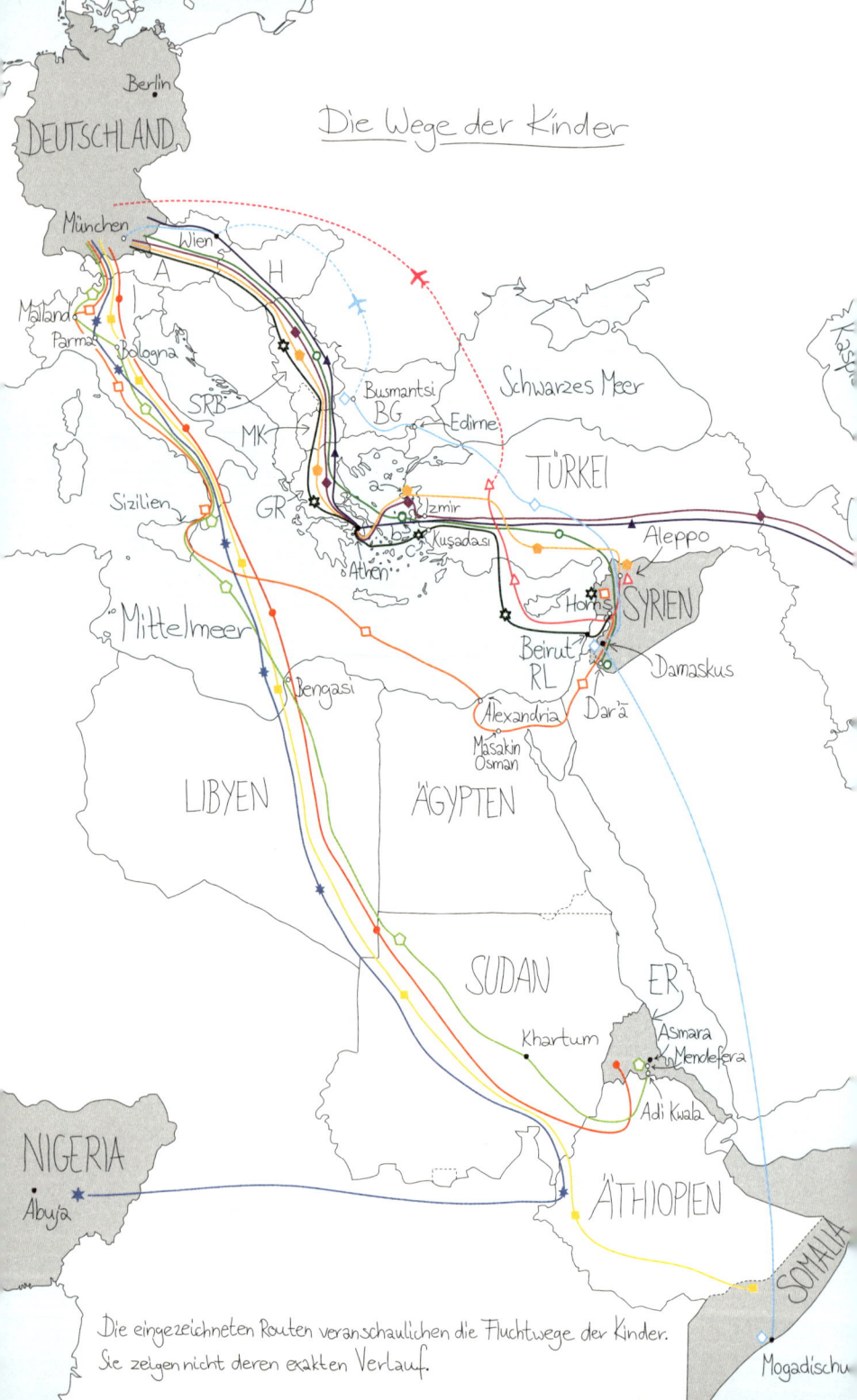

Die Wege der Kinder

Berlin

DEUTSCHLAND

München

Wien

A   H

Mailand

Parma

Bologna

SRB

MK

Sizilien

GR

Schwarzes Meer

Busmantsi
BG

Edirne

TÜRKEI

İzmir

Kuşadası

Athen

Aleppo

Homs

SYRIEN

Beirut
RL

Damaskus

Darʾa

Alexandria

Masakin
Osman

Mittelmeer

Bengasi

LIBYEN

ÄGYPTEN

SUDAN

ER

Asmara

Mendefera

Adi Kwala

Khartum

NIGERIA

Abuja

ÄTHIOPIEN

SOMALIA

Mogadischu

Kaspi

Die eingezeichneten Routen veranschaulichen die Fluchtwege der Kinder.
Sie zeigen nicht deren exakten Verlauf.

Teheran

IRAN

Masar-e Scharif

Kabul

AFGHANISTAN

Meer

Arabisches Meer

● Yasna

○ Faizah

▲ Nazam

△ Nabila

■ Angelina

☐ Ali & Brüder

◆ Mohammed

◇ Malaika

⬟ Nasra & Omran

⬠ Adhanom

★ Nubia

☆ Familie Housoun

Inseln

a   Lesbos

b   Chios

c   Samos

LÄNDER

A   ÖSTERREICH

BG   BULGARIEN

ER   ERITREA

GR   GRIECHENLAND

H   UNGARN

I   ITALIEN

MK   MAZEDONIEN

RL   LIBANON

SRB   SERBIEN

INHALT

Blick über das Flüchtlingslager Zaatari im Norden Jordaniens: Hier finden mehr als 100 000 Menschen Zuflucht vor dem Bürgerkrieg in Syrien, darunter 60 000 Kinder. Im Auftrag des UNHCR leitete Kilian Kleinschmidt das Camp zwei Jahre lang.

VORWORT FÜR DIE ERWACHSENEN

Das Recht der Kinder, ein Kind zu sein, zu spielen, zu lernen, und das Recht auf Unschuld gehen durch Armut und Krieg verloren. Mehr als fünfzig Millionen Kinder sind in diesem Jahr auf der Flucht – Tendenz steigend. Über fünfhundert Millionen Kinder, die unter der Armutsgrenze leben, hungrig und schlecht ernährt sind, haben ihre Kindheit verloren. Millionen werden versklavt und ausgenutzt in einer Zeit, in der wir von der vierten industriellen Revolution reden und Menschenrechte, Arbeitsrecht und Kinderrechte unser Mantra sind. Wir verabschieden *Sustainable Development Goals* und erklären, dass in fünfzehn Jahren niemand mehr in Armut leben muss.

Kinder auf der Flucht sind immer die größten Opfer des Unfugs der Erwachsenen gewesen. Sie haben Unvorstellbares erlebt, müssen Bilder verarbeiten, die kein Mensch sehen sollte. Diese Kinder müssen arbeiten, kämpfen, überleben und sind erwachsen, bevor sie die Pubertät erreichen.

Es hat mich immer erschreckt, diesen Kindern in die Augen zu schauen. Es sind Blicke von Erwachsenen, oft sind es gar die Körperhaltung und Gestik eines Erwachsenen. Ob im Flüchtlingslager von Zaatari oder in den Slums von Karatschi, es sind die Geschichten der Kinder, die uns vielleicht wieder zur Besinnung bringen und Humanität als Priorität zurück in die Gesellschaft holen.

Wir versuchen, durch die Geschichten in diesem Buch etwas wiederzuerwecken, was uns in den letzten Monaten ein wenig verlassen hat: Gefühle. Es geht darum, zu begreifen, dass es um uns alle geht. Die Kinder der Welt sind unsere Zukunft, und nur wenn alle Kinder eine Chance bekommen, wird unser Planet Erde überleben.

VORWORT FÜR DIE KINDER

Stell dir vor, du kannst nicht spielen. Du kannst nicht lernen. Keinen Sport machen, nicht in den Urlaub fahren, keine Hobbys haben. Du hast kein Zuhause mehr, weil es durch den Krieg zerstört worden ist. Du hast lange nicht gegessen, was du magst, und du musst mit vielen fremden Leuten zusammenwohnen. Damit deine Familie überhaupt leben kann, musst du auf dem Feld oder in einer Fabrik arbeiten – selbst wenn du erst acht oder neun Jahre alt bist. Vielleicht ist dein Vater auch nicht da, denn er muss kämpfen, oder vielleicht ist er auch schon tot. Vielleicht würde deine Familie dann auch entscheiden, nach einem neuen Leben zu suchen, in dem all das nur ein Albtraum aus der Vergangenheit ist.

Ich möchte dir keine Angst machen, aber das sind Dinge, die viele der Flüchtlingskinder erlebt haben, deren Geschichten du hier nachlesen kannst. Kinder, die in den großen Flüchtlingslagern leben oder jetzt hier in Deutschland angekommen sind. Ihre Geschichten ähneln vielleicht denen, die dir deine (Ur-)Großeltern vom Zweiten Weltkrieg erzählt haben. Es sind leider diese traurigen Geschichten, die es immer irgendwo auf der Welt zu erzählen gibt.

Wie aber können wir das verhindern und aus traurigen Geschichten Lustiges und Gutes machen? Die Kinder der Welt können sich zum Beispiel zusammentun und eine Welt erschaffen, die solche Geschichten nicht erlaubt. Wir können alle mitmachen und anfangen, diese Welt zu erträumen und dabei zu helfen, dass es wieder eine Zukunft auch für die Flüchtlingskinder gibt. Damit alle Kinder spielen, lernen und träumen dürfen. Das können wir nur erreichen, wenn du und alle anderen Menschen verstehen, was es bedeutet, auf der Flucht zu sein. Du kannst diese Geschichten weitererzählen und zu einem Botschafter aller Kinder werden! Wie genau, das erfährst du ganz am Ende dieses Buches.

Kilian Kleinschmidt, Wien im September 2016

ANKUNFT

von Jenny Schuckardt

Zurzeit ist es ruhig in Molivos. Geradezu gespenstisch ruhig. Ein paar Oktopusarme baumeln zum Trocknen auf einer Wäscheleine, die quer entlang der Hafenmauer gespannt ist. Der Hafen des kleinen Dorfes auf der griechischen Insel Lesbos ist weitgehend leergefegt. Kaum Fischerboote, keine Luxusyachten, nur ein mächtiges Schiff der griechischen Küstenwache liegt vor Anker. Tiefgrau und einschüchternd wie ein Kriegsschiff. Polizisten mit breiten Schultern und blauen Spiegelbrillen patrouillieren durch die Gassen. Die Tavernen und Cafés sind gähnend leer. Die Touristen bleiben aus – an ihrer Stelle kommen Menschen in Not aus fremden Ländern an.

Lange Zeit war Molivos Brennpunkt des Flüchtlingsdramas im Mittelmeer, denn hier ist die Meerenge zur Türkei mit nicht einmal zehn Kilometern am schmalsten. Von der Küste aus kann man die weißen Häuser auf der türkischen Seite zum Greifen nahe herüberleuchten sehen. Diese geringe Entfernung machte Molivos zu einem der meist frequentierten Ankunftsorte der Flüchtlinge aus Syrien, Afghanistan, dem Irak, Somalia und anderen Ländern, die von der Türkei aus nach Griechenland übersetzten. Zwischen September und Dezember 2015 mussten 200 000 Flüchtlinge in dem kleinen Dorf versorgt und untergebracht werden. Das Hafengelände wurde zur Notunterkunft: Vierhundert Menschen schliefen dort zeitweise auf Booten oder einfach auf den Fußwegen.

Seit dem Flüchtlingsabkommen Europas mit der Türkei, das im April 2016 in Kraft getreten ist, wagen zwar deutlich weniger Menschen die gefährliche Überfahrt, doch die Zahl derer, die weiter ihr Leben auf dem Meer riskieren, ist immer noch erschreckend hoch.

»Gestern erst kam wieder ein Boot mit achtzig Menschen«, erzählt Amanda. »Pro Woche machen sich immer noch rund dreihundertfünfzig Menschen auf die Reise.« Ich treffe die hübsche blonde Holländerin in einer Taverne am Hafen. Amanda ist eine der vielen freiwilligen Helferinnen und Helfer auf Lesbos. Eigentlich hatte die Fünfundzwanzigjährige vor, nur ein paar Monate zu bleiben, um als Volunteer für die Hilfsorganisation Starfish Foundation zu arbeiten, die Mitte 2015 von Einheimischen in Molivos gegründet wurde. Seit Amandas erster Ankunft auf der Insel ist inzwischen jedoch über ein Jahr vergangen.

»Es war ein unglaublich heißer Tag, als ich im Juni mit dem Bus von Mytilini nach Molivos gefahren bin«, erinnert sich Amanda. »Ich hatte in Holland gehört, dass viele Menschen auf Lesbos stranden und Hilfe brauchen. Aber ich hatte ja keine Ahnung! Als ich dann im Bus saß, habe ich aus dem Fenster viele, viele Frauen und kleine Kinder gesehen, völlig erschöpft und verzweifelt, die in der prallen Sonne siebzig Kilometer zu Fuß in die Inselhauptstadt Mytilini gelaufen sind. Ich dachte nur: ›Oh mein Gott!‹ Das war so entsetzlich.«

Während Amanda mir ihre ersten Eindrücke von der Flüchtlingssituation auf Lesbos im vergangenen Jahr schildert, kommt die Kellnerin an unseren Tisch und stellt zwei Bier vor uns ab. Melinda, die Besitzerin des Hafenrestaurants »The Captain's Table«, auf dessen Terrasse wir uns niedergelassen haben, nimmt zurzeit einen wohlverdienten Urlaub. Die Tavernenwirtin sammelt das ganze Jahr über Secondhand-Kleidung für den weihnachtlichen Inselbasar der Einheimischen. Als die ersten Boote in Molivos mit Flüchtlingen in völlig durchnässter Kleidung ankamen, erinnerten sich die Männer von der Küstenwache an Melindas Kleidersammlung und baten sie um Hilfe. Melinda überlegte nicht lange, stellte alles zur Verfügung und engagiert sich seitdem selbst in der Flüchtlingshilfe. Sie versorgt die Ankommenden mit Tee und Sandwiches. Im Sommer 2010 erreichten die ersten Hilfesuchenden Molivos. Eine Handvoll Flüchtlinge waren es damals nur, sie kamen in Beibooten. Ende 2014 stiegen die Zahlen, nun waren die Boote, die für zwölf Menschen gebaut sind, vollgestopft mit bis zu sechzig Personen. Im Sommer und Herbst 2015 waren es dann bereits dreißig solcher Flüchtlingsboote pro Tag, die an der Küste von Lesbos anlegten.

»Die Menschen kamen in der Nacht oder in den frühen Morgenstunden, kurz vor Tagesanbruch. Mit vielen Kindern. Man konnte die Boote schon von Weitem erkennen, die meisten waren kaum seetüchtig, die in Seenot geratenen Menschen mussten von der Küstenwache gerettet werden, weil sie es nicht mehr bis ans Ufer schafften. Auch die Flüchtlinge, die an anderen Küstenorten gestrandet waren, kamen zu uns, in der Hoffnung, von hier mit Bussen nach Mytilini in die Flüchtlingslager weiterfahren zu können.«

Gedankenverloren fixiert Amanda die Küste, zieht eine Packung filterlose französische Zigaretten aus der Jackentasche, zündet sich eine an und nimmt einen tiefen Zug.

»Das absolut Schlimmste für mich war das Erlebnis mit einem kleinen syrischen Mädchen, es war höchstens acht Jahre alt«, sagt Amanda und stößt den Rauch aus. »Es hatte ein schreckliches Unglück auf dem Meer gegeben, wieder einmal war ein Schiff gekentert, achtzig Menschen sind dabei gestorben. Dieses kleine Mädchen hatte als Einzige überlebt, es hatte mit ansehen müssen, wie seine ganze Familie ertrunken war. Mama, Papa. Brüder, alle tot. Die Küstenwache hat die Kleine aus dem Meer gefischt und zu uns gebracht. Sie war wie erstarrt, schaute nur vor sich hin. Wir haben versucht, sie ein bisschen aufzuheitern, aber sie saß einfach nur da, den ganzen Tag. Ein Volunteer hat sie dann am Abend mit acht anderen unbegleiteten Kindern mitgenommen, alle zusammen haben sie im Büro der Küstenwache übernachtet.«

Amanda schüttelt den Kopf. »Unvorstellbar, das Leid der Kleinen.« Sie macht eine kurze Pause, bevor sie weiterspricht. »Am nächsten Morgen haben wir alle zusammen gefrühstückt, dann wurde das Mädchen weggebracht. Sie lebt jetzt in Mytilini in einem Heim für unbegleitete Jugendliche. Bevor sie in den Bus steigen sollte, hat sie sich einen Stuhl geholt, ist raufgeklettert und hat mir einen Kuss auf die Wange gedrückt. Das war so bewegend.«

Ein mittelgroßer braungrauer Mischlingshund trabt zu uns heran und schnüffelt an Amandas Hosenbeinen. Sie bückt sich zu ihm, um ihn zu kraulen.

»Das ist unsere Lagerhündin Cosima. Sie hat mit vielen Flüchtlingskindern hier gespielt und ihnen ein bisschen Trost gespendet. Jetzt ist sie selbst Mama geworden, hat fünf Welpen bekommen.«

Cosima trollt sich wieder. Amanda lehnt sich in ihrem Stuhl zurück und richtet ihren Blick wieder aufs Meer. »Kurz bevor die Menschen hier ankamen, bekamen wir immer einen Anruf von der Küstenwache, dann ging's los. Tag und Nacht. Sobald wir erfahren haben, wo ein Boot gestrandet war, sind wir Volunteers dorthin, haben die Menschen mit Decken, warmen Socken, Tee und Sandwiches versorgt. Mit den Kindern machten wir Späße, um ihnen zu zeigen: ›Jetzt seid ihr hier, jetzt ist alles okay.‹ Es waren so viele Kinder, die meisten unter zwölf Jahre alt.«

Amanda atmet tief durch. »Im Oktober habe ich gesehen, wie hier im Hafen ein Baby gestorben ist. Ich habe einen Flüchtling gesehen mit einem offenen Bein, das einfach nur mit Nägeln fixiert worden war. Mit Nägeln! So ist er übers Meer gekommen. Drei Tage lang musste er hier warten, bis endlich ärztliche Hilfe kam.« Ihr Handy klingelt. Die Niederländerin entschuldigt sich mit einem Lächeln, klickt das Gespräch sofort weg.

»Es waren einfach so viele. Sie kamen aus Syrien, dem Irak, Afghanistan, Afrika. Die meisten wussten gar nicht, wo sie sind. Einmal war eine Familie aus der Dominikanischen Republik dabei, die dachte, sie sei in Spanien, weil die Schlepper das so erzählt hatten.« Amanda schmunzelt ein wenig. Dann zeigt sie mir Bilder vom vergangenen Jahr auf ihrem Handy. Der pittoreske Hafen, der heute im entspannten Frühjahrsschlaf liegt, war voller Zelte, überall Menschen, jeder von ihnen mit seiner eigenen traurigen Geschichte.

»Es begann mit hundert Flüchtlingen in der Woche, am Ende waren es tausend Menschen am Tag, die Hilfe suchten. Wir haben ein Transitcamp auf dem Parkplatz eines Nachtclubs errichtet. Im Oxy-Camp haben wir die Flüchtlinge mit Wasser, Nahrung und medizinischer Ersthilfe versorgt. Das ganze Dorf war voll.«

Unter den vielen Flüchtlingen waren auch etwa zweihundert Kinder, die ihre Familien im Meer verloren hatten. In der Hauptstadt Mytilini gibt es gerade einmal zwei Häuser für diese unbegleiteten Kinder und Jugendlichen. Es hätten deutlich mehr sein müssen.

»Die Kinder gehen nicht in die Schule, sind auf sich allein gestellt, bekommen ein paar Legosteine und Faltbücher, unterhalten sich die meiste Zeit auf Farsi. Wir sind gerade dabei, Möglichkeiten zu finden, diesen elternlosen Kindern irgendwie zu helfen. Wir suchen Lehrer, die ihnen etwas beibringen können. Es ist ein großes Problem.«

Amanda und ich trinken unser Bier aus, schieben die Stühle zur Seite und brechen zu einem kleinen Hafenspaziergang auf. Aus einer Taverne klingt traditionelle griechische Musik, der Duft von gegrilltem Fisch liegt in der Luft. Die Sonne glitzert auf dem kristallklaren Meer, eine Familie lässt groß auffahren: verschiedene Vorspeisen, frisches Brot und die luftgetrockneten Tintenfischarme, die gegrillt serviert werden und eine Spezialität in Molivos sind. Postkartenidylle.

»Die Einheimischen waren zuerst sehr sauer«, erinnert sich Amanda. »Manche haben anfangs wirklich gedacht, dass die Menschen hierherkommen, weil wir Sandwiches verteilen. Aber dann haben sie im Laufe des Sommers verstanden und sehr viel mitgeholfen. Wir haben auf eigene Initiative Busse gemietet, die die Flüchtlinge nach Mytilini bringen, damit sie nicht zu Fuß laufen müssen, wir haben ihnen Kleider, Essen und Landkarten gegeben. Auch viele Touristen haben uns mit Spenden unterstützt.«

Inzwischen macht sich jedoch wieder Sorge breit unter den Inselbewohnern. »Auch diese Saison wird sicher wieder schlecht werden für Lesbos«, vermutet Amanda. Sie klopft eine neue Zigarette aus der Packung. »Es gibt sehr wenige Buchungen, viele Stornierungen. Immer mehr Einheimische überlegen, die Insel zu verlassen. Sie wissen einfach nicht, wie es weitergehen wird.«

Die Holländerin ist gerade erst wieder nach Lesbos zurückgekommen, sie hatte sich einen kurzen Urlaub genommen. »Ich war völlig ausgelaugt, ich konnte nicht mehr. Wir haben teilweise rund um die Uhr gearbeitet.«

Jetzt will sie zunächst einmal in Molivos bleiben. »Ich habe das Gefühl, ich werde noch gebraucht. Es gibt Gerüchte, dass die Schlepper ihr Geschäftsmodell geändert haben. Sie suchen verstärkt nach Frauen, Kindern und Schwangeren. Erzählen ihnen, dass sie nicht in die Türkei zurückgeschickt würden und daher die besten Bleibechancen hätten. In ihrer Hoffnungslosigkeit glauben sie den Schleppern. Und jetzt, wo der Sommer kommt, werden sich wieder mehr Menschen auf den Weg machen«, vermutet die junge Holländerin.

Nachdem Amanda zur nächsten Verabredung aufgebrochen ist, streife ich noch ein wenig durch die Straßen.

Es wird Abend, die Lichter gehen an. Die mächtige Burg über Molivos erstrahlt wie eine Theaterkulisse. Dutzende Hunde, Katzen, ein paar gesattelte Mulis und eine Handvoll Einheimische säumen die Gassen. Die Besitzer der kleinen Kunsthandwerkslädchen lassen ihre Ladentüren weit offen stehen, locken mit »very special prices«. Andere Geschäfte werden für längere Zeit geschlossen bleiben, »for sale« steht an den Türen.

Bei »Alexa« gibt es Modeschmuck und Freundschaftsbändchen, Keramikkunst und Komboloi – kleine Kettchen mit Perlen in allen Farben und Formen, oft reines Spielzeug, nur zum Zeitvertreib, manchmal aber auch Meditationshilfe.

Alexa zeigt mir einen filigranen goldenen Anhänger in Delfinform.

»Zur Erinnerung an Arion von Lesbos, der aus Mithymna stammte. Kennst du seine Geschichte? Er nahm an einer Art Sängercasting auf Sizilien teil, gewann den Wettbewerb und machte sich reich beschenkt auf den Heimweg. Die Mannschaft auf seinem Schiff wurde jedoch neidisch, die Männer stellten ihn vor die Wahl – entweder solle er selbst über Bord springen oder sie würden ihn töten.

Arion bat darum, ein letztes Lied singen zu dürfen. Mit seinem Gesang lockte er Delfine an, und als er sich ins Wasser stürzte, trug einer der Delfine ihn wohlbehalten an Land.« Alexa lächelt ein wenig bitter. »Arion war ein Dichter aus dem 7. Jahrhundert vor Christus, aber seine Geschichte passt auch zu uns, in diesen Zeiten ...«

Ein halbes Jahr zuvor, im Spätsommer 2015, hatte ich Sunny aus Dänemark kennengelernt. Wie Amanda war auch sie eine freiwillige Helferin einer NGO, einer Nichtregierungsorganisation. Sie hatte ihren Jahresurlaub genommen, um auf Lesbos mit anpacken zu können. Es war früh am Morgen, die Sonne war gerade aufgegangen über der Ägäis. Ich fuhr in einem Taxi die Uferstraße entlang.

Sunny war schon an unserem Treffpunkt, als ich aus dem Wagen stieg. Sie stand mit ihren Freunden am Ufer, neben ihnen türmten sich Kartons mit Mineralwasserflaschen, trockene Kleidung lag bereit.

»Schau, da!« Sunny zog mich sofort neben sich, als sie mich sah, und zeigte in die Ferne. Weit draußen auf dem Meer war ein graues Boot zu sehen, auf dem Menschen in orangeroten Schwimmwesten saßen und winkten. Ein Mann hatte sein T-Shirt ausgezogen und wedelte uns damit zu.

Das Gummiboot, das für den Transport von zwölf Passagieren zulässig war, auf dem aber mindestens fünfundvierzig Menschen saßen, schwankte. Je näher es kam, desto deutlicher war zu erkennen, dass viele der Passagiere Frauen und Kinder waren.

Als das Boot die Küste erreichte, wurden Jubel und Begrüßungsrufe laut, der Mann ohne Shirt konnte es gar nicht mehr abwarten, er sprang ins Wasser und zog das Boot Richtung Strand. Als er bei uns ankam, streckte er die Arme zum Himmel, fiel auf die Knie und küsste den steinigen Boden der Insel. Auch einige andere stiegen aus, sprangen voller Energie aufs Festland. Wieder andere hatten kaum noch die Kraft, die Beine über den Rand des Schlauchbootes zu schieben.

Ihnen half Sunny. Sie hielt eine junge Frau im Arm, die nicht mehr alleine stehen konnte. Ihr Kleid war nass, ihr Kopftuch hatte sich gelöst. Violetta, eine freiwillige Helferin aus der Schweiz, streckte den zwei kleinen Töchtern die Hände entgegen. Wie paralysiert saßen die beiden im Boot und schauten Violetta mit großen, starren Augen an. Sie hatten helle Hosen an, die an einigen Stellen dunkel vor Nässe waren. Als sich die junge Mutter etwas gefangen hatte, holte sie die beiden Mädchen selbst an Land. Wie ferngesteuert ließen sich die Kinder von ihr aus dem Boot ziehen.

Ein kleiner Junge neben ihnen, angesteckt von dem Jubel der anderen, riss seine Schwimmweste auf und schleuderte sie weit von sich. Unbeschreibliche Freude lag in der Luft.

»Das ist der Moment, in dem viele der Menschen zum ersten Mal seit Langem wieder glücklich sind«, erklärt Sunny mir. »Sie haben es geschafft, vor dem Krieg zu fliehen, das Meer zu überqueren, sind dem Tod entronnen, haben überlebt und sind in Europa angekommen. Jetzt fühlen sie einen intensiven Glücksmoment. Ein paar Stunden lang genießen sie den Moment des Angekommenseins. Bis sie realisieren, dass sie noch lange nicht am Ende ihrer Reise, sondern gerade erst am Anfang sind. Dass sie noch tausend Kilometer von ihrem Ziel entfernt sind. Die Schlepper sagen ihnen: ›Wenn ihr in Griechenland ankommt, wird für euch gesorgt.‹ Die Menschen glauben das. Aber in der Realität sind sie völlig auf sich allein gestellt.«

Sunny verteilte Wasserflaschen und Äpfel, welche die Helfer über Spenden organisiert hatten. Dankbar griff jeder zu. Die junge Frau, die Maisun hieß, setzte sich erschöpft auf einen Felsen, ihre beiden Kinder standen Hand in Hand ganz dicht neben ihr, das kleinere Mädchen saugte an seinem Schnuller, es hatte immer noch seine kleine rote Schwimmweste an, das größere nicht mehr, aber es wirkte völlig abwesend.

»Man mag sich gar nicht vorstellen, was diese Menschen hinter sich haben«, sagte Sunny zu mir. »Welche Angst sie dazu getrieben haben mag, in dieses kleine Boot zu steigen und das Mittelmeer zu überqueren.«

Das Schlauchboot sackte währenddessen immer weiter in sich zusammen. Zurück blieb eine dunkelgraue zerfetzte Hülle am Meeresufer.

»Die Schleuser haben die Menschen angewiesen, die Boote sofort zu zerstechen, wenn sie angekommen sind, deswegen siehst du hier so viele Gummifetzen«, erklärte Sunny.

Viele der Angekommenen rissen sofort die durchsichtigen Plastikhüllen auf, in denen sie ihre Handys oder Geldscheine für die Überfahrt wasserdicht verpackt hatten. Auch Maisun nestelte ein Handy aus einer hellblauen Plastikverpackung. Hektisch wählte sie eine Nummer, redete schnell und aufgewühlt, und während sie sprach, liefen Tränen über ihre Wangen.

»Ich habe meine Eltern in Syrien angerufen, um sie zu beruhigen, dass wir gut angekommen sind«, sagte sie zu Sunny auf Englisch, als sie aufgelegt hatte. »Sie haben geweint.«

Maisun stand auf und küsste ihre Kinder, die immer noch unbeweglich dastanden und mit leerem Blick auf das Wasser schauten. Sunny reichte der kleinen Familie Toastbrot, Violetta hatte für Maisun trockene Kleidung aus den Kartons gesucht und zeigte sie ihr fragend. Als sie nickte, hielt Violetta eine Decke hoch, damit Maisun sich geschützt vor neugierigen Blicken umziehen konnte.

Als die junge Frau fertig war, steckte sie ihre Mädchen in trockene Kleidung. Die beiden standen dabei immer noch reglos neben ihrer Mutter, hoben und senkten die Arme wie Marionetten.

»Das ist oft so«, sagte Sunny. »Die Kinder begreifen gar nicht, was mit ihnen geschieht. Sie mussten von zu Hause fliehen, über das weite Meer fahren, hatten Angst, haben unterwegs unfassbar Schreckliches gesehen und erlebt. Wenn sie hier ankommen, sind sie völlig verstört. Oder aufgedreht wie der Kleine hier.« Sunny zeigte auf den Jungen, der sofort bei der Ankunft seine Schwimmweste von sich geworfen hatte. Er drehte sich immerzu im Kreis und lachte, stolperte, fiel, stand wieder auf, drehte sich weiter.

Nach dem ersten Durchatmen begannen einige Flüchtlinge, den Hang Richtung Straße hinaufzuklettern. Einer reichte dabei dem anderen die Hand, um ihn hinaufzuziehen. Dann marschierten sie los, voller Hoffnung, die staubige und steinige Straße entlang.

Auch Maisun machte sich mit ihren beiden Mädchen auf den Weg. Ihre kleinere Tochter hatte Maisun auf den Arm genommen. Sie legte den Kopf auf die Schulter ihrer Mutter, die Augen geschlossen. Das größere Mädchen ging still neben den beiden her.

Sunny und ich schauten ihnen nach. »Es fahren hier zwar Busse, doch es sind viel zu wenige. Sie können nicht genügend Flüchtlinge mitnehmen«, fasste die junge Dänin die schwierige Lage kurz zusammen.

Die Menschen machten sich deshalb in Gruppen zu Fuß auf den Weg, versuchten, die vorbeifahrenden Autos und Taxis anzuhalten und um Transport zu bitten. Doch mit wenig Erfolg. Niemand wollte sich zum potenziellen Schleuser machen und eine Auseinandersetzung mit der griechischen Polizei riskieren. Also liefen die Angekommenen tagelang, schliefen am Straßenrand in dünnen Zelten, auf einem Stück Pappe oder direkt auf dem Boden.

Zwei Ziele hatten die gestrandeten Flüchtlinge: Einige gingen nach Molivos, hofften, von dort weiter nach Mytilini gebracht zu werden, um ein Ticket für die Fähre nach Athen zu bekommen. Andere marschierten direkt nach Mytilini und von dort aus weiter in das völlig überfüllte Camp Moria, wo sie sich Hilfe erhofften.

Selbst wenn die Flüchtlinge die ersehnte Genehmigung zur Weiterreise endlich in den Händen hielten, war noch lange kein gutes Ende in Sicht.

Zu Tausenden standen sie zunächst an den Schaltern im Hafen, um ein Ticket für die Fähre zu ergattern, die von Lesbos Richtung Athen abfährt. Wenn dann das griechische Festland erreicht war, begann der lange, beschwerliche Weg in den Norden Europas, der oftmals vor verschlossenen Grenzen endete.

Zusammen mit Sunny fuhr ich mit dem Taxi zurück. Vorbei an Flüchtlingen, die noch voller Euphorie strahlten, die den Daumen hochhielten oder das Victory-Zeichen machten.

»An manchen Tagen leuchtet der Küstenstreifen grell orangerot«, erzählte Sunny und lehnte sich in ihrem Sitz zurück, und sie sah plötzlich sehr müde aus. »Dann liegen überall Schwimmwesten. In allen Größen. Dazwischen die Fetzen der Gummiboote, Schuhe, Plastikflaschen, Tüten. Aber wenigstens sind es Hinterlassenschaften von Menschen, die es lebend bis hierher geschafft haben. Der Friedhof der Insel ist völlig überfüllt, so viele Flüchtlinge müssen hier beerdigt werden. Sie werden so begraben, dass ihre Gräber Richtung Mekka zeigen.«

Während der Fahrt schauten wir beide raus aufs Meer – es glänzte tiefblau, ein paar Fischerboote und eine Yacht kreuzten das Wasser. Wie viele Menschen auf dem Weg hierher ihr Leben lassen mussten und im Mittelmeer ertrunken sind, kann man nur erahnen.

Im Frühjahr darauf ist die Szenerie eine ganz andere. Die Küstenstraßen sind menschenleer, nur ab und an bevölkert von einer Horde blökender Schafe oder ein paar wilden Pferden. Ich fahre von Molivos Richtung Mytilini, mache Halt in der Bucht von Skala Mystegna. In der kleinen Taverne am Strand mit dem wettergegerbten Holzdach sind die Tische einladend gedeckt, aber Gäste sind weit und breit nicht in Sicht.

»Zum Glück sind noch viele Volunteers auf der Insel, die wenigstens für ein bisschen Umsatz sorgen«, schildert Aléxandros, ein griechischer Journalistenkollege, mit dem ich in der Taverne seines Schwiegervaters verabredet bin, die Situation. »Es ist schlimm hier auf Lesbos, viele Leute haben mittlerweile ihre Geschäfte dichtgemacht und sind auf das Festland gegangen. Es gibt kaum noch Reiseveranstalter, die Reisen nach Lesbos anbieten. Das heißt, es gibt auch kaum noch Arbeit für die Einheimischen. Einige haben sogar nicht mehr genug zu essen.«

Die Speisekarte der Taverne ist zwar riesig, bestellen können wir jedoch wenig.

»Oxi«, sagt Tavernenwirt Takis, ein stämmiger Grieche mit sanften braunen Augen hinter seiner randlosen Brille, bei jedem zweiten Gericht. »Haben wir nicht.«

Wozu auch die Vorratskammern füllen, wenn niemand kommt?

Wir bestellen das, was da ist: geröstetes Brot, den griechischen Bauernsalat Choriatiki mit Zwiebeln und Tomaten aus dem eigenen Garten, dazu Mythos, das einheimische Bier.

Aléxandros stammt aus Athen, wollte auf Lesbos, der Heimat seiner Frau, eigentlich nur ein paar Tage Urlaub machen. Es wurde ein langer Arbeitsaufenthalt für ihn.

»Es kamen die unterschiedlichsten Menschen. Ich habe sogar einen Syrer mit seinem Bodyguard in einem Gummiboot gesehen oder Frauen in Designerkostümen«, erzählt Aléxandros. »Reich oder arm, dieser schreckliche Krieg macht alle gleich. Ich erinnere mich an eine syrische Frau in einem Laden. Sie hatte etwas eingekauft, öffnete ihren Geldbeutel so weit, dass jeder sehen konnte, dass sie sehr viel Geld dabeihatte. Ich habe zu ihr gesagt: ›Pass besser auf, dass du nicht überfallen wirst!‹ Sie sieht mich an und antwortet: ›I don't give a shit. Ich habe meinen Mann sterben sehen, mein Haus wurde niedergebrannt, wovor soll ich mich noch fürchten?‹«

Das Mythos kommt, und auch der Salat wird serviert, so üppig, dass er kaum auf den Teller passt, obendrauf ein Stück Feta, groß wie ein Ziegelstein.

»Die meisten Flüchtlinge wollen weiter nach Deutschland, ein paar geben skandinavische Länder als Ziel an, aber dein Land ist eines der begehrtesten.« Aléxandros zerlegt seinen Feta. »Wir sind nur Durchgangsstation. Trotzdem haben wir die größte Last zu tragen. Das wissen alle, nur Hilfe bekommen wir keine.« Er legt das Besteck zur Seite und zieht sein Handy aus der Hosentasche. »Susan Sarandon, UNICEF-Botschafterin des guten Willens, war auch hier: ›Griechenland hat die größte Last zu tragen und ich glaube nicht, dass das fair ist‹, sagte sie. Oder Vanessa Redgrave: ›Die Griechen zeigen der Welt, was Menschlichkeit ist, sie helfen Menschen in Not‹, waren ihre Worte.« Aléxandros legt das Handy weg, widmet sich wieder seinem Salat. »Viel Mitgefühl, große Worte, viel zu wenig Taten. Oder vielmehr: zu wenig sinnvolle Taten. Die Flüchtlinge wegsperren und wegschauen – das kann in meinen Augen keine Lösung sein.«

Takis, der Wirt, setzt sich zu uns. Wie den meisten Inselbewohnern stecken auch ihm noch die letzten Monate mit den Flüchtlingen in den Knochen.

Mit einer ausholenden Armbewegung zeichnet er einen weiten Bogen den Strand entlang. »Die Menschen waren überall«, schildert er die Situation. »Überall. Sie waren alle nass und haben gezittert.« Die Bilder tauchen wieder vor seinem geistigen Auge auf. Takis nimmt seine Brille ab, fährt sich mit einer Hand über sein Gesicht. »Ein Baby ist gestorben, hier in der Bucht«, erzählt er sichtlich bewegt. »Sie konnten das kleine Mädchen nicht mehr retten.«

Während Takis aufsteht, ankündigt, selbstgemachten Ouzo zu holen, und dabei offenkundig versucht, seine Gefühle unter Kontrolle zu bringen, nickt mein Kollege vor sich hin.

»Das ist ganz typisch für die Inselbewohner. Die Saison ist gelaufen, aber niemand beschwert sich. Es sind Menschen hier angekommen, die vor Krieg und Gewalt fliehen, Menschen wie wir, die Hilfe brauchen. Was jetzt zählt, ist, dass wir ihnen helfen, was sonst?«

»Kalispéra.«

Aléxandros hat einen Freund zu uns bestellt, der bei der griechischen Küstenwache arbeitet. Níkos heißt er und er sieht gestresst aus. Seit März patrouillieren die griechische und die türkische Küstenwache gemeinsam an der Küstenlinie, unterstützt von NATO-Schiffen und der europäischen Grenzschutzagentur Frontex. Sie wollen Präsenz zeigen und in Seenot geratene Flüchtlinge, die sich trotz des Rückführungsabkommens zwischen der Türkei und der EU auf die Reise machen, wieder zurück in die Türkei bringen. Ungeachtet dieser Abschreckungsmaßnahmen wagen sich auch jetzt noch immer wieder Menschen auf den gefährlichen Weg.

»Niemand will in der Türkei bleiben«, erklärt Níkos, und er hat Verständnis dafür, verrät mir unter der Hand, dass seine Kollegen und er auch mal wegsehen und ein Flüchtlingsboot weiterfahren lassen. Besonders hilfreich findet er das konstante Patrouillieren ohnehin nicht.

»Eine lückenlose Überwachung wie an einer Landgrenze ist im Seeraum kaum möglich, außerdem halten wir die Menschen dadurch nicht davon ab, zu uns zu kommen, sondern zwingen sie nur, andere, noch gefährlichere Routen zu wählen. Die Schlepperbanden helfen dabei gerne. Sie sind sehr findig darin, immer wieder neue Routen auszumachen, auf denen sie doch an ihr Ziel kommen. Über die sozialen Medien spricht sich das alles in Windeseile herum. Hunderte sterben, die Schlepper bleiben straffrei, fertig. Mein Herz blutet, wenn ich von den gekenterten Booten vor der libyschen Küste oder vor Italien höre. Die Kontrolle ist nur eine Illusion. Wir können uns nicht abriegeln.«

Ein scharfer Wind bläst an diesem Frühlingstag auf Lesbos. Ich bin zum Stadtrand der Inselhauptstadt gefahren, bis zu dem Flüchtlingslager Kara Tepe. Das Lager befindet sich direkt an der größten Straße nach Mytilini, zwischen einem deutschen und einem griechischen Supermarkt und zwei Tankstellen. Hier, auf einer Landzunge mit knorrigen Olivenbäumen, hat das UNHCR-Flüchtlingshilfswerk große Kunststoff-Container für die ankommenden Menschen aufgestellt, die mit Zeltstangen zusammengesteckt sind.

Kara Tepe ist ein offenes Lager, dennoch schwer bewacht. Untergebracht werden vorwiegend Familien und Kinder – alle, die sich hier aufhalten, besitzen Papiere. Sie warten darauf, dass für sie die Reise Richtung Europa weitergehen kann oder dass sie von der EU-Grenzschutzorganisation Frontex abgeholt und in die Türkei zurückgebracht werden. Lesbos unterscheidet zwischen Flüchtlingen erster und zweiter Klasse: Wer die nötigen Papiere hat, vor allem syrische Familien und Kinder, kommt in das offene Lager von Kara Tepe, alle anderen in das Lager Moria, das mit doppeltem Stacheldrahtzaun gesichert ist und an den Hochsicherheitstrakt eines Gefängnisses erinnert. Dort sind Besucher unerwünscht.

Mit einer Erlaubnis aus dem Rathaus in Mytilini darf ich Kara Tepe besichtigen – muss aber noch zwei Stunden vor dem Schlagbaum warten.

»Es dürfen immer nur zwei Reporterteams gleichzeitig hinein«, erklärt mir der griechische Wachmann freundlich, aber bestimmt. Ich muss warten, bis jemand das Camp verlässt, um durchgelassen zu werden.

Rund hundertachtzig graue UNHCR-Container reihen sich auf der Landzunge aneinander, neue werden gerade aufgebaut, vor einigen liegt mit Steinen beschwert ein kleiner Teppich oder ein Stück Pappe. Ein Versuch, der tristen Gleichförmigkeit zu entrinnen, etwas Abstand zu schaffen zwischen dem eigenen Container und dem des Nachbarn. Der Bretterverschlag, hinter dem sich die sanitären Anlagen für alle befinden, ist grellbunt angemalt, auf einer Wand sieht man die farbigen Abdrücke Hunderter farbiger Kinderhände. Vereinzelt sorgen ein paar Bäume für Schatten, an deren Ästen Hosen, Shirts und Handtücher zum Trocknen im Wind flattern.

Auf Familienfreundlichkeit wird großer Wert gelegt, seit es zu Übergriffen kam, Frauen und Kinder belästigt wurden. Jetzt gibt es einen »Child Friendly Space«, einen »Children & Family Hub«, eine »Breast Feeding Area« und einen Kodex, wie mit Kindern umzugehen ist. Die Verhaltensregeln sind in arabischer Sprache an eine Campwand angeschlagen, verbunden mit dem Hinweis: »Staffs and others are aware of the problem of child abuse.« Vor dem Hygienekiosk hat sich eine lange Warteschlange gebildet, dort werden Windeln, Zahnbürsten und Seife ausgegeben. Ähnlich viele Menschen stehen vor dem Medizinzelt der Ärzte ohne Grenzen und warten.

Zwischen den Containern schlurfen Kinder herum, die meisten in viel zu großen Schuhen, manche haben den himmelblauen UNHCR-Rucksack auf den Rücken geschnallt, jedes zweite Kind hält ein selbst gemaltes Bild in der Hand. Viel mehr als malen und warten geht nicht. Ein paar der Kinder helfen beim Müllsammeln, ein vielleicht sechsjähriger Junge hat blaue Einweghandschuhe an, kümmert sich während der Essensausgabe um die Verteilung von Orangen. Auf einem eingezäunten Spielplatz schiebt ein Kind einen Rettungsreifen im Kreis, ein anderes steht auf Zehenspitzen vor einem Wasserhahn und versucht, seine Plastikflasche zu füllen.

Der begehrteste Platz im Camp ist ein alter Holztisch nahe dem Haupteingangs zwischen einem leeren Getränkeautomaten, einem Dieselgenerator und einem fliegenden Händler, der Oreo-Kekse, Chips, Lutscher und Pommes im Angebot hat. Hier ist die Ladestation für Handys und andere Elektrogeräte. Jugendliche sitzen auf Holzpaletten und warten darauf, dass sie Verbindung nach Hause aufnehmen können. Es stinkt nach altem Fett und Benzin. Der Generator ist so laut, dass man kaum sein eigenes Wort versteht.

»Come, come here!«

Ein kleines Mädchen, höchstens sieben Jahre alt, hat mich aus dem Mini-Fenster in seinem UNHCR-Container entdeckt und winkt mich zu sich. Doch sie ist schneller als ich und einen Augenblick später steht sie auch schon vor mir. Energisch nimmt mich die Kleine in der rosa Strumpfhose an der Hand und zieht mich zum Eingang ihrer behelfsmäßigen Behausung.

Fünf Paar Schuhe stehen davor, ich ziehe meine aus, lege sie dazu und folge dem Mädchen in den circa fünf Meter langen und drei Meter breiten Raum. Hier lebt Fatima, so heißt die Kleine, mit ihrer Mutter, ihrem Bruder, ihrer Tante und deren beiden Kindern.

Zu sechst schlafen sie in dem Kunststoff-Container auf schmutzigen Matten auf dem Boden. Ein Raum für alles: Tagsüber dienen die Matten als Sitzgelegenheit und Abstellplatz.

Die Familie hat keine Möglichkeit, etwas zu verstauen – es gibt in dem Raum sonst nur noch einen grauen Kasten, der den Heizstrahler sichert. Obenauf reihen sich Waschpulver, Babynahrung, Wasserflaschen und Weißbrot in Plastiktüten aneinander.

Die grauen Plastikwände haben sie ein wenig dekoriert: Grüne Olivenzeige und Plüschtiere – ein einäugiger Hase und ein rosafarbener Tiger – hängen an den Zeltstangen. Von einer Seite zur anderen ist eine Wäscheleine gespannt, an der Handtücher hängen, in einer Ecke stapeln sich graue Decken. Ein Baby übt neben seiner Mutter die ersten Schritte auf einer Wolldecke.

Fatima zieht mich neben sich auf den Boden und strahlt mich an. Sie will ihr High-Five-Spiel mit mir spielen. Sie hebt die Hand, ich soll einschlagen, kurz vorher zieht sie ihre weg und freut sich mächtig, dass mein Schlag ins Leere geht. Angelockt von ihrem Gekicher, schießt Fatimas kleiner Bruder Ibrahim ins Zelt. Er will unbedingt mitspielen und setzt sich zu uns.

»What is your name? Where are you from?«, erkundigt er sich. Der vierjährige Junge hat bereits viel Englisch von den Helferinnen und Helfern im Camp aufgeschnappt und keine Scheu, die fremde Sprache auszuprobieren – anders als seine Eltern und seine Schwester. Mit ihnen ist die Verständigung nur bruchstückweise oder nonverbal möglich. In die Schule geht keines der Kinder – schon lange nicht mehr.

»Ich komme aus Deutschland«, antworte ich Ibrahim.

»Ohhh!« Die dunklen Augen des kleinen Jungen werden ganz groß. »Nimmst du mich mit zu meinem Papa?« Ich zeige auf meinen Rucksack, erkläre ihm, dass er da ja wohl nicht reinpasst.

Ibrahim lächelt mich an, versteht genau, was ich meine, steht wieder auf und flitzt nach draußen. Seine Neugier ist erst einmal gestillt.

Ich hole einen Schokoriegel aus meinem Rucksack und reiche ihn Fatima, die still vor mir sitzt. Das kleine Mädchen strahlt, behält die Schokolade aber nicht für sich, sondern teilt den Riegel sofort in viele kleine Stücke für alle. Auch ich bekomme eines.

Seit etwa einem Monat sind Fatima und Ibrahim mit ihrer Familie im Camp Kara Tepe. Am 1. April sind sie von der Türkei aus mit einem Boot nach Lesbos geflohen, zwei Tage später auf der Insel angekommen. Seither warten sie, sitzen, kauern, liegen, harren aus – ohne genau zu wissen, worauf sie warten und wie lange es noch dauern wird.

Die beiden Familienväter waren bereits Anfang des Jahres aus Syrien geflüchtet, besitzen seit Februar eine Aufenthalts- und Arbeitsgenehmigung in Deutschland.

Fatima kramt eine zerknitterte Klarsichthülle mit den wichtigsten Papieren aus ihrer Handtasche, unter anderem ihren syrischen Pass. Eigentlich hatten die Mütter vor, mit ihren Kindern in der Heimat zu warten, bis ihre Männer sie nach Deutschland nachholen würden, aber das war irgendwann nicht mehr länger möglich. »Viele Bomben, viele Tränen, viele Tote«, fasst Fatimas Mutter zusammen und macht die Halsabschneide-Geste.

Wir tauschen Handynummern aus. Sie will mich über WhatsApp informieren, sobald sie weiß, wie die Reise ihrer Familie weitergeht.

Es klopft. Zwei Frauen in grellgelben Warnwesten stehen vor der Tür. Sie winken die Kinder zu sich und jedes bekommt ein Bändchen. Darauf ist der Name des Kindes notiert, die Nummer des Containers und das Ankunftsdatum. Die Kleinen sind völlig aus dem Häuschen, hüpfen ausgelassen, freuen sich so sehr über die Bänder an ihren Handgelenken, als seien es wertvolle Geschenke. Ich verabschiede mich von der syrischen Familie, die trotz der Ungewissheit mit einem diffusen Gefühl der Hoffnung zurückbleibt.

Auf dem Weg zum Lagerausgang begleitet mich plötzlich ein junger Mann. Die Kapuze seines grauen Hoodies tief ins Gesicht gezogen, den Kopf gesenkt, schlurft er in giftgrünen Crocs eine Weile schweigend neben mir her.

»Woher kommst du?«, erkundigt er sich dann auf Englisch.

»Aus Deutschland.«

»Ich komme aus Syrien.«

»Was machst du hier«, fragt er mich, redet aber gleich weiter. »Ich warte. Und warte. Und warte. Es ist sehr langweilig. Allen ist langweilig.« Er deutet auf ein kleines Kind, das gerade laut schreit und weint und zetert, als seine Mutter es auf den Arm nehmen will.

»Den Kindern ist langweilig.« Er rupft an seinem Fünftagebart, deutet darauf, als er weiterspricht. »Weißt du was, heute Morgen habe ich in den Spiegel geschaut und ich habe ein silbernes Haar entdeckt. Das ist mir noch nie passiert.«

Mein Begleiter ist so außer sich wegen des grauen Haares in seinem Bart, als wäre es das Schlimmste, was ihm auf seiner langen Reise von Syrien hierher widerfahren ist. Kopfschüttelnd und ohne ein weiteres Wort biegt er in eine staubige Seitenstraße des Lagers ab.

So trübsinnig das Warten in Kara Tepe auch ist, der Traum vom Weiterreisen an ein anderes Ziel in Europa ist hier wenigstens noch nicht ganz ausgeträumt. In Moria hingegen, dem größten und berühmtesten Aufnahme- und Abschiebelager auf Lesbos, rund sieben Kilometer außerhalb der Hauptstadt Mytilini, für die meisten schon.

Die Straße nach Moria geht von der Hauptstraße ab und schlängelt sich dann weiter ins Inselinnere. Vorbei an längst geschlossenen Autowerkstätten, ein paar Wohnhäusern und Ruinen, führt sie direkt vor den Eingang des Camps. »Open-Air-Gefängnis« nennen es die Einheimischen, der ganze Bereich ist durch zweireihigen Stacheldrahtzaun abgegrenzt. Ein dunkelblauer Polizeibus steht vor dem Eingang, drei schwer bewaffnete Polizisten aus Athen bewachen den Außenbereich. Zwei mit Sicherheitskräften besetzte Schleusen muss man passieren, wenn man rein oder raus will. Einzig die fliegenden Händler, die vor den Toren Süßigkeiten und Snacks für hungrige Helfer anbieten, lockern das Bild etwas auf.

Die Menschen in Moria – bei dem britischen Schriftsteller J. R. R. Tolkien in *Herr der Ringe* bezeichnenderweise eine Festung in einem düsteren Nebelgebiet – haben alles riskiert, um nach Europa zu gelangen, die meisten haben im Krieg oder auf der Reise Familienmitglieder verloren. Wenn sie in Moria ankommen, werden sie seit dem Zustandekommen des EU-Flüchtlingspakts mit der Türkei in der Regel abgeschoben. Ehemals war Moria nur eine Zwischenstation, bevor die Fliehenden versuchten, das griechische Festland zu erreichen, um von dort weiterzureisen. Die durchschnittliche Zeit, die sich die Angekommenen in Moria aufhielten, betrug circa eine Woche. Nun ist das Camp ein Ort geworden, an dem die Schutzsuchenden zum Teil tagelang Schlange stehen, bis sie registriert sind und dann höchstwahrscheinlich zurück in die Türkei geschickt werden. Dieser Prozess zieht sich, trotz rückläufiger Zahlen an Flüchtlingen. Denn erst nach der Registrierung eines Flüchtlings kann es eine Anhörung geben, welche die Grundlage für den Asylantrag bildet, den die griechischen Behörden prüfen. Und aktuell gibt es in Moria weder genügend Asylexperten noch so viele Dolmetscher, wie gebraucht würden. Während die Geflohenen warten, steigt die Zahl der Menschen in den Aufnahme- und Abschiebelagern immer weiter. Dreitausend Flüchtlinge, einige aus Syrien, andere aus dem Irak, aus Afghanistan, Pakistan oder Afrika, harren in Moria hinter Zäunen aus, täglich werden es mehr.

In einem unbemerkten Moment schaffe ich es, mich einigen internationalen Freiwilligen einer Hilfsorganisation anzuschließen, die beiden Polizeiwachen zu passieren und einen Blick ins Camp-Innere zu werfen. Ich sehe ein einziges Durcheinander von Baracken und Containern mit vergitterten Fenstern. Irgendwo dazwischen hat sich eine kleine Zeltstadt gebildet. Rote, gelbe, blaue windschiefe Einmannzelte, in denen Kinder auf dem nackten Asphalt schlafen. Eine Gruppe Kinder beschäftigt sich damit, ein weiteres Zelt aufzubauen, Kleidung hängt in den Zäunen zum Trocknen. Auf einem Teppich hat ein Händler ein paar Waren ausgebreitet: Chips, Schokoriegel, bunte Plastikhaarspangen. Ein Mädchen steht davor und betrachtet sie sehnsüchtig. Eigentlich sollen in Moria keine Kinder mehr untergebracht werden. Die Realität ist eine andere. Im vergitterten Fenster einer Baracke hinter doppeltem Stacheldraht entdecke ich das Gesicht eines Jungen, höchstens fünfzehn Jahre alt, er starrt hinaus, sein Blick ist leer.

»Für unbegleitete Jugendliche gibt es im Camp eine gesonderte Abteilung, die sie nicht verlassen dürfen«, erklärt mir einer der Volunteers, die ich begleite. Auch die anderen Lagerbewohner sind unübersehbar menschenunwürdig untergebracht. Familien sind mit alleinstehenden jungen Männern zusammengelegt, Privatsphäre gibt es keine, und die hygienischen Bedingungen sind erschreckend.

Nicht jeder bekommt in Moria die Chance auf juristische Beratung oder gar einen fairen Prozess, bemängeln Menschenrechtsorganisationen. Und wer einmal hier angekommen ist, darf das Camp nicht wieder verlassen, bis die Frage nach Asyl geklärt ist. Es gibt zu wenig zu essen, die Menschen hungern. Es fehlt an sanitären Einrichtungen, auch Trinkwasser ist knapp. Diejenigen, die noch auf ihre Registrierung warten, haben gar keinen Zugang zu Wasser und Nahrung, sie sind auf die Hilfe von internationalen Freiwilligen angewiesen, die auf eigene Faust Essensausgaben in der Nähe der langen Menschenschlangen aufbauen.

Einen Tag nach meinem Besuch kommt es in Moria zu einem Aufstand. Flüchtlinge und Migranten protestieren gegen eine anstehende Ausweisung in die Türkei und die Lebensbedingungen im Camp, bewerfen den griechischen Migrationsminister Ioannis Mouzalas mit Wasserflaschen und Steinen, Mülleimer brennen, die Sicherheitskräfte setzen Tränengas und Wasserwerfer ein – die Nerven liegen blank in Moria. Und in all diesem Chaos: spielende Kinder.

Mitte April besichtigte Papst Franziskus das Camp der Hoffnungslosen. Empfangen wurde er mit Schildern mit Aufschriften wie »Freiheit« und »Hilfe«. Stundenlang schüttelte der Heilige Vater Hände und spendete Trost. Nach seinem Besuch nahm der Papst zwölf syrische Flüchtlinge mit in den Vatikan. Es waren per Los ausgewählte Familien, darunter sechs Kinder.

»Heute war es zum Weinen«, sagte der Papst nach Vatikanangaben auf dem Rückflug von seiner Begegnung mit Flüchtlingen auf Lesbos. Der Eindruck der Not und des Leidens der Menschen in dem Hotspot auf der griechischen Ägäis-Insel sei für ihn »zu stark« gewesen, wiederholte er mehrfach. Italienischen Zeitungsberichten zufolge stockte Papst Franziskus immer wieder die Stimme, als er auf dem Rückflug den mitgereisten Medienvertretern von seinen Eindrücken berichtete.

»Flüchtlinge sind keine Zahlen, sie sind Personen: Sie sind Gesichter, Namen, Geschichten – und als solche müssen sie behandelt werden«, war seine Botschaft auf Twitter.

Und dabei wurde dem katholischen Kirchenoberhaupt nicht einmal das ganze Leid zugemutet. Bevor der Papst ankam, wurde aufgeräumt im Elendslager, wie vor jedem hohen Besuch. Die windigen kleinen Zelte auf dem Vorplatz, die vielen Kinder bekam er nicht zu sehen.

Zusammen mit Manólis, meinem griechischen Taxifahrer, fahre ich hoch zum Chiomateri, dem Friedhof der Schwimmwesten, wie die Einheimischen die Mülldeponie nahe der Hauptstadt Mytilini nur noch nennen. Es geht eine malerische Serpentinenstraße entlang, in der Ferne blitzt das Blau der Ägäis, dahinter erstrecken sich Felder und Olivenhaine, soweit das Auge reicht.

Gute drei Kilometer dauert es, bis der Gipfel der Hügellandschaft erreicht ist. Es ist ein weitläufiger, umzäunter Müllabladeplatz, Bagger transportieren die Abfallmengen hin und her. Am Ende des Geländes leuchtet es uns schon orangerot entgegen: gewaltige Berge von Schwimmwesten. Möwen schweben in langen Spiralen kreischend über die Müllberge, es stinkt bestialisch nach Fisch und Unrat.

Und dann stehen wir davor. Meterhoch schieben sich die Schwimmwestenreste in den stahlblauen Himmel: große Westen, kleine Kinderwesten mit Comic-Zeichnungen, dazwischen Fetzen von dunkelgrauen Gummibooten, Kinderschuhe, zerdrückte Getränkedosen, Wärmedecken, Kinderbücher, Spielkarten.

Manólis war noch nie hier oben. Sichtlich bewegt schaut er sich auf der Schwimmwestenmüllhalde um. Sein Gesicht, knorrig und braun wie Olivenholzrinde, spricht Bände. Erinnerungen an den vergangenen Sommer bahnen sich ihren Weg.

»Viele, viele Menschen sind auf den Straßen gelaufen, viele Mütter und Kinder. Ich musste weinen, als ich sie sah. Ich wollte helfen, aber ich konnte nicht, die Regierung hat es verboten. Sonst: Lizenz weg, und dann ist mein Leben kaputt.« Kopfschüttelnd sieht sich der Grieche um, fährt sich mit beiden Händen über das Gesicht. Angesichts der Tausenden von Rettungswesten fehlen selbst ihm die Worte. Sein Blick schweift über die vielen zerfetzten Schwimmwesten zu seinen Füßen, aus einer ragt ein Teil der Füllung – billiges Plastik. Manólis gibt der Weste einen gezielten Kick.

»Schwimmweste? Oxi, nein!«, ruft er dabei wütend aus. »Das ist gar nichts, das ist gefährlich. Das saugt sich voll Wasser und macht dich schwer.«

Manólis hat recht, es sind gefälschte Schwimmwesten, die keinen Schutz vor dem Ertrinken bieten. Die meisten, die wir hier auf der Mülldeponie sehen, sind Billigwesten – für die die Flüchtlinge viel Geld bezahlt haben, in der irrigen Annahme, sie könnten ihr Leben retten.

Angekommen in Europa. Wie geht es weiter für die Menschen, die ihr erstes Etappenziel erreicht haben? Vor allem für die besonders Schutzbedürftigen und Hilflosen unter ihnen?

Ich habe Flüchtlingskinder in Deutschland besucht, die mir von ihrer langen Reise erzählt haben. Es sind Geschichten, die vor Mut nur so strotzen und die einzigartig sind. Gleichzeitig stehen sie für die Stimmen von vielen Tausend Kindern, die ihre Heimat in der Hoffnung auf ein neues Leben verlassen haben.

LESBOS

Ein Fotoessay

Im Sommer 2015 fotografierte ich syrische Flüchtlinge in Berlin und erfuhr dabei viel über ihr Leben auf der Flucht und ihre wochenlange Reise quer durch Europa, oft mit kleinen Kindern auf dem Arm. Im Herbst 2015 flog ich in die Türkei und reiste weiter nach Lesbos, um von dort aus die Flüchtlinge auf ihrem Weg durch die Balkanstaaten und nach Deutschland zu begleiten. Auf Lesbos kamen zu diesem Zeitpunkt täglich Tausende Menschen in Gummibooten an, manche euphorisch, nun endlich Europa erreicht zu haben, manche von Erschöpfung und überstandener Angst überwältigt.

Jacobia Dahm, Fotografin

Stunden nach ihrer Ankunft stehen die sechsjährige Mariam, ihr Zwillingsbruder und ihr kleiner Cousin an der Küste von Lesbos und werfen Steine ins Meer. Mariam blickt über das Wasser, in der Ferne sieht man die türkische Küste. Bis ans Ziel ist es noch ein weiter Weg, aber die gefährlichste Etappe hat sie nun hinter sich.

Im Herbst 2015 erreichen an manchen Tagen bis zu 4000 Flüchtlinge die griechische Insel Lesbos. Die Überfahrten mit oft untauglichen Rettungswesten sind nicht nur lebensgefährlich, sondern auch sehr teuer. Die Preise für die Überfahrt liegen zwischen 1200 und 1500 Euro pro Person. Touristen zahlen für die gleiche Strecke 35 Euro in schnellen, sicheren Schiffen.

Am Fuß des Leuchtturms von Tsonia, an der Nordküste von Lesbos, stapeln sich die Rettungswesten und Schwimmflügel. Männer aus dem Ort sitzen Tag und Nacht am Fuße des Wachturms, um Hilfe zu holen, wenn sie Boote sehen, und um beim Erklimmen des Berges zu helfen, vor allem kleinen Kindern und Frauen.

Reste schwarzer Gummiboote an der Küste von Lesbos: Die Schlepper erzählen den Flüchtenden fälschlicherweise, dass sie die Boote sofort nach ihrer Ankunft mit einem Messer zerstören müssten, da sie sonst von der Hafenpolizei zur Umkehr gezwungen werden könnten.

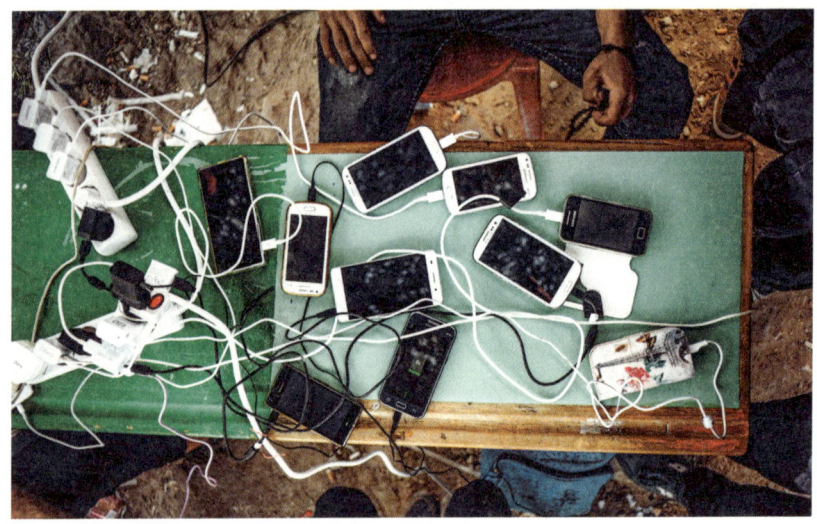

Viele Flüchtlingslager haben Ladestationen für die Handys der Geflüchteten. Das Mobiltelefon ist für sie die letzte Verbindung zur Heimat: So kann man mit der Familie telefonieren, sich Familienfotos ansehen, wenn man Heimweh hat, oder sich anhand der Kartendienste orientieren.

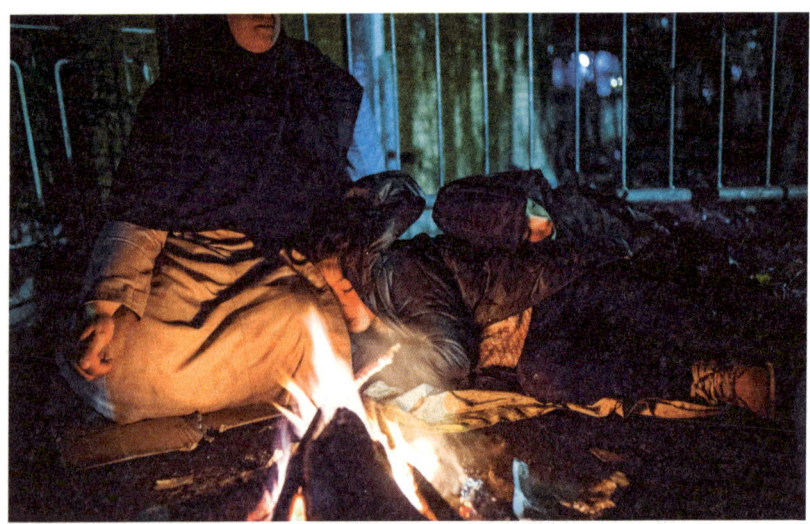

Auf der Flucht schlafen viele Menschen tage- und wochenlang im Freien, da sie entweder nicht in Hotels schlafen dürfen, bevor sie in einem Land registriert sind, oder weil sie ihr Geld einteilen müssen für die lange Reise.

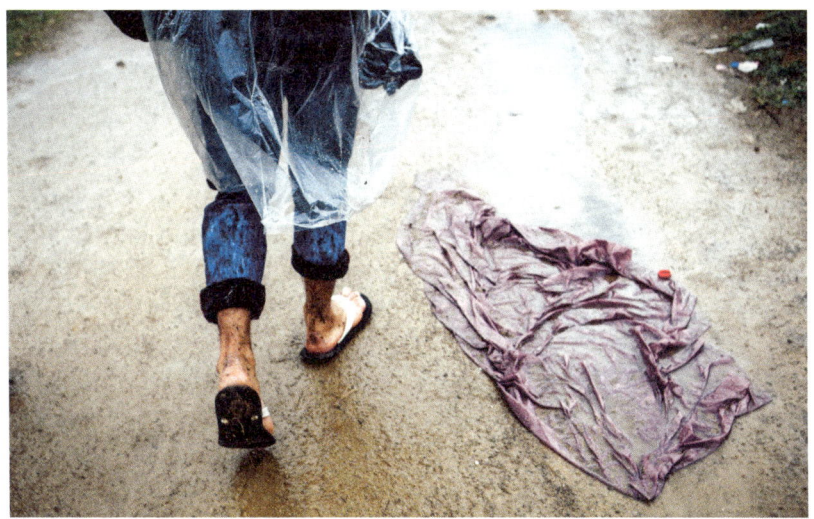

Karam ist mit Stiefeln aus Izmir aufgebrochen, aber im letzten Moment, bevor das Boot von der türkischen Küste ablegte, klaute ein Schlepper sie ihm und hinterließ seine Badelatschen. Diese trägt Karam nun auf seiner langen Reise.

Zwischen Lesbos und dem eigentlichen Ziel der Flüchtlinge liegen Tausende Kilometer. Hier, im serbischen Preševo, warten die Menschen bei jedem Wetter und zu jeder Tages- und Nachtzeit, um sich registrieren zu lassen.

Als Flüchtender muss man alle Grenzen zwischen Griechenland und Nordeuropa zu Fuß überqueren. Zwischen Mazedonien und Serbien führt der Weg
kilometerlang an Bahngleisen entlang durch offenes, im Regen schlammiges
Terrain. Die Anwohner der Gegend nennen es „No Man's Land".

Im Lager Kara Tepe, in dem auf der Insel Lesbos alle syrischen Geflüchteten
registriert werden, waschen und trocknen die Menschen vor der Weiterreise
die wenige Kleidung, die sie besitzen.

Im Camp Oxy auf Lesbos suchen Jwana und ihre Tochter Mariam in einem Zelt Schutz vor der Mittagssonne. Die lange Reise nach Deutschland liegt noch vor ihnen.

BEYOND SURVIVAL
»WIR SIND DIE GENERATION DES 21. JAHRHUNDERTS – WIR LEBEN MIT DEM, WAS IHR AUS DER ERDE GEMACHT HABT.«

KAPITEL 01

»Ist heute wieder Schulzeit?«

Yasna (8 Jahre) – geflüchtet aus Eritrea

Yasna ist aufgeregt, heute ist für sie ein großer Tag in der Schule. Sie darf ihren Klassenkameraden von ihrer afrikanischen Heimat Eritrea erzählen, aus der sie mit ihrer Mutter flüchten musste. Yasna besucht eine Willkommensklasse für Flüchtlingskinder und junge Asylbewerber. In ihre Klasse gehen zwölf Kinder aus unterschiedlichsten Ländern, die hier nun so schnell wie möglich Deutsch lernen sollen, damit sie in eine Regelklasse integriert werden können.

Jedem Kind steht das Recht auf Bildung und Chancengleichheit zu, heißt es in der UN-Kinderrechtskonvention, womit auch Flüchtlingskinder und junge Asylsuchende in jenen Ländern, die den Artikeln der Konvention zugestimmt haben, Anspruch auf den uneingeschränkten Zugang zum Bildungswesen des Asyllandes haben. In Deutschland ist Bildung Ländersache, weshalb jedem Bundesland selbst überlassen ist, wie es die Schulbildung von Flüchtlingskindern gestaltet. Willkommensklasse, Sprachklasse, Übergangsklasse, Vorbereitungsklasse – auch die Namen der Lerngruppen für die Sprachanfänger variieren je nach Bundesland, genau wie der Zeitpunkt, ab dem unterrichtet wird. In einigen Bundesländern beginnt die gesetzliche Schulpflicht mit der Ankunft im Land, in anderen erst sechs Monate nach Zuzug der Flüchtlinge.

Die Kinder in Yasnas Klasse kommen aus Eritrea, Ghana, der Ukraine, Nigeria, Serbien, Syrien, aus dem Irak, dem Iran und Pakistan. Alle haben eine ganz eigene Geschichte, eigene Hoffnungen und Vorstellungen davon, wie ihre Zukunft in Deutschland aussehen soll. Alle sprechen andere Sprachen, einige von ihnen kennen nur fremde Schriftzeichen, manche haben bislang noch gar nicht lesen und schreiben gelernt. Viele sind traumatisiert von Krieg oder Flucht.

»Bananenkuuuchen!«, kreischt Yasna laut wie eine Sirene, als sie ins Zimmer stürmt. Die Achtjährige mit dem wilden Lockenkopf und den großen braunen Augen hat eine unübersehbare Freude an bunten Farben: geblümte Hose, rosa Glitzershirt, gelbe Flipflops, rote Schleife im Haar. Mit funkelnden Augen balanciert sie einen rosa Kuchenbehälter und stellt ihn vorsichtig auf ihrem Pult ab: »Von Mama für alle.«

Ich treffe Yasna, ihre Mutter Suna und Friederike, die Lehrerin der Willkommensklasse, kurz vor Unterrichtsbeginn. Eine Dolmetscherin ist auch dabei. Yasna scheint sich an den beiden neuen Gesichtern kein bisschen zu stören. Im Moment ist sie sowieso noch beschäftigt – sie darf den Bananenkuchen ihrer Mutter auf die Pappteller verteilen, die Friederike mitgebracht hat. Außerdem muss sie ja auch noch die Bilder aufhängen, die sie gemalt hat, um den anderen Kindern ihr Heimatland vorzustellen.

Erst Bilder, dann Kuchen: Das Mädchen befestigt seine Kunstwerke mit Klebestreifen an der Wand. Eine ihrer Zeichnungen zeigt die Farben der eritreischen Nationalflagge: Grün, Rot und Blau. »Meine Lieblingsfarben«, erklärt Yasna, während sie das Bild aufhängt.

Ein anderes ist einfach nur gelb, zitronengelb. »Wie unser Himmel am Abend.« Durch ein drittes Bild spazieren ein rosarotes Zebra mit wehender Mähne und ein ebenfalls rosarotes Kamel mit sehr dünnen Beinen und einem derart langen Hals, dass es eher an einen Dinosaurier erinnert. Als alles aufgehängt ist, kruschtelt Yasna in ihrem Star-Wars-Schulranzen herum und zieht vorsichtig ein grasgrünes Stofftaschentuch heraus. Für mich ist es nur ein Taschentuch, für die Kleine sehr viel mehr.

»Meine Puppe Neela hat ein Kleid an, wie Mama und ich es manchmal tragen«, klärt mich Yasna stolz auf. Mit einem Gummi hat sie am oberen Ende des Taschentuchs einen Kopf geformt und dann das längere Ende grasgrün angemalt. »Ich habe genauso ein Kleid zu Hause«, sagt sie und legt die Puppe vorsichtig auf ihr Pult neben den Kuchen. So können später alle Mitschüler und Mitschülerinnen sehen, wie man sich in Eritrea kleidet.

Als Nächstes kümmert sich das Mädchen um die Verteilung des Bananenkuchens. »Jeder bekommt ein gleich großes Stück«, plant sie geschäftig.

Während ich Yasna bei den Vorbereitungen für ihren großen Tag zuschaue, macht sie einen völlig unbeschwerten, fröhlichen Eindruck auf mich. Nichts deutet darauf hin, dass Yasna einen furchtbaren Fluchtweg hinter sich hat, dessen letzte Etappe sie ganz allein, ohne ihre Mutter meistern musste. Mutter und Tochter wurden auf der Flucht getrennt.

Vor einem halben Jahr erst ist Yasna mit Suna aus ihrem nordostafrikanischen Heimatland geflüchtet. Mitten in der Nacht hatten Soldaten mit schweren Schuhen die Tür ihrer Lehmhütte eingetreten. Bis an die Zähne bewaffnet waren sie in Yasnas Zuhause eingedrungen, hatten alle aus dem Schlaf aufgeschreckt und ihren Vater aus der Hütte gezerrt. Seitdem ist er verschwunden. Niemand weiß, wo er sich aufhält oder ob er überhaupt noch am Leben ist.

»Er hatte gar nichts getan«, klagt Yasnas Mutter Suna, noch immer sichtlich verängstigt. »Wir waren einfache Bauern. Wir hatten eine kleine Plantage. Aber wir sind Christen, das ist in Eritrea nicht gut. Wir hatten sehr große Angst, als die Männer kamen.«

Suna ist selbst noch sehr jung. Genau wie ihre Tochter liebt sie leuchtende Farben. Zu ihrer roten Hose trägt sie ein bunt geringeltes T-Shirt.

»Ich habe laut geschrien und gebettelt, dass sie meinen Mann bei uns lassen sollen, aber sie haben mich weggetreten und gesagt, dass ich verschwinden soll, sonst würden sie mich auch mitnehmen. Yasna hat das alles mit angesehen, sie hat tagelang ihrem Vater nachgeweint.«

Während Suna erzählt, scheint sie mit jedem Wort weiter in sich zusammenzusinken. »Dann haben sie das Haus von meinem Bruder angezündet. Seine ganze Familie ist verbrannt«, sagt Suna, und Tränen laufen ihr über die Wangen. »Ich habe Yasna gepackt, bin einfach losgerannt. Wir sind die ganze Zeit nur gerannt, dann habe ich mich mit ihr versteckt, aber ich hatte keine Ahnung, was ich tun sollte. In einem Internetcafé in der nächsten größeren Stadt habe ich meine Eltern angerufen. Sie leben in Äthiopien. Sie haben mir ein bisschen Geld geschickt. Dann sind wir weitergegangen.«

Auf der Ladefläche eines Pick-up, zusammengepfercht mit vielen anderen Flüchtenden, schafften es Suna und Yasna schließlich, Eritrea hinter sich zu lassen. Über Äthiopien, den Sudan und durch die Sahara kamen sie nach Libyen.»Es war eine schlimme Reise für Yasna. Sie war nur noch müde und wollte sich hinlegen, ausruhen und schlafen, aber das ging nicht, wir mussten ja immer weiter. Ihre kleinen Füße waren sehr schnell blutig und sie konnte nicht mehr so viel auf den Beinen sein. In Libyen haben uns Soldaten mit Holzstöcken gejagt und geschlagen.«

»Ahir auch?«, fragt Yasna unvermittelt, nachdem sie elf Bananenkuchenstücke auf den Papptellern verteilt hat und nun beim zwölften Stück angekommen ist. Unsicher schaut sie ihre Lehrerin an.

Friederike nickt, doch Yasna hakt noch einmal nach.

»Aber Ahir ist doof, er stört nur und ist immer laut und frech.«

»Auch Ahir bekommt ein Stück Kuchen«, antwortet Friederike bestimmt.

»Na gut«, seufzt Yasna, doch es klingt wenig überzeugt. Widersetzen möchte sie sich ihrer Lehrerin aber dann wohl doch nicht.

»Ahir kommt aus Albanien. Er tut sich sehr schwer damit stillzusitzen«, wispert diese mir zu. »Manchmal springt er plötzlich auf und läuft durchs Klassenzimmer, klettert aus dem Fenster oder stellt sich auf seinen Stuhl. Die anderen Kinder, die lernen wollen, fühlen sich durch sein Verhalten gestört. Ich kann nur hoffen, dass er sich bald etwas beruhigt. Die meisten Kinder in dieser Klasse haben ihr Päckchen zu tragen. Sie mussten ihre Heimat überstürzt verlassen und haben eine schwierige Reise hinter sich. Wir können nur versuchen, ihnen so viel Sicherheit und Stabilität wie möglich zu bieten, und hoffen, dass sie es für sich annehmen können.«

»Nein!«, hören wir in diesem Augenblick Yasna rufen. Offensichtlich hat sie gerade mit ihrer Mutter über irgendetwas diskutiert. Sie stampft mit dem Fuß auf, verschränkt die Arme und ruft wieder: »Nein, nein, nein!«

Suna, die sich zu Yasna runtergebeugt hatte, schaut uns entschuldigend an. »Yasna will nicht vortanzen. Sie will nicht zeigen, wie wir in Eritrea tanzen.« Die junge Mutter seufzt. »Yasna war zu Hause immer sehr fröhlich. Sie hat viel getanzt und gelacht. Aber seitdem sie gesehen hat, wie die Soldaten ihren Vater geholt haben, will sie nicht mehr tanzen.«

Suna versucht, die Tränen wegzublinzeln, die ihr bei der Erinnerung an schreckliche Tage in die Augen treten. »Auf der Flucht aus Eritrea haben wir sehr wenig zu essen gehabt, in der Sahara gab es kaum Wasser für uns. In dem Lager in der Wüste fühlte ich mich sehr schwach, ich glaube, ich war krank geworden. Nachts haben mich die Schlepper geholt. Sie haben zu mir gesagt: ›Du kommst mit uns, oder wir holen deine kleine Tochter, sie ist sehr hübsch.‹ Ich hatte so große Angst um Yasna. Ohne sie hätte ich aufgegeben. Ich habe nur gedacht: Gott, beschütze mich für meine Yasna. Wer soll denn sonst auf sie aufpassen?«

Dankbar sieht Yasnas Mutter Friederike an. »Ich bin sehr, sehr froh über die Schule. Yasna freut sich immer, wenn sie hierherkommen kann, und ist traurig, wenn das am Wochenende nicht geht. Jeden Morgen, wenn sie aufwacht, fragt sie gleich: ›Ist heute wieder Schulzeit?‹« Gedankenverloren blickt Suna aus dem Fenster. »Es ist nicht einfach«, sagt sie dann leise. »Manchmal in der Nacht muss ich weinen, und Yasna kann nicht in Ruhe schlafen. Am nächsten Tag ist sie sehr müde. Manchmal wacht aber auch Yasna in der Nacht auf und zittert und schreit. Dann dauert es sehr lange, bis ich sie wieder beruhigen kann.« Immer wieder werden Mutter und Tochter von den quälenden Erinnerungen heimgesucht.

»Zweitausend Dollar habe ich den Schleppern für die Überfahrt nach Europa bezahlt«, erzählt Suna. »Aber dann wollten die Männer mehr. Ich habe ihnen meinen Schmuck gegeben und die goldene Kette, die mein Mann Yasna geschenkt hat.«

In Libyen steigen Mutter und Tochter in ein Boot Richtung Italien.

»Yasna hatte so große Angst vor dem Wasser. Sie hat sehr laut geschrien. Dann ist einer der Schlepper gekommen, er hat sie getreten und gebrüllt, sie solle endlich leise sein. Er hat ihr eine Rippe gebrochen. Ich habe sie in ein Tuch um mich gewickelt, meine Hand um ihren Arm gekrallt und sie nicht mehr losgelassen. Sie hat dann nicht mehr geschrien, nur noch leise gewimmert.« Suna schlägt die Hände vor ihr Gesicht, ihre Stimme zittert. »Sie hat die ganze Zeit auf dem Wasser gewimmert, ich habe gedacht, ich halte das nicht aus. Besser, wenn wir beide tot sind. Wir haben gesehen, wie ein Boot gesunken ist, ganz in unserer Nähe. Yasna hat Kinder gesehen, die im Wasser einfach verschwunden sind.« Suna atmet tief durch, versucht, sich zu beruhigen. »Wir wurden gerettet, kamen in Europa an. In Italien sind viele Menschen zu Fuß gegangen, wir sind einfach mit den anderen Flüchtlingen mitgelaufen. Immer weiter. Ich wusste gar nicht, wohin. Einmal kamen wir an einem Bauernhof an, wo ich gefragt habe, ob wir etwas zu essen haben könnten. Der Mann hat einfach seine großen Hunde auf uns gejagt. Sie waren riesig, wie Ungeheuer. Das war schlimm, das war alles sehr schlimm.«

Aber es war noch nicht das Schlimmste, das Mutter und Tochter auf ihrer Flucht aus der Heimat zustoßen sollte.

»Als wir mit den anderen Flüchtlingen weiterliefen, war Yasna auf einmal weg«, erzählt Suna. »Ich habe einen kurzen Moment nicht aufgepasst, und dann war sie plötzlich verschwunden, wie in Luft aufgelöst. Ich habe meine Kleine nicht mehr finden können! Ich habe gedacht, ich werde verrückt. Ich bin gerannt und habe ihren Namen geschrien, so laut und so lange, bis ich keine Stimme mehr hatte. Ich habe nicht gewusst, ob meiner Yasna etwas zugestoßen ist, ob sie zurückgelaufen ist, ob sie tot ist.«

Suna macht eine Pause, die Erinnerung an diesen Moment brennt ihr zu stark auf der Seele. »Ich habe gedacht: Wir sind bis nach Europa gekommen, wir haben so viel geschafft, und jetzt war das alles umsonst? Ich habe unterwegs so viele böse Menschen gesehen, was, wenn meine Tochter in ihren Händen ist? Ohne Yasna will ich sterben, habe ich gedacht.«

Doch Suna schaffte es irgendwie, ihre letzten Kräfte zu mobilisieren und sich bis nach Deutschland zu schleppen. Hier meldete sie sich sofort beim Roten Kreuz, gab eine Vermisstenanzeige für ihre Tochter auf. »Sie haben mich in ein Lager gebracht, haben mir Kleidung gegeben und warmen Tee für mich gemacht. Ein Doktor ist gekommen und hat mir eine Spritze gegeben, damit ich ein bisschen schlafen konnte. Ich habe dagelegen und die ganze Zeit nur gedacht: Gott, lass mich einfach sterben. Ich hatte keine Hoffnung mehr.«

Doch dann geschah etwas, was für Suna wie ein Wunder war. Als sie eines Nachts die Augen aufschlug, stand plötzlich ihre Tochter neben ihrem Krankenbett. »Ich habe gedacht, ich bin tot und im Himmel, als ich Yasna sah«, erinnert sich Suna. Tränen rollen ungehindert über ihre Wangen. Diesmal versucht sie nicht, sie vor mir zu verstecken.

»Yasna stand einfach da. Sie war so dünn, ihre Haare waren sehr schmutzig und ihre Augen so traurig. Sie war ganz rot und blutig gekratzt, hatte Ausschlag im Gesicht und auf den Armen. Ich habe sie in den Arm genommen und dann die ganze Zeit an der Hand gehalten, habe sie nicht mehr losgelassen. In den ersten Tagen hat sie überhaupt nicht gesprochen. Gar nichts. Ich habe gedacht, hoffentlich hat sie nicht auf der Flucht die Sprache verloren.«

Was Yasna in der Zeit ganz allein auf der Flucht durchmachen musste, weiß Suna nicht. Ihre Tochter will nicht darüber sprechen, bis heute nicht.

Suna hat nur ein paar Informationen von einer Mitarbeiterin des Roten Kreuzes bekommen, die lediglich wusste, dass eine syrische Familie das kleine Mädchen im Wald gefunden hatte. Sie war dort ganz allein gewesen, völlig verängstigt und geschwächt vor Hunger und Durst. Die Familie hatte Yasna mitgenommen auf ihrem eigenen Weg nach Deutschland und sie dann zum Roten Kreuz gebracht.

»Gott möge diese Familie segnen«, sagt Suna und schickt einen dankbaren Blick himmelwärts.

Während wir sprechen, dreht Yasna die Teller mit den Kuchenstücken langsam und sorgfältig hin und her, bis die Spitze eines jeden Kuchendreiecks so daliegt, dass sie direkt auf den Beschenkten deuten wird.

»Yasna ist sehr aufgeweckt, aber es ist einfach alles neu für sie«, lächelt Friederike. »Ich erinnere mich noch, dass es geschneit hat, als Yasna zu uns kam. Sie hat die ganze Zeit völlig fasziniert aus dem Fenster gesehen. Dem Unterricht konnte sie gar nicht mehr folgen. Irgendwann hat sie mich dann gefragt: ›Was ist das? Wer streut das?‹ Da erst habe ich begriffen, dass Yasna noch nie zuvor in ihrem Leben Schnee gesehen hatte.«

»Fertig!« Zufrieden betrachtet Yasna ihr Werk. Das selbst gebastelte Taschentuchpüppchen holt sie an ihren Platz am Tisch. Dann sucht sie sich ein Puzzle aus dem Spieleschrank aus, setzt sich und beginnt mit dem Legen. Ab und zu hebt sie ihren Kopf und blickt nach draußen. Sie scheint in einer ganz anderen Welt zu sein.

Allmählich trudeln Yasnas Klassenkameraden ein. Eine bunt gemischte Gruppe: Die Kinder sind dunkelhäutig, blass, blond, rothaarig, schwarzhaarig, schlaksig, gedrungen. Manche tragen etwas ausgebeulte Jogginghosen und T-Shirts, andere sind schick gekleidet, in Hemd und Hose. Drei Mädchen gehen in Yasnas Klasse, eines davon trägt Kopftuch. Die meisten der Kinder sind fröhlich, ihre Augen leuchten, sie necken sich, die Vorfreude auf den Schultag steht ihnen ins Gesicht geschrieben. Es ist die beste Abwechslung vom langweiligen Lageralltag, wo jeder Tag dem anderen gleicht.

Drei Plätze bleiben leer.

»Unsere Sorgenkinder«, sagt Friederike leicht resigniert. »Es sind drei Geschwister; die Älteste, ein Mädchen, ist zehn Jahre alt und spricht immer noch kein Wort Deutsch. Sie weigert sich einfach. Es ist völlig unklar, warum. Heute sind alle drei von den Eltern krankgeschrieben worden, wie so oft.«

Ein Mädchen mit langen dunklen Haaren kommt durch die Tür, läuft an den anderen vorbei auf Yasna zu und umarmt sie stürmisch.

»Das ist Musra, sie ist vor dem Krieg in Syrien geflüchtet«, erzählt Friederike. »In Aleppo besuchte sie die internationale Schule, ihre Eltern sind Lehrer. Die Familie war wohlhabend, sie hatten einen Gärtner und Wachhunde, zwei Autos. Bis der Krieg kam. Musra geht es nicht gut. Jedes Mal wenn sie ein lautes Geräusch hört, zuckt sie zusammen und will sich unter ihrem Tisch verstecken. Am schlimmsten ist es mit Flugzeugen. Das letzte Mal, als Flugzeuglärm zu hören war, musste sie sehr weinen, so stark ist das Geräusch für sie mit dem Krieg verbunden. Yasna ging einfach zu ihr und nahm sie in den Arm. Sie hat Musra gestreichelt, bis sie sich wieder etwas beruhigt hatte. Seither sind die beiden Freundinnen.«

Stirnrunzelnd beobachtet Friederike die Herzlichkeiten, die die Mädchen austauschen. »Es ist unklar, wie lange Musra bleiben kann. Niemand weiß, wie es weitergeht. Ich denke, dass eine Trennung für die beiden sehr hart wäre.«

Yasna ist jetzt ganz hibbelig, wippt auf ihrem Stuhl hin und her, aber noch ist es nicht so weit, dass sie den anderen von ihrem Zuhause erzählen kann. Erst wird der Stoff der letzten Stunde wiederholt. Sie nimmt ihr Spiderman-Federmäppchen aus dem Ranzen, wählt einen Stift mit einem kleinen Sternenanhänger und ein Heft, auf dem Bernd das Brot abgebildet ist.

Friederike rollt ein Plakat über der Tafel ab. Es zeigt eine Vielzahl unterschiedlicher Tiere.

»Wer von euch weiß, was das ist?« Die Lehrerin deutet auf ein schwarzes Pferd.

»Fisch«, grölt Ahir mit einem Grinsen, das verrät, dass er sehr wohl weiß, dass das Bild keinen Fisch zeigt.

»Nicht Fisch, Pferd«, korrigiert ihn ein kleines Mädchen mit Kopftuch und einer Brille, die sein halbes Gesicht verdeckt, sofort.

Lachend klatscht sich Ahir auf die Schenkel. »Das weiß ein Baby, du bist so dumm!«

»Ahir!«, ermahnt ihn Friederike, doch Ahir kichert weiter. Er lehnt sich zurück und legt die Beine auf den Tisch.

Friederike versucht ihn zu ignorieren und deutet auf das nächste Bild. Es zeigt einen Delfin.

»Wieder Fisch!«, schreit Ahir in die Runde. »Laaangweilig!«

»Ein Delfin ist kein Fisch, sondern ein Säugetier«, geht Friederike geduldig auf ihn ein.

»Wasser ist Wasser«, winkt Ahir ab. Der Junge hat Spaß daran gefunden, den Unterricht aufzumischen, und gibt auch bei jedem folgenden Bild seinen Kommentar ab.

Nach den Tiervokabeln bekommen die Kinder eine kurze Auszeit und dürfen sich selbst beschäftigen. Sie brauchen jetzt eine Pause, in der sie sich bewegen und rumlaufen dürfen. Die meisten drehen ihre Runden im Klassenzimmer, untersuchen den Spieleschrank, lassen sich Papier und Buntstifte geben und malen.

Yasna holt erst einmal Schaufel und Besen und fegt ihren Platz sorgfältig von den Spitzerresten leer. Sie will es um sich herum sauber haben. Musras Platz reinigt sie gleich mit.

Ein Junge aus dem Irak und ein anderer aus Bosnien bauen aus kleinen Holzteilen Schießscharten. Sie halten imaginäre Maschinengewehre hindurch und feuern. Musra zuckt zusammen, hält sich die Ohren zu, murmelt vor sich hin.

Friederike greift ein und formt aus den Schießscharten einen Turm, den die beiden Jungs nicht wirklich interessant finden.

Bevor der Unterricht weitergeht, dürfen die Kinder etwas essen. Für das Pausenbrot sind die Eltern zuständig. Der Junge aus Bosnien wickelt ein Stück kalte Pizza aus einem Küchentuch, Ahir hat eine große Tüte Gummibärchen dabei, Harin aus Afghanistan beißt in sein Käsesandwich. Musra löffelt eine Joghurtmischung aus einer Tupperschüssel. Sie will Yasna etwas davon anbieten, doch das Mädchen ist gerade viel zu aufgeregt, um zu essen.

Frisch gestärkt widmen sich die Kinder nun dem bestimmten Artikel im Deutschen. Jeden Gegenstand mit »der« dürfen sie in ihrem Schulheft mit einem roten Stift anmalen, jeden »die«-Gegenstand mit einem grünen Stift, und die blaue Farbe benutzen sie für jedes »das«. Friederike hält Bilder in die Luft, die Kinder sollen sie benennen. Als die Lehrerin ankündigt: »Jetzt kommt euer Lieblingsgegenstand«, brüllt die ganze Klasse vor Begeisterung.

»Das Toilette«, ruft der kleine Bosnier kichernd in die Klasse.

»Fast. Die Toilette«, korrigiert Friederike. »Grüne Farbe.«

Glucksend vor Vergnügen bemalen die Kinder die Toilette in ihrem Übungsbuch mit dem grünen Stift.

Nach der Artikelübung kommt endlich Yasnas Auftritt. Ihre Wangen glühen, ihre Augen funkeln, als sie von ihrer Heimat erzählt. Vor allem die Tiere Afrikas versetzen die anderen in Staunen.

»Du hast echt Kamele gesehen?«, fragt das kleine Mädchen mit dem Kopftuch. »Und Zebras? Und die sind rosa?«

Yasna nickt stolz, ruft dann aber laut: »Neeeiiinnn, die sind nicht rosa!« Sie kichert und erklärt, dass Rosa ihre Lieblingsfarbe sei, Zebras und Kamele in echt aber natürlich anders aussähen würden. Sie kommt ein bisschen aus sich heraus, erzählt von den Abenden mit ihrem Vater am Feuer und den vielen Tiergeräuschen, die sie jetzt sehr vermisst. Sie erzählt von den Festen in ihrer Heimat, als alle zusammenkamen, tanzten, sangen, und wie der Abendhimmel dabei golden leuchtete. Yasna berichtet auch noch ein bisschen mehr von ihrem Vater, der in ihren Erzählungen so groß wie ein Baum und so stark wie ein Tiger ist und zu Hause auf sie wartet. Zum Schluss geht es natürlich auch noch um Bananenkuchen, ihren Lieblingskuchen, den ihre Mutter nur zu ganz besonderen Gelegenheiten backt.

Gelegenheiten wie heute.

Die anderen Kinder klatschen und johlen nach Yasnas Vortrag und machen sich anschließend über das liebevoll angerichtete Kuchenstück auf ihrem Teller her. Der Einzige, der den Bananenkuchen keines Blickes würdigt, ist Ahir.

»Ich esse das nicht«, erklärt der Junge, kneift die Lippen zusammen und verschränkt demonstrativ die Arme. »Nur Affen essen Bananen, ich nicht«, setzt er dann noch nach und guckt beifallheischend in die Runde. Doch niemand lacht über seinen vermeintlichen Witz.

Als Musra bemerkt, dass Yasna traurig wird und kurz davor ist, in Tränen auszubrechen, reagiert sie blitzschnell. Bevor Ahir noch etwas sagen kann, schnappt sie sich seinen Pappteller und verspeist sein Kuchenstück in Nullkommanichts. »Ich liebe Bananen, die sind guuut«, kaut sie mit vollen Backen und grinst dabei Yasna an.

»Affen sind schlaue Tiere«, versucht auch Friederike die Situation zu retten. »Bananen haben viele Vitamine und Mineralien, Affen wissen, dass ihnen das gut tut.«

Dank der schnellen Reaktion der Freundin und den Worten der Lehrerin kann Yasna die Tränen hinunterschlucken. Sie erholt sich wieder ein wenig von Ahirs unerwarteter Attacke und hat sogar ein leises Lächeln im Gesicht.

Als das Kuchenessen vorbei ist, kommt wieder Bewegung in die Klasse. Die Kinder stellen sich auf Friederikes Kommando in einem Halbkreis auf und singen das französische Kinderlied »Frère Jacques«. Sie schmettern den Kanon mit der einprägsamen Melodie und den wenigen Textzeilen begeistert mit. Auch Ahir singt.

Nach Ende der Unterrichtsstunde kommt Friederike zu mir. »Es ist nicht einfach«, erklärt sie. »Die Kinder sind extrem unterschiedlich. Das ist für uns Lehrkräfte eine echte Herausforderung. Manche Kinder können bereits ein paar Brocken Deutsch, andere nicht einmal das Alphabet in ihrer Muttersprache, wenn sie zu uns kommen. Manche von ihnen haben noch nie in ihrem Leben einen Stift in der Hand gehalten oder eine Schule auch nur von innen gesehen. Andere konnten wegen des Krieges vorübergehend nicht in die Schule gehen, wieder andere haben einen guten Bildungshintergrund und langweilen sich bei dem, was wir unterrichten. Wir wollen alle Kinder in einem Jahr fit machen für die sogenannten Regelklassen.

Diesen Schritt schaffen zwar nicht alle in derselben Zeit, aber die meisten Flüchtlingskinder, die ich bisher betreuen durfte, waren hochmotiviert und ehrgeizig und wollten möglichst schnell die Sprache lernen.«

Yasna und ihre Mutter sind in einem Erstaufnahmelager in der Nähe untergebracht. Wenn sie verlegt werden, muss Yasna auch in eine andere Schule gehen.

»Dass sie womöglich die Klasse wechseln müssen, wissen die Kinder«, sagt Friederike. »Damit haben sie kein Problem. Schwer wird es für sie aber, wenn sie mitbekommen, dass jemand nicht mehr zum Unterricht erscheint, weil die Familie abgeschoben wurde. Die Kinder empfinden Mitleid für die Klassenkameraden, die gehen müssen, bekommen aber auch selber Angst, weil sie nicht wissen, was sie erwartet. Sie durchleiden große Unsicherheitsgefühle, fürchten, dass sie auch eines Tages einfach nicht mehr wiederkommen könnten. Sie spüren, dass die Sicherheit, die wir ihnen hier geben möchten, auch trügerisch sein kann.«

»Tschüss, Frau Rike.« Der kleine Bosnier ist der Erste, der aus dem Klassenzimmer rast, Ahir folgt ihm nicht weniger hastig, Harin ordnet in aller Ruhe noch die Stifte in seinem Batman-Federmäppchen. Musra hilft Yasna dabei, ihre Bilder wieder abzuhängen und sorgfältig wegzupacken. Die beiden Mädchen, die ihrem Äußeren nach unterschiedlicher nicht sein könnten, flüstern und kichern. Die Tür geht wieder auf, Ahir jagt zurück ins

Klassenzimmer, er hat seinen Schulranzen vergessen. Hastig wirft er ihn sich über die Schulter und flitzt wieder nach draußen. Schwungvoll knallt er die Tür hinter sich zu. Musra zuckt kurz zusammen, bemüht sich dann sichtlich, sich nichts anmerken zu lassen. Aber Yasna merkt es. Sie überlegt einen Augenblick, läuft zu ihrem Tisch, holt ihr selbst gebasteltes Taschentuchpüppchen und schenkt es Musra.

»Das ist Neela, sie passt auf dich auf«, flüstert sie ihr zu.

WAS
IST
FLUCHT
?

Menschen sind auf der Flucht. Etwa fünfundsechzig Millionen waren es Mitte des Jahres 2016, die vor Krieg, Zerstörung und Verfolgung flüchteten. Jeden Tag werden es 50 000 Menschen mehr. Jeden Tag. 50 000 seit heute Morgen – eine ganze Stadt!

Dies sind die Menschen, die wir als »Flüchtlinge« bezeichnen, oder genau genommen sind es nur diejenigen unter ihnen, die es schaffen, über eine Grenze in ein Nachbarland zu gelangen. Sie sind dann Flüchtlinge unter internationalem Schutz. In dem Moment, in dem ich dies hier schreibe, sind das einundzwanzig Millionen Menschen. Für sie gibt es die sogenannte Genfer Flüchtlingskonvention, deren Regeln seit 1951 festlegen, wie internationale Flüchtlinge geschützt und versorgt werden müssen. Einhundertvierundvierzig Staaten sind es gegenwärtig, die sich verpflichtet haben, diese Regeln zu respektieren.

Darin steht zum Beispiel, dass Flüchtlinge nicht zurückgewiesen werden können, dass sie das Recht haben zu arbeiten und sich frei zu bewegen, das Recht auf eine Unterkunft, auf Erziehung und auf vieles mehr. Natürlich gilt das nicht für Kriegsverbrecher, und Flüchtlinge müssen auch das Gesetz des Gastlandes respektieren.

Über die internationalen Flüchtlinge hinaus gibt es mehr als vierzig Millionen sogenannte »Binnenflüchtlinge«. Das sind Menschen, die innerhalb ihres eigenen Landes aufgrund von Konflikten vertrieben worden sind. Für sie existiert keine internationale Regelung, denn die Regierung eines jeden Landes ist verantwortlich für seine Bürger. Das Problem ist, dass die Regierungen vieler Länder selbst an Vertreibungen beteiligt sind. Bürgerkriege oder die Verfolgung einzelner Volksgruppen sind oft die Ursachen für Binnenflucht.

Es gibt viele weitere Faktoren, die Menschen dazu zwingen, ihre Heimat zu verlassen. Durch die Klimaveränderung etwa werden im Augenblick im Jahr durchschnittlich zwanzig Millionen Menschen vertrieben. Das heißt, dort, wo sie herkommen, können sie nicht mehr überleben, da Dürre oder Überflutungen ihre Ernten zerstören und ihr Vieh verdurstet oder ertrinkt. Da sich diese Katastrophen immer häufiger wiederholen, werden sie immer ärmer. Früher gab es zum Beispiel in Somalia und Nordkenia alle zehn Jahre eine Dürre. Jetzt kommt sie alle drei bis fünf Jahre – für die Menschen und die Natur bleibt kaum mehr Zeit, sich davon zu erholen. In Südostasien fällt der Monsun von Jahr zu Jahr stärker aus. Millionen Menschen werden jedes Jahr vertrieben und verlieren alles. In den kommenden Jahrzehnten werden über fünfzig Inselstaaten unbewohnbar werden, da der Meeresspiegel durch die Polarschmelze steigt. Es gibt keine internationalen Richtlinien dafür, wie diese Menschen geschützt werden können.

Natürlich kommt es auch zu anderen, nicht menschengemachten Naturkatastrophen wie Erdbeben oder Vulkanausbrüche, die Menschen dazu zwingen, woanders zu leben.

Kompliziert wird es, wenn Menschen einfach nur sehr arm sind. Fast eine Milliarde Menschen ist heute hungrig und unterernährt. Das sind zwölf Prozent der Menschheit. Sehr viele Menschen haben keinen Zugang zu Wasser, Gesundheitsversorgung und Energie und können nicht arbeiten. Die Kindersterblichkeit ist zwar zurückgegangen, aber dennoch erreichen viele Kinder auf der Welt nicht das fünfte Lebensjahr. Sprechen wir von Menschenrechten, dann sprechen wir von Rechten, die mehr als drei Milliarden von den 7,4 Milliarden Menschen auf der Erde nicht wahrnehmen können.

Viele Menschen, die zu uns kommen, kommen aus dieser Verzweiflung heraus. Allen Ernstes: Kann man diese Menschen Wirtschaftsflüchtlinge nennen?

BEYOND SURVIVAL
»WIR WOLLEN EINE ANDERE,
GERECHTERE WELT, DENN WENN SIE
NICHT BESSER WIRD,
WERDEN WIR UNTERGEHEN!«

»Ich hatte schon mein Hochzeitskleid«

Faizah (16 Jahre) – geflüchtet aus Syrien

Es ist sehr laut, arabische Musik hallt durch das ganze Haus, es riecht stark nach Essen. Gelächter ist zu hören und das Geräusch eines Fußballs, der immer wieder mit großer Wucht gegen eine Wand knallt. Vier junge Männer begrüßen mich freundlich, bieten mir Tee an.

Ich besuche eine Gemeinschaftsunterkunft für Flüchtlinge in einem kleinen Ort, zwischen Kirche und Gasthaus gelegen. Fünfundzwanzig Menschen aus unterschiedlichsten Ländern leben hier, teilen sich eine Küche, eine Waschmaschine und zwei Badezimmer. Am Briefkasten pappt, mit Paketband befestigt, ein DIN-A4-Blatt, vollgeschrieben mit diversen Namen. Sehr viele sind durchgestrichen, einige unterstrichen. Die Fenster der unteren Etage sind mit grünen Vorhängen blickdicht verhängt, der Putz bröckelt von der Mauer. Im gefliesten Eingangsbereich begrüßt den Besucher ein Messeaufsteller, auf Arabisch und Deutsch steht dort ein Gruß der neuesten Mitbewohner, geschrieben mit grünem Leuchtstift: »Guten Tag, ich heiße Azaja, ich komme aus Pakistan, meine Frau heißt Arja.«

Die Familie von Faizah ist im ersten Stock untergebracht. Auf meinem Weg nach oben komme ich an der Küche vorbei, werfe einen Blick hinein. Vor dem Herd liegt ein zerrupfter Teppich, auf einer Gasflamme steht ein großer Topf und brodelt vor sich hin. Die karge Kücheneinrichtung lädt nicht unbedingt zum längeren Verweilen ein.

Alle Zimmer im Haus sind belegt, in jedem Raum leben drei bis vier Personen: zum Teil Familien, zum Teil aber auch Menschen, die sich vorher noch nicht kannten. Alle haben sie gemein, dass sie in diesem Haus darauf warten, ihre Papiere zu bekommen, um sich dann möglichst bald eine neue Unterkunft zu suchen.

Als ich im ersten Stock angekommen bin und den Flur entlanggehe, öffnet sich am Ende des Ganges eine Tür einen kleinen Spalt breit. Ein Kopf mit streng zurückgekämmtem schwarzem Haar schiebt sich hinaus und zwei große dunkle Augen blicken mich ernst an. Dann lächelt die junge Frau. »Willkommen«, begrüßt sie mich freundlich. Auf dem Arm hat sie einen kleinen Jungen, der sich müde die Augen reibt.

»Komm, komm«, winkt sie mich zu sich hinein, nachdem ich sie und ihren kleinen Sohn Hasan begrüßt habe.

Quer durch das Zimmer, in dem Shirin, Faizahs ältere Schwester, mit ihren zwei kleinen Söhnen und ihrem Mann Omar lebt, ist eine Girlande gespannt, an der viele kleine Fahnen in den Farben der syrischen Nationalflagge hängen. In einer Ecke befindet sich ein Matratzenlager, wo die vier schlafen. In einer anderen steht ein abgewetztes graugrünes Sofa, über dem ein Poster hängt, das eine bergige syrische Landschaft zeigt. Außerdem gibt es noch einen kleinen Couchtisch und einen Schrank, der vollgestopft ist mit Getränkekisten, Dosen, Geschirr und Küchengeräten.

Auf dem Tisch steht schon ein Tablett mit Tee und Gebäck bereit. »Komm, setz dich!«, sagt Shirin zu mir und deutet auf das Sofa.

Als ich mich gerade niederlasse, betritt auch Faizah den Raum. Das Mädchen hat die Haare zu einem lockeren Pferdeschwanz zusammengebunden, trägt eine enge Jeans und ein rotes T-Shirt. Im Schlepptau hat sie Amon, ihren kleinen Neffen, dessen rotes Bobbycar sie am Lenkrad in der Hand hält. Auch die beiden begrüßen mich freundlich, wobei dem kleinen Amon anzusehen ist, dass er es eigentlich kaum erwarten kann, sich auf den Weg nach unten in den Hof zu machen und mit dem Rutschauto herumzusausen.

Stattdessen setzt er sich jetzt direkt neben mich, seine Tante Faizah an seiner anderen Seite. Der kleine Hasan, den Shirin noch auf dem Art hat, klammert sich an seiner Mutter fest, protestiert jedes Mal energisch, wenn sie ihn absetzen will.

»Es geht ihm nicht gut«, erklärt sie mir entschuldigend und küsst ihn auf die Stirn. »Er hat seit der Flucht immerzu Angst.«

Mit Hasan auf dem Schoß setzt sie sich auf einen der weißen Plastikgartenstühle, die die Sitzgruppe ergänzen. Auch Shirin geht es unübersehbar nicht allzu gut. Sie wirkt nervös und unruhig.

Omar, ihr Mann, sehr groß, sehr schmal, stößt zu uns, begrüßt mich kurz und verlässt dann mit einer Plastiktüte voller Lebensmittel, zwei Kochtöpfen und einer Bratpfanne das Zimmer.

Shirin wiegt Hasan hin und her. »Omar muss die Zeit nutzen in der Küche und für uns Essen machen.«

Die Zeitfenster in der Gemeinschaftsküche sind eng. Um siebzehn Uhr kochen die Iraker, um achtzehn Uhr die Senegalesen, um neunzehn Uhr ist Omar dran. Das gesamte Geschirr muss er immer wieder zurück in das Zimmer bringen. »Sonst ist es sehr schnell nicht mehr da.«

Faizah, das zierliche Mädchen, das einen ganzen Kopf kleiner ist als seine Schwester, gießt mir dampfenden Tee in eine Tasse. Sie ist nur zu Besuch bei ihrer Familie. Bei ihnen wohnen darf sie nicht, obwohl sich das alle wünschen würden. Faizah lebt in einem Heim für minderjährige Mädchen, weil sie erst sechzehn Jahre alt ist.

»Ich verstehe gar nicht, warum sie nicht hier bei uns bleiben kann. Wir waren immer zusammen, immer.«

Shirin betrachtet ihre kleine Schwester mit großer Zärtlichkeit in den Augen.

»Meine Schwester hat mir sehr viel geholfen. Ohne Faizah würde ich heute nicht mehr leben.«

Die syrische Flüchtlingsfamilie hat eine fürchterliche Zeit hinter sich. Die fünf kommen aus Darʿā, jener Stadt, in der 2011 die Aufstände gegen den syrischen Diktator Baschar al-Assad begannen.

»Wir haben damals gedacht, dass es bei uns vielleicht so werden kann wie in den anderen arabischen Ländern, in denen die Revolutionen begannen. So wie in Tunesien zum Beispiel«, sagt Faizah. »Dass man Musik hören kann, die man will, anziehen, was einem gefällt, wir hatten uns schon alle sehr gefreut.« Faizah lebte seit dem Tod der Eltern bei der Familie ihrer Schwester in

Dar'ā. Erst nach ihrer Hochzeit, die bereits arrangiert und für die nächsten Wochen geplant war, sollte sie dort ausziehen und ein gemeinsames Leben mit ihrem Mann beginnen.

»Ich hatte schon mein Hochzeitskleid«, erklärt Faizah beinahe feierlich. Mit gerade einmal sechzehn Jahren sollte das Mädchen Ehefrau und so bald wie möglich auch Mutter werden. Der Ehemann war von der Familie ausgesucht worden, ein entfernter Cousin, etwas älter, den Faizah bisher zweimal gesehen hat. Es stört sie nicht, dass sie schon als Teenagerin einen ihr unbekannten Mann heiraten, die Schule aufgeben und den Rest ihres Lebens zu Hause verbringen sollte.

»Er ist ein guter Mann ...« Das Mädchen wedelt von Emotionen überwältigt mit der Hand und bricht ab. »Ich weiß gar nicht, wo er jetzt ist«, sagt sie dann leise, eher wie zu sich selbst. »Und ich weiß auch nicht, wo mein Hochzeitskleid ist. Ich hatte mir eines aus weißem Chiffon gewünscht, Shirin hat es für mich genäht. Es ist wunderschön geworden. Mit einem engen Oberteil und einem weiten Rock. Ich wusste auch schon, wie meine Haare werden sollten.« Faizah demonstriert es, türmt die Hände über ihrem Kopf auf. »So sollten sie werden, wie ein kleiner Turm, mit einem weißen Band.« Doch die politische Lage wurde immer angespannter und vereitelte Faizahs Träume.

Die allgemeine Unzufriedenheit der Bürger mit der korrupten Regierung war in Dar'ā im März 2011 in große Wut umgeschlagen, als das Regime Kinder verhaften und foltern ließ. Sie hatten an die Mauern ihrer Schule Parolen geschrieben, die sich an den Revolutionen in Ägypten und Tunesien orientierten. Auf die Bitte der Eltern, ihre Kinder freizulassen, soll der Chef des Geheimdienstes und Cousin von Assad, Atef Najib, nur Hohn übrig gehabt haben. Die darauf folgenden öffentlichen Proteste der Bürger wurden von der syrischen Regierung mit Panzern, Soldaten und Scharfschützen niedergeschlagen. Auf diese Weise entstanden jedoch stetig neue Demonstrationen gegen die Regierung, immer mehr Städte und Dörfer solidarisierten sich mit der wütenden Bevölkerung in Dar'ā. Der Konflikt weitete sich aus, die Revolution militarisierte und radikalisierte sich. Dar'ā wurde vom Militär eingekesselt, Zivilisten wurden getötet.

»Die Polizisten haben sich auf Dächern versteckt und auf die Menschen in den Straßen geschossen«, berichtet Shirin. »Als der Bürgerkrieg ausbrach, sollte Omar eigentlich zum Militär eingezogen werden. Er hatte sich geweigert, wollte auf keinen Fall auf andere Menschen schießen. Darum sagte mein Mann mir eines Tages, dass er nach Europa gehen und für uns ein sicheres Zuhause suchen würde. Und dann wollte er uns alle nachholen. Ich habe gesagt: ›Wir kommen mit!‹ Er hat geantwortet, dass wir nicht alle zusammen gehen können, weil der Weg viel zu lang und gefährlich für Frauen und Kinder ist.«

Wie viele syrische Familienväter hatte Omar den Entschluss gefasst, dass es besser für seine Familie sei, wenn er zunächst alleine flüchtete. Und wie viele andere hatte auch er Deutschland als Ziel im Sinn.

Im Schutz der Dunkelheit floh Omar über den Libanon, mit dem Boot nach Griechenland und über Ungarn, dessen Grenzen damals noch offen waren, weiter nach Österreich und Deutschland, wo er sicher in einem Erstaufnahmelager landete und seine Familie informierte, dass die Flucht gelungen war.

Shirin sieht ihre Schwester an. »Ich hatte große Angst, wir haben viel gebetet, dass alles gut geht mit Omar. Ich war sehr glücklich, als er in Deutschland angekommen war. Ich habe zu Faizah gesagt, dass er uns jetzt bald alle zu sich holt.«

Faizah wirft Shirin einen liebevollen Blick zu. »Ich habe mich sehr gefreut für meine Schwester. Ich selbst hatte nicht vorgehabt zu fliehen.«

Shirin harrte hoffnungsvoll in Syrien aus, Omar in Deutschland. Nichts ging bei ihm voran, der Andrang der Flüchtlinge, die Asylanträge stellten, war viel zu groß. In Syrien fielen weiter Bomben, darunter die besonders heimtückischen Fassbomben – mit Metallstücken, Benzin und Sprengstoff gefüllte Tonnen, die die Armee aus Hubschraubern abwirft.

»Der kleine Sohn meiner Freundin ist gestorben, als er im Park Fußball gespielt hat«, erzählt Shirin traurig. »Ich hatte sehr große Angst, jeden Tag ein bisschen mehr.«

Shirin verkraftete die Situation kaum. Sie wurde so schwach, dass Faizah die Rolle des Familienoberhauptes übernehmen musste.

»Meine Schwester hat sehr viel geweint und wollte gar nicht mehr essen. Ich habe Brot gemacht für Amon und Hasan, habe mit ihnen gespielt und sie getröstet, wenn die Flugzeuge gekommen sind.«

Die Tage schleppten sich dahin und wurden zu Wochen.

»Omar war traurig, Shirin war traurig, alle waren traurig, ich habe nicht mehr gewusst, was ich machen sollte«, beschreibt Faizah die Situation.

Shirin war schließlich so verzweifelt, dass sie in Depressionen verfiel und kaum noch aus dem Bett aufstehen wollte. »Ich wusste nicht, was ich ohne Omar tun sollte. Ich hatte die schlimmsten Vorstellungen, wie, dass unsere Kinder bei einem Luftangriff ums Leben kommen und ich sie allein beerdigen muss. ›Nein, das geht nicht, das halte ich nicht aus‹, habe ich gedacht.«

Die Bombardierungen wurden unerträglich, Omar verfolgte in Deutschland die Nachrichten und wurde beinahe verrückt vor Sorge.

Wie auf ein Stichwort kommt der Syrer in diesem Augenblick zu uns ins Zimmer zurück, er hat ein paar Zutaten zum Kochen vergessen. Shirin erklärt ihm rasch, worüber wir gerade sprechen.

»Wenn meine Familie von einer Bombe getötet wird, dann bringe ich mich um, habe ich gedacht. Ich habe hin und her überlegt und bei den Behörden gebettelt, dass die Bearbeitung von meinem Antrag schneller gehen muss. Sie haben gesagt, sie tun alles, was sie können, um zu helfen. Immer, wenn ich von schweren Kämpfen in unserer Stadt gehört habe, hatte ich riesige Angst. In der Nacht hatte ich Albträume, ich habe geträumt, eine der Bomben fällt auf unser Haus und tötet meine Söhne.« Omar beugt sich über Amon und küsst ihn.

Dann geht er zum Holzregal und fischt ein paar Gewürze hervor. »Entschuldigen Sie bitte die Unordnung. Man muss alles in seinem Zimmer aufbewahren, sonst ist es verschwunden«, wiederholt er noch einmal, leicht zerknirscht. »Hier können einfach alle alles brauchen.«

So wie den Fernseher. Der stand in der Küche, um für alle zugänglich zu sein. Nach ein paar Tagen war er spurlos verschwunden.

Omar zuckt die Schultern. »So ist das eben.«

Faizah rutscht zu mir rüber und zieht ihr Handy aus der Tasche ihrer Jeans. »Willst du mein Hochzeitskleid sehen?« Schon öffnet sie die Fotogalerie auf ihrem Smartphone. Sie tippt auf ein Bild, das eine schöne junge Braut in einem üppigen weißen Kleid mit ganz viel Stoff und Tüll zeigt. Faizah betrachtet das Foto mit großer Wehmut. »Wenn alles so gekommen wäre wie geplant, wäre ich jetzt schon verheiratet.« Bevor sie noch weiter in eine Gedankenwelt abtaucht, die ihr nur wehtun kann, steckt sie ihr Handy wieder weg.

Nach ein paar Monaten gab es endlich gute Neuigkeiten aus Deutschland: Omar wurde aus der Erstaufnahmestelle in die Gemeinschaftsunterkunft verlegt. »Ich habe mich sehr gefreut. Ich habe gedacht, jetzt kann meine Familie endlich nachkommen und wir können wieder alle zusammen sein. Man setzt sie in ein Flugzeug und holt sie hierher, habe ich gedacht.« Der syrische Familienvater informierte die Vermieterin, sie hatte nichts dagegen, dass Omars Frau und seine beiden Kinder zu ihm in die Unterkunft ziehen. Alles war vorbereitet.

»Omar war sehr glücklich, als er angerufen hat«, erinnert sich Shirin. »Er hat gelacht und gesagt, alles wird gut, bald könnten wir mit dem Flugzeug nach Deutschland kommen. Ich habe mich sehr gefreut.«

Auch Faizah war der festen Überzeugung, dass es jetzt endlich so weit war, dass ihre Schwester wieder glücklich werden könne. »Es war schön, meine Schwester so froh zu sehen. Sie war wieder wie früher. Sie hat mich umarmt und gesagt, dass sie jetzt schon traurig ist, dass sie mich hier zurücklassen muss, aber dass Omar nur seine engsten Familienmitglieder nachholen kann. Ich habe gesagt: Kein Problem, ich habe ja selbst bald einen Mann und Familie.«

Es war ein Freudentag für die beiden Schwestern. Sie luden Freunde ein und backten Süßigkeiten.

Faizah deutet auf den Teller mit dem Gebäck auf dem Tisch. »Magst du kosten? Ich habe sie nach einem Rezept von meiner Mutter gebacken. Mit Datteln und Rosenwasser.« Ich nehme ein Stück, es schmeckt köstlich.

Voller Vorfreude und Tatendrang packte Shirin bereits die Koffer für sich und die Kinder, überlegte, was sie noch für ihren Mann mitnehmen könnte, um ihm eine Freude zu machen, und wartete nur noch auf das Startsignal ihres Mannes. Aber wieder vergingen Tage, die zu Wochen wurden, ohne dass Omars Anruf mit der erlösenden Nachricht kam. Und auch Omar wartete in Deutschland, dass etwas geschah.

»Dann, in einer Nacht«, erzählt Faizah, »gab es eine schrecklich laute Explosion. Wir sind alle davon aufgewacht. Der Strom ist ausgefallen, draußen war alles dunkel und unheimlich, nur an manchen Stellen hat man Feuer gesehen. Dann folgte wieder eine Explosion. Ich habe eine Kerze angezündet und wir haben uns alle im Badezimmer versteckt, dort sind wir die ganze Nacht geblieben.«

Shirin war am Ende. »Ich habe das Warten nicht mehr ausgehalten. Das Warten und die Angst, dass meine Kinder hier im Krieg sterben! Ich wollte sofort los, nach Deutschland, zu Omar, damit ...«‹

Faizah fällt ihrer Schwester ins Wort. »Als Shirin mir sagte, dass sie sich jetzt einfach mit den Kindern auf den Weg nach Deutschland machen wollte, dachte ich, dass sie verrückt geworden ist! ›Shirin, das geht nicht‹, habe ich zu ihr gesagt, ›das ist viel zu gefährlich! Eine Frau allein auf der Flucht mit zwei Kindern!‹ Aber Shirin sagte, das sei ihr alles egal. Lieber wollte sie auf der Flucht sterben, als weiter in Syrien bleiben. Ich kann nicht zulassen, dass sie allein geht, habe ich gedacht. Meine Schwester ist sehr schwach und immer ein bisschen krank. Wie soll sie auf die Kinder aufpassen, wenn es ihr nicht gut geht? Darum habe ich zu ihr gesagt: ›Wenn du gehst, gehe ich mit dir.‹ Shirin hat mich geküsst und gesagt: ›Gut. Wir gehen noch heute Abend.‹«

Als an diesem Tag die Sonne unterging, verließen die beiden Frauen mit den Kindern die Stadt. Mit viel Gepäck zwängten sie sich in einen vollbesetzten Bus, der in halsbrecherischem Tempo in Richtung Türkei holperte.

»Das war wie in einem Horrorfilm«, erinnert sich Faizah. »Überall war Krieg. Viele Häuser waren zerstört, Hauswände von Kugeln zerlöchert, überall Flammen, überall Rauch. Auf den Straßen habe ich tote Menschen gesehen.« Das Mädchen blickt aus dem Fenster, um sich zu sammeln.

Amon merkt, dass seine Tante traurig ist, und kuschelt sich noch enger an sie.

Faizah wuschelt ihm durch die Locken. »Die Kleinen hatten keine Angst. Sie waren aufgedreht und haben sich gefreut, weil sie wussten, dass wir zu ihrem Vater fahren. Shirin war sehr schwach und müde und ist im Bus sofort eingeschlafen, ich habe auf sie und auf die Kinder aufgepasst. Wir sind lange durch die Nacht gefahren. Auf einmal hat der Bus angehalten und bewaffnete Männer sind hineingestürmt. Sie haben alles mitgenommen. Wer versucht hat, seine Tasche oder seine Tüte oder was auch immer festzuhalten, den haben sie geschlagen. Unser ganzes Gepäck haben sie mitgenommen. Sie haben mich durchsucht und überall angefasst, das war sehr eklig.« Faizah tastet an ihren Hals. »Meine Kette haben sie weggerissen, es war mein einziges Andenken an meine Mutter.«

Mit weiteren Bussen und verschiedenen Autos erreichten sie schließlich die Türkei – ohne Gepäck, aber mit dem Mut der Verzweiflung. Schlepper brachten sie zu einer geheimen Ablegestelle an der türkischen Küste.

Erneut wedelt Faizah mit der Hand, als wolle sie die Erinnerung an das, was dann kam, am liebsten wie eine Fliege verscheuchen. »Ich habe dieses schrecklich kleine Gummiboot gesehen und zu meiner Schwester gesagt: ›Nein, nein, ich fahre nicht mit, ich will nicht im Wasser sterben.‹ Shirin hat gesagt, dass ihr alles egal ist, dass sie einsteigt, ob sie nun untergehen wird oder nicht. Die Kinder hatten große Angst und haben geweint, Amon hat sich an mir festgeklammert. Ich habe dann gedacht, dass ich Amon nicht allein lassen kann und dass ich besser zusammen mit meiner Schwester sterbe, wenn es denn so kommen soll.«

Den Schleppern ging das alles zu langsam, sie stießen Shirin mit Hasan auf dem Arm, Faizah und Amon in das Boot und legten sofort ab.

»Das Wasser war sehr unruhig. Vielen Menschen ist schlecht geworden. Shirin auch. Ich habe Amon in den Arm genommen und die Augen geschlossen«, sagt Faizah. »Ich habe mir dabei meine Hochzeitsfeier vorgestellt, wie wir alle zusammen sind und tanzen und feiern.«

Omar, der während der Schilderungen seiner jungen Schwägerin mit den Gewürzen in der einen Hand auf einen der Plastikstühle gesunken ist, fährt sich jetzt mit der anderen über das Gesicht. Er wird diese Geschichte schon viele Male gehört haben, und doch ist es immer wieder traumatisch für ihn. »Diese Nacht war schrecklich. Ich habe gewusst, dass meine Familie auf dem Boot ist, und ich habe aus eigener Erfahrung gewusst, wie schwer und gefährlich der Weg übers Meer ist. Ich habe die ganze Nacht gebetet. Ich habe mich auf den Boden gesetzt, ein Messer neben mich gelegt und gewartet. Ich habe gedacht, wenn meine Familie untergeht, will ich auch nicht mehr leben.«

Das Gummiboot kam gut auf der griechischen Insel Chios an. Faizah, Shirin und die Kinder setzten ihre Reise mit dem Bus und Zug fort in Richtung Norden.

»Wir haben unterwegs viele gute Menschen getroffen, die uns geholfen haben. Sie haben uns Brot gegeben, warme Suppe, Decken, Tee und Wasser.«

Erschöpft und entkräftet erreichten Shirin, Faizah und beiden Jungen nach Tagen endlich Deutschland, wurden dort in ein Erstaufnahmelager gebracht. »Ich habe den Boden geküsst, ich war so glücklich«, erzählt Shirin. »Ich habe Allah gedankt, dass wir noch am Leben sind und dass wir endlich bald wieder alle zusammen sein können.«

»Und oh!« Faizah klatscht in die Hände, ihre Augen strahlen. »Die erste Dusche war so schön! Das war die schönste Dusche in meinem Leben, ich war ja richtig dreckig. Ich bin ganz lange unter dem Wasserstrahl geblieben. Danach habe ich mich so gut gefühlt, endlich wieder frisch gewaschene Haare.«

Alle rechneten damit, dass die Familie nun rasch zu Omar ziehen und wieder zusammenleben würde. Das wurde ihnen jedoch nicht erlaubt. Die Frauen mussten weiterhin mit den zwei Kindern auf den Feldbetten in der Erstaufnahmestelle bleiben, bis die notwendigen Unterlagen bearbeitet waren. »Omar war so nah, und wir durften nicht zu ihm ziehen«, erzählt Shirin und schüttelt den Kopf. »Amon und Hasan haben immer gefragt: ›Warum sind wir hier und nicht bei Papa?‹ Omar hätte viel Platz für uns gehabt und in dem Lager lebten wir sehr eng mit vielen fremden Menschen zusammen. Dann ist auch noch meine Schwester plötzlich sehr krank geworden.«
Faizah nickt. »Das kam wirklich schnell. Auf einmal hat mir alles wehgetan, ich konnte mich nicht mehr bewegen und dann bin ich zusammengebrochen. Der Arzt hat mir eine Spritze gegeben und Tabletten.«
Es war alles zu viel gewesen für das Mädchen. Erst die nervenaufreibende Zeit in Syrien, die Sorge um die große Schwester und die kleinen Kinder, die Ungewissheit über die eigene Zukunft. Während der Flucht war keine Zeit gewesen, um über ihr Leben nachzudenken, über ihre Hochzeit, über den Mann, dem sie versprochen gewesen war, den sie ohne ein Wort des Abschieds zurückgelassen hatte. Wie ein Familienoberhaupt hatte die damals Fünfzehnjährige Verantwortung für alle tragen müssen. All ihre Kräfte hatten sie verlassen, jetzt, wo ihre Familie in Sicherheit war.
Doch noch hatten sie ihr wichtigstes Ziel, nach der Ankunft in Deutschland wieder beieinander sein zu können, nicht erreicht. Manchmal am Wochenende konnte Shirin ihren Mann besuchen, musste aber ab einer bestimmten Uhrzeit immer wieder zurück in der Notunterkunft sein.
Es sollte noch etliche Wochen dauern, bis die Familie wieder zusammenleben konnte. Als Shirin und die Kinder endlich die Erlaubnis hatten, zu Omar zu ziehen, war die Freude riesig.
»Wir haben gefeiert und getanzt«, erinnert sich Shirin. »Amon und Hasan waren so glücklich.«

Faizah durfte nicht bei Omar und Shirin einziehen, da sie noch minderjährig und Shirin nicht ihre Mutter ist. Die Sechzehnjährige wurde in eine Wohngruppe für Mädchen geschickt.

»Zuerst habe ich sehr geweint, als ich von meiner Familie getrennt wurde«, erzählt Faizah. »Aber dann hat es mir dort sehr gut gefallen. Das Haus der Wohngruppe ist nicht weit entfernt von Shirin, ich habe ein Fahrrad geschenkt bekommen und kann zu Shirin fahren, wenn ich will.« Etwas leiser gesteht sie mir: »Und ein bisschen war ich auch froh, dass ich jetzt nicht mehr auf Shirin aufpassen musste. Dass Omar jetzt wieder für sie da war.«

Faizah bekommt Deutschunterricht und geht in die Schule. »Das gefällt mir sehr gut. Zu Hause bin ich nicht mehr in die Schule gegangen, weil ich ja bald heiraten wollte. Aber hier macht mir die Schule Spaß. Ich habe auch schon eine Freundin gefunden. Sie heißt Lisa.«

Mit Lisa geht die junge Syrerin manchmal in die Stadt zum Shoppen oder sie hören zusammen Musik, schauen DVDs, probieren Nagellackfarben und neue Frisuren aus. Ohne die Last, die Verantwortung für die ganze Familie tragen zu müssen, kann Faizah plötzlich richtig entspannen. Ein wenig weiß sie jetzt, wie Freiheit sich anfühlen kann.

»Lisa hat mir erzählt, dass Mädchen in Deutschland mit sechzehn noch lange nicht heiraten. Dass sie erst einmal schauen, was sie mit ihrem Leben anfangen möchten, was sie interessiert, was für einen Beruf sie haben wollen. Dass die Familie dann später kommt«, sagt Faizah und schafft es, dabei gleichzeitig neugierig und skeptisch zu klingen.

Die Familie aus Dar'a fing an, sich in Deutschland wohlzufühlen, anzukommen. Nicht nur Shirin, Omar und Faizah waren zufrieden mit der neuen Situation, auch Amon und sogar Hasan ging es langsam wieder besser nach der nervenaufreibenden Zeit in Syrien und auf der Flucht. Shirin steht auf, um mir Bilder zu zeigen, holt einen Fotoumschlag mit dem Logo eines Drogeriemarkts aus einem Pappkarton.

»Schau.« Sie zeigt mir Bilder von ihren Söhnen. Hand in Hand stehen die Brüder vor einem Gehege mit Hasen und lächeln. Auf einem weiteren Bild hat Amon ein Häschen auf dem Arm und kuschelt sich mit geschlossenen Augen an das Tier. »Ihr Patenhase«, erklärt mir Shirin. Auf einem weiteren Foto posiert Amon vor seinem Bobbycar. »Ich habe mich sehr gefreut und gedacht, dass jetzt alles gut wird für meine Kinder, mich und Faizah.«

Doch eines Nachts wurde plötzlich energisch und laut gegen die Tür ihrer Gemeinschaftsunterkunft geklopft. Shirin öffnete schlaftrunken, uniformierte Polizisten standen vor ihr, riefen nach Omar und präsentierten ihm ein Abschiebedokument. Da der Syrer über Ungarn eingereist war und dort seine Fingerabrücke abgeben musste, sollte er nun laut der Dublin-III-Verordnung wieder dorthin zurückgeführt werden.

Omar verstand nicht, was los war, er wollte nicht nach Ungarn. Die Polizisten packten ihn am Arm und nahmen ihn mit. Die Kinder waren inzwischen aufgewacht, sahen, wie ihr Vater von der Polizei weggebracht wurde und begannen, panisch zu schreien. Faizah, die an diesem Abend bei ihrer Schwester übernachtete, schnappte sich schnell ihre beiden Neffen und versuchte, sie zu beruhigen.

Shirin schießen auch jetzt noch Tränen in die Augen, wenn sie an diese Schreckensnacht zurückdenkt. »Die Polizisten haben Omar gepackt und mitgenommen, Hasan und Amon haben das alles mit ansehen müssen. Ich habe geweint und gebettelt: ›Nein! Bitte! Was soll denn aus uns werden, ohne meinen Mann!‹ Sie haben gesagt, sie haben nur ein Dokument für Omar, nicht für uns. Ich habe gerufen: ›Bitte, bitte lasst meinen Mann bei mir!‹ Aber sie haben ihn einfach mitgenommen. Sie haben gesagt, dass Omar in Ungarn bleiben muss und nicht mehr zurück nach Deutschland kommen kann.«

Shirin reibt sich gedankenverloren ihr linkes Handgelenk, wo diese Nacht sichtbare Spuren bei ihr hinterlassen hat. »Das war viel zu viel für mich. Ich habe gedacht, ich kann nicht mehr. Ich wusste nicht mehr weiter. Ich war am Ende. Und dann habe ich Omars Rasierklinge gesehen. « Shirin schnitt sich die Pulsadern auf.

»Ich habe das ganze Blut gesehen und laut geschrien«, sagt Faizah. »Ich habe so laut geschrien, dass viele Flüchtlinge aus den anderen Zimmern zu uns gerannt sind.« Das Mädchen musste nicht viel erklären. »Eine Frau aus dem Irak, die in einem Krankenhaus gearbeitet hat, hat gleich verstanden und meine Schwester gerettet. Sie hat ihr einen Druckverband gemacht und sie sofort ins Krankenhaus gefahren. Ein syrischer Mann hat mich gefragt, was passiert ist. Ich habe es ihm erklärt. Er hat sein Handy geholt und eine Nummer angerufen.«

Der Syrer rief Harald an, einen Asylhelfer, den er im Erstaufnahmelager kennengelernt hatte, und schilderte ihm kurz, was sich ereignet hatte. Harald wohnte nicht weit entfernt und war schon ein paar Minuten später da. Während die Männer überlegten, was zu tun war, kümmerte sich Faizah um die Kinder, die starr vor Angst auf dem Sofa saßen.

»Ich habe ihnen Tee gebracht, sie in Decken eingewickelt, mich zu ihnen gesetzt und sie umarmt«, erzählt Faizah. »Ich habe genauso gezittert wie die beiden. Ich hatte riesige Angst, dass meine Schwester es nicht schafft, aber auch davor, dass wir jetzt vielleicht alle nach Syrien zurückgeschickt werden.«

Was in dieser Nacht weiter geschah, weiß Faizah nicht mehr. Irgendwann ist sie mit ihren kleinen Neffen völlig erschöpft in einen unruhigen Schlaf gefallen.

»Als ich am nächsten Morgen aufgewacht bin, war Omar wieder da. Ich habe zuerst gedacht, das ist nur ein Traum, dann habe ich gedacht, vielleicht bin ich verrückt geworden. Aber er war es wirklich!«

Harald hatte in letzter Minute Omars Abschiebung nach Ungarn mit einem ärztlichen Attest verhindern können. Vorläufig darf Omar weiter in Deutschland bleiben. Wie es mit ihm und seiner Familie weitergeht, ist jedoch noch ungewiss.

Faizah begleitet mich nach unten in den Hof. Es ist dunkel geworden und kühl. Das Mädchen kuschelt sich in seinen Pullover. »Es ist ein gutes Gefühl, auf die Straße gehen zu können ohne Angst«, sagt sie. »Ich bin sehr glücklich, dass wir alle hier in Sicherheit sind. Nur manchmal nachts, wenn ich im Bett liege, muss ich weinen. Aber dann denke ich an meine Mutter. Als ich klein war, hat sie mich immer in den Arm genommen, wenn ich traurig war, und zu mir gesagt: ›Weine ruhig, mein Kind. Ohne Tränen hätte die Seele keinen Regenbogen.‹«

WAS
IST
MIGRATION
?

Menschen haben in der Geschichte unserer modernen Welt schon immer nach neuen Möglichkeiten für sich gesucht. Völkerwanderungen waren stets bedingt durch Überbevölkerung, Hunger, klimatische Veränderungen und die Suche nach besseren Lebensräumen. Oft waren diese Migrationen aggressiv und kriegerisch und darauf ausgerichtet, andere Völker zu vertreiben oder zu unterdrücken. Europa, das sich heute so über die vermeintliche »Massenmigration« aus Afrika, dem Nahen Osten oder Südostasien beklagt, war geschichtlich für die größten und aggressivsten Migrationsbewegungen verantwortlich.

Millionen armer Menschen deutscher, irischer, italienischer, polnischer und vieler anderer Nationalitäten sind nach Amerika und Australien ausgewandert. Südamerika wurde von spanischen Auswanderern kolonisiert. Die Urbevölkerung, wie Indianer, Indios oder Aborigines, wurde unterdrückt und fast ausgerottet.

Auf der anderen Seite herrscht in vielen Regionen und Ländern Bedarf an Arbeitskräften. Nordeuropa hatte nach dem Zweiten Weltkrieg einen enormen Arbeitskräftemangel und förderte deswegen die Zuwanderung von Arbeitern aus ärmeren Ländern. Aus diesem Grund kamen damals Türken, Portugiesen, Spanier, Griechen und Italiener in die reicheren Länder Europas. Dies geschieht heute auf ähnliche Weise in den Golfstaaten, wo die meiste Arbeit von ausländischen Arbeitern gemacht wird. Trotz der Digitalisierung und des Vormarschs der Maschinen wird es auch in Zukunft in wohlhabenderen Ländern Bedarf an Arbeitsmigranten geben.

In Europa wird der Bedarf an Arbeitskräften von außerhalb auf fünfzig Millionen über die nächsten dreißig Jahre geschätzt. Das hängt damit zusammen, dass in Europa zu wenig Kinder geboren werden und unsere Bevölkerung im Durchschnitt immer älter wird.

Staaten haben immer versucht, den Zufluss von Menschen zu regulieren. Deswegen gibt es Visa, Arbeits- und Aufenthaltsgenehmigungen, Einwanderungsgesetze und viele weitere Maßnahmen. Da wir in Europa im Augenblick aber kaum Menschen von außerhalb legal zu uns kommen lassen – von Touristen und reichen Menschen abgesehen –, versuchen so viele Menschen, über inoffizielle Wege zu uns zu gelangen.

BEYOND SURVIVAL
»ES GIBT FÜR UNS KEINE GRENZEN
UND KEINE UNTERSCHIEDE
ZWISCHEN DEN MENSCHEN.
WIR WOLLEN EINE MENSCHHEIT,
IN DER WIR ENDLICH
WIRKLICH TEILEN, WAS WIR
WISSEN UND KÖNNEN.«

KAPITEL
03

»Wenn ich Fußball spiele, muss ich nicht denken«

Nazam (15 Jahre) – geflüchtet aus Afghanistan

»Lauf, Nazam, lauuuf!«

Heiner steht am Rande des Fußballfeldes und schreit sich die Seele aus dem Leib. Mit hochrotem Kopf und geballten Fäusten feuert er seinen besten Mittelfeldspieler an: »Lauuuf, Nazaaam!«

Der Junge gibt Gas und sprintet mit dem Ball durch die gegnerischen Reihen. Keiner kann ihn aufhalten. Er ist wirklich ziemlich schnell.

»Jawoll, gut gemacht!«, freut sich Heiner und klatscht Beifall, als Nazam den Ball nach seinem Sprint mit hartem Schuss ins Tor knallt.

Nazam hat in seiner Heimat Afghanistan im Nachwuchsteam der Nationalmannschaft gespielt, hier in Deutschland spielt er seit einem Monat wieder Fußball und gehört schon zur Stammbesetzung.

»Der hat's einfach drauf«, lobt ihn sein Trainer zufrieden.

Dank Nazam hat seine Mannschaft 1:0 gewonnen. Der schüchterne Junge freut sich sichtlich, als seine Mitspieler ihn bejubeln und mit ihm abklatschen. Das sind die ganz seltenen Momente in seinem Leben, in denen er unbeschwert sein und alles andere vergessen kann.

»Wenn ich Fußball spiele, muss ich nicht denken, das mag ich sehr gern«, erzählt Nazam, als ich ihn nach dem Spiel in dem Kinderheim treffe, wo er jetzt lebt.

Nazam ist fünfzehn Jahre alt. Der schmächtige Junge ist allein, ohne Eltern oder Geschwister, aus Afghanistan nach Deutschland geflüchtet. Einen großen Teil der Strecke hat er zu Fuß zurückgelegt. Zweimal war er auf seiner langen, gefährlichen Reise dem Tod näher als dem Leben. Über ein Jahr lang war er auf der Flucht, bis er an der deutsch-österreichischen Grenze von der Bundespolizei aufgegriffen und wie alle minderjährigen unbegleiteten Flüchtlinge in ein Clearinghaus gebracht wurde. Nach drei Monaten kam er in einem Kinderheim in der süddeutschen Kleinstadt unter, in der er immer noch lebt.

Nazams Heimat am Hindukusch ist ein Land, in das – anders als nach Syrien – Menschen abgeschoben werden. Die Bundesregierung betrachtet Afghanen nicht unmittelbar als Flüchtlinge, obwohl sie drei Jahrzehnte lang die größte Bevölkerungsgruppe unter dem UNHCR-Schutzmandat waren. Die Lage in Afghanistan sei zwar nicht so unproblematisch wie anderswo, doch es gebe durchaus sichere Gegenden. Ein Abschiebestopp für abgelehnte Asylbewerber aus Afghanistan sei daher nicht gerechtfertigt, heißt es. Vor allem die Hauptstadt Kabul wird als sicher angesehen. Laut der Menschenrechtsorganisation Pro Asyl sind jedoch viele Dörfer im Raum Kundus, seit die Bundeswehr 2013 abgezogen ist, wieder in den Händen der Taliban. Die afghanischen Sicherheitskräfte haben dort große Schwierigkeiten, die Oberhand über die radikalislamische Terrormiliz zu gewinnen. Immer wieder kommt es in der Unruheprovinz zu Entführungen, Hinrichtungen und Anschlägen.

»Ich komme aus Wardak, in der Nähe von Kabul, aus einem Dorf«, beginnt Nazam seine Geschichte. Er trägt ein eng anliegendes rotes T-Shirt, Jeans, Flipflops. Um seinen Hals hängt eine Lederkette mit einem Holzanhänger. Auf den ersten Blick wirkt Nazam wie ein Junge wie viele andere. Er ist keiner, der aus der Menge herausstechen würde. Nur seine Augen fallen auf. Sie sind olivbraun, schauen ein wenig traurig, aber dennoch voller Lebendigkeit. Nur kurz sieht er mich an, während er spricht, dann wendet er den Blick wieder ab. So als wolle er nicht zu viel von sich preisgeben.

»Seit zehn Jahren ist dort Krieg, wo ich herkomme. Immer im Sommer, jedes Jahr wieder. Dann kommen die Taliban und töten Menschen auf der Straße, bewerfen sie mit Steinen und zünden die Häuser an. Mein Onkel war Arzt in meinem Dorf. Sie haben ihn geholt, weil er den Leuten geholfen hat. Sie haben ihn mit fünf anderen auf einen Berg gestellt. Zwanzig Minuten lang haben sie auf ihn geschossen. ›Bang, bang, bang, bang.‹ Sie haben gar nicht mehr aufgehört. Ich habe mir die Ohren zugehalten. Sie haben so viele Menschen getötet. Das war sehr schlimm.«

Nazam holt sein Handy aus der Tasche seiner Jeans, scrollt durch seine Fotoalben. »Schau. Das habe ich alles mit meinen eigenen Augen gesehen.«

Während andere Jugendliche in seinem Alter Fotos von Freunden, Klassenausflügen, der Familie auf ihrem Smartphone gespeichert haben, sieht man auf Nazams Handy vor allem erschreckende Bilder. Einige sind so entsetzlich, dass kein Fernsehsender sie ausstrahlen würde. Ich schaue hin, auch wenn es mir schwerfällt.

Nazam zeigt mir Fotos von aufgetürmten Leichenbergen, von misshandelten, blutenden, entstellten Menschen, die nach der Folter erschossen und auf staubigen Straßen oder vor zerklüfteten Hügeln mitten in der Landschaft liegen gelassen wurden, abgelegt wie eine Ladung Müll. Einige Menschen scheinen noch zu leben, während sie auf vielfältige Arten schwer geschunden werden.

Nazams Hände zittern, als er durch sein Album blättert. Er steckt sein Handy wieder weg und erzählt weiter. »Jeden Sommer sind die Taliban zu uns gekommen und haben geschossen. Ich konnte nur ein- oder zweimal im Monat in die Schule gehen«, sagt Nazam, die Augen auf den Boden gerichtet. »Die Taliban haben gesagt: ›Du bist Hazara, du bist nicht gut, du bist kein Muslim, du hast keine Rechte, du brauchst gar nicht in die Schule gehen.‹ Die Taliban sind böse Menschen, sie haben Geheimpolizisten mit schwarzen Turbanen, die fahren durch die Straßen, kontrollieren und schießen sofort, wenn sie denken, dass etwas nicht stimmt. Oder sie schlagen die Menschen auf der Straße, wenn sie nicht tun, was sie sagen. Sie wollen, dass Männer weite Kleider und lange, hässliche Bärte tragen und Frauen die Burka und leise Schuhe, damit man sie nicht hören kann. Unsere Frauen mögen das aber nicht. Dass man nicht singen und nicht fernsehen darf.«

Nazam gehört zu den Hazara, einer Ethnie, die etwa ein Fünftel der Gesamtpopulation Afghanistans ausmacht und bei der auch die Frauen mehr Freiheiten haben als bei anderen Volksgruppen Afghanistans. Anders als die sunnitische Mehrheit des Landes sind die Hazara Schiiten. Aufgrund ihrer Konfession werden sie häufig Opfer von gezielten Terroranschlägen – vor allem durch die Taliban, aber auch durch andere radikalislamische Organisationen. 2014 stoppten Talibankämpfer zwei Busse, holten vierzehn Hazara heraus und töteten sie. »Hazara gehören nach Goristan«, sagt die Terrorgruppe. »Goristan« bedeutet Friedhof. Nazam hat selbst schon schlimme Erfahrungen mit den Taliban machen müssen. Besonders einer ihrer Überfälle hat sich stark in sein Gedächtnis gebrannt.

»Vor drei Jahren sind an einem Tag frühmorgens sehr viele Taliban gekommen. Sie haben die Tür von unserem Haus eingetreten und uns überfallen. Unser Hund hat gebellt, sie haben ihn erschossen. Aus unserem Haus haben sie zuerst alles gestohlen, dann haben sie es mit Benzin angezündet und verbrannt. Mein Vater hat noch geschrien: ›Die Taliban! Lauft weg, lauft!‹ Dann ist meine ganze Familie losgerannt, aber ich hatte solche Angst, ich konnte nicht. Ich habe mich unter einem Baum versteckt und gewartet. Da habe ich die Augen geschlossen und mir die Ohren zugehalten. Als ich sie einmal kurz öffnete, sind die Taliban an mir vorbeigegangen, ziemlich nah an meinem Versteck. Mein Herz hat so laut geschlagen, dass ich gedacht habe, sie können das sicher hören und kommen mich holen. Aber sie haben mich nicht entdeckt. Meine Mutter hat mich später gefunden. Wir sind dann zu meinen Großeltern in die Berge geflüchtet.«

Nazams Großeltern leben in einem kleinen Haus mit zwei winzigen Zimmern und einer Küche, dem Reich der Großmutter und ihrer vier Hühner. Es gibt keine Elektrizität und keinen Wasseranschluss. Nazam verbringt viel Zeit mit seinem Großvater, hilft ihm dabei, seine Ziegen zu hüten.

»Vor Sonnenaufgang sind wir weiter in die Berge hochgestiegen und haben den ganzen Tag dort oben verbracht«, erinnert sich Nazam. »Wir haben Nüsse und getrocknete Aprikosen gegessen und Tee getrunken. Mein Großvater hat mir die Geschichte von Simurgh erzählt, einem riesigen Vogel mit dem Kopf von einem Hund. Seine Flügel sind so weit wie Wolken. Seine Federn sind schön wie ein Regenbogen und sie haben große Zauberkraft. Er kann mit Menschen sprechen und ist sehr klug. Als ich noch klein war, wollte ich immer eine Feder von Simurgh haben. Einmal habe ich geglaubt, ich hätte eine gefunden, aber die war von Großmutters Huhn.«

Nazam zieht noch einmal sein Handy aus der Tasche. »Schau. Das ist mein Großvater. Daneben steht meine Mutter.«

Er zeigt mir ein Foto von einem alten Mann mit seiner Ziegenherde und einer etwas jüngeren Frau. Der Alte hat graue Haare, eine markante, gebogene Nase und ähnlich olivfarbene Augen wie Nazam. Er stützt sich auf einen Stock und lächelt verschmitzt. Nazams Mutter hat ein schmales Gesicht, rosige Wangen und ein großes Muttermal über der rechten Augenbraue. Nazam küsst das Foto auf seinem Handy. »Nach ein paar Tagen bei meinen Großeltern hat mein Vater gesagt: ›Die Taliban sind weg, wir gehen wieder nach Hause.‹ Meine Brüder und ich haben meinem Vater geholfen, unser Haus wieder aufzubauen. So war das sehr oft, wir waren immer Flüchtlinge im Sommer.«

Doch dieses Mal sollte für Nazam alles anders werden.

»Als die Taliban meinen Onkel erschossen haben, ist meine Mutter vor Traurigkeit fast verrückt geworden. Sie hat sehr viel geweint und mich dann zu sich herangezogen und auf die Stirn geküsst. In solchen Momenten hat sie immer wieder gesagt, dass ich ihr jüngster Sohn bin und dass ich ein sehr guter Sohn bin und dass es wichtig ist, dass ich in die Schule gehe, weil ich klüger bin als meine Brüder. Sie hat gesagt, dass ich in Afghanistan kein richtiges Leben haben kann. Dass meine Brüder meinem Vater helfen werden, dass ich aber weggehen muss. In ein Land, wo ich regelmäßig in die Schule gehen kann. Ich habe geweint und zu ihr gesagt, dass ich bei ihr bleiben und nicht weggehen will. Sie hat gesagt, dass sie nicht will, dass ich sterbe wie ihr Bruder. Ihr Herz sei schon voller Traurigkeit und sie habe keinen Platz für noch mehr davon. Dann ist sie in die Küche gegangen und hat frisches Fladenbrot für mich gebacken.«

Nazam spricht schnell, ohne Pause, ohne aufzusehen. Es ist das erste Mal hier in Deutschland, dass er seine Geschichte erzählt.

»Wir wissen nicht viel über ihn«, hatte mir die Heimleiterin vor unserem Gespräch gesagt. »Nazam mag nicht gern über sich sprechen.«

Aber jetzt will er erzählen, will sich ein wenig von seiner Last von der Seele reden.

Die Familie schickte den Jungen zunächst in die afghanische Hauptstadt Kabul. Dort, so hofften seine Eltern, sei Nazam in Sicherheit, könne Arbeit finden und in die Schule gehen. »Ich bin allein zu Fuß aus unserem Dorf weggegangen. Kabul ist eine dreckige und laute große Stadt, ich habe dort ein bisschen gearbeitet. Auf einer Baustelle, ich habe Schmutz weggeräumt und solche Sachen. Einmal hat mich mein ältester Bruder besucht, er hat gesagt: ›Nazam, du kannst hier nicht bleiben, du kannst hier nicht in die Schule gehen, es ist besser, du gehst nach Europa.‹«

Nazam sollte es besser haben, in Sicherheit, ohne die permanente Angst vor den Taliban. Nazams Brüder sind siebzehn und achtzehn Jahre alt – zu alt, um eine gute Bleibechance zu haben. Ihnen würde die Abschiebung drohen, minderjährige Kinder dagegen dürfen in der Regel bleiben. Auf Nazam setzt die Familie all ihre Hoffnung. Sie sind sich sicher, er wird Geld verdienen und es ihnen schicken können – und sie träumen davon, dass sich durch ihn doch noch irgendwie eine Möglichkeit finden lässt, die ganze Familie nachzuholen.

Alle halfen dabei, Nazams Reise zu finanzieren – zumindest die erste Etappe, die so sicher wie möglich verlaufen sollte.

»Mein Bruder hat viel Geld geliehen und für mich ein Ticket für einen Flug in den Iran gekauft, weil der Weg zu Fuß dorthin sehr schwierig ist. Viele Menschen sind dabei gestorben«, erzählt Nazam. »Mein Bruder hat mich zum Flughafen gebracht, der Abschied war sehr schlimm. Er hat mich geküsst, dann ist er gegangen. Ich habe gewusst, jetzt kann ich nicht mehr zurück. Jetzt bin ich ganz allein. Ich habe an meine Mutter gedacht und habe versucht, nicht zu weinen, aber ich habe es nicht geschafft.«

Mit vierzehn Jahren kam Nazam allein auf dem Imam Chomeini International Airport im Iran an – hinter sich ein Leben voller Angst und Entbehrungen, vor sich einen gefährlichen Weg ins Ungewisse. Starkes Heimweh plagte ihn und das Wissen, dass es kein Zurück gab. Viel zu viel wurde schon in seine Reise investiert. Niemand würde ihn zu Hause mit offenen Armen empfangen, wenn er jetzt umkehrte.

»Ich weiß noch, die Sonne stand hoch am Himmel, es war sehr heiß und schwierig, zu Fuß zu gehen. Mein Magen hatte sich verkrampft, mir war schlecht«, erzählt Nazam über die ersten Schritte, die er allein im Iran tat.

Nazams Bruder hatte ihm einen Schlepper vermittelt, der ihn irgendwo auf einer Straße in der Nähe des Flughafens aufgabeln sollte. Geduldig wartete der Junge am Straßenrand in der sengenden Sonne, bis schließlich ein Lastwagen hielt. Nazam stieg ein.

»Es waren noch sechs andere Menschen auf dem Lastwagen, aber niemand hat mit mir gesprochen. Ich war sehr einsam.«

Mehrere Stunden verbrachte er zusammengekauert auf der Ladefläche.

»Ich habe nichts getrunken, weil ich nicht wusste, wann ich wieder auf die Toilette gehen konnte, und habe mich kaum bewegt. Später habe ich meine Beine fast nicht mehr spüren können, sie waren weich wie Kaugummi.«

Fünf Tage lang war Nazam unterwegs auf dem Weg zur türkischen Grenze. »Ein bisschen mit dem Auto und viel zu Fuß.« Immer sehr vorsichtig, um nicht von der Polizei erwischt und als Illegaler verhaftet zu werden.

»Meine Füße waren ganz dick vom vielen Gehen. In der Nacht sind wir über die Grenze gelaufen. Sehr, sehr schnell. Es war schlammig und deswegen rutschig. Ich hatte Angst, dass ich hinfalle. Eine Frau ist gefallen, niemand hat gewartet. Ich war sehr froh, als der Schlepper irgendwann sagte: ›Da oben ist die Grenze.‹ Ganz leise sind wir weitergegangen. Wir mussten sehr vorsichtig sein, denn sie schießen auf Flüchtlinge. Meine Schuhe waren nass, wir sind so viel gelaufen, viele Stunden lang.«

Der geheime Grenzübertritt gelang. Zu Fuß und mit einem Bus, den die Schlepper organisiert hatten, kam Nazam in die Türkei. Flüchtlinge bekommen dort keine staatliche Unterstützung, Kinder müssen sich allein durchschlagen, können außerdem nicht die Schule besuchen. Nazam hatte darum nur ein Ziel vor Augen: irgendwie weiter nach Deutschland.

»Ich habe mich in der Türkei immer vor der Polizei versteckt. Wenn sie dich finden, kommst du ins Gefängnis oder sie schicken dich in dein Heimatland zurück. Einmal musste ich viele Stunden in einem Fluss in kaltem Wasser stehen, das war sehr schwierig. Eine Woche lang war ich in der Türkei und ich habe fast nicht geschlafen, ich war so müde, aber ich durfte nicht schlafen – ich wusste nicht, was dann mit mir passiert wäre. Ein bisschen ausgeruht habe ich mich nachts im Wald, etwas abseits der Straße, wegen der Polizei. Ich hatte ein Stück Karton gefunden, das habe ich als Bett benutzt.«

»Irgendwann habe ich einen alten Mann getroffen. Er hat Farsi mit mir geredet. Er hat mich gefragt, woher ich komme, wo meine Mutter ist und wohin ich will. Er hat mich sehr an meinen Großvater erinnert, deswegen habe ich mit ihm gesprochen. Er hat gesagt: ›Komm mit, Junge, ich helfe dir.‹ Er hat mich dann in seine Wohnung gebracht, seine Frau hat Tee für mich gekocht und etwas zu essen. Ich habe mich dort gut ausruhen können. Von dem alten Mann habe ich auch gehört, wo ich einen Schlepper finde, der mich mit einem Boot nach Europa fährt.«

Nazam vertraute dem Fremden, weil er keine andere Wahl hatte. Er hatte Glück, dass ihm der alte Afghane, der schon länger in der Türkei lebte, einfach nur helfen wollte. Er arrangierte die Weiterreise für Nazam, organisierte ihm ein Ticket für die Fahrt in einem überfüllten Kleinbus. Die Reise zu der geheimen Schlepper-Ablegestelle an der türkischen Küste dauerte einen ganzen Tag. Es war tief in der Nacht, als Nazam dort ankam.

»Wir haben in einem Wald angehalten und sind alle zu einem kleinen Boot gerannt. Erst ist es sehr schnell gefahren, dann war ein Loch im Boot, es ist viel Wasser reingelaufen. Der Wind hat ganz laut gepfiffen, das Wasser war sehr salzig. Alle haben geweint, ich auch. Der Mann neben mir hat geschrien: ›Allah, hilf uns, Allah, hilf uns!‹ Ich habe gedacht, ich sterbe in dieser Nacht. Es gab keine Toilette, viele haben sich vor Angst in die Hose gemacht. Es war schrecklich. Ich habe gedacht: Warum bin ich weggegangen? Ich will nach Hause, ist mir völlig egal, ob die Taliban kommen. Besser die Taliban als im dunklen Wasser zu ertrinken.«

Nazam hatte wieder Glück, die griechische Polizei wurde auf das havarierte Schiff aufmerksam, kam zu Hilfe und brachte die Passagiere nach Athen. Der Junge war froh, dass er es geschafft hatte. Zwei Frauen und zwei Kinder hatten die Überfahrt nicht überlebt.

Völlig erschöpft, ganz allein und ohne einen Plan erreichte Nazam Europa. Er wusste nur, er musste sich weiter durchkämpfen.

»In Griechenland habe ich dann in einem Park auf dem Boden geschlafen, ich war müde, hatte überall Schmerzen, niemand hat mir geholfen. Zu Fuß und mit dem Bus bin ich weiter nach Serbien und Mazedonien, überall habe ich im Park geschlafen, ein bisschen Wasser getrunken und etwas zu essen gesucht. Ich habe dann an einem Tag einen anderen Jungen aus Afghanistan getroffen. Der hat mich zu einem Lastwagen gebracht. Er hat gesagt: ›Komm mit, ich habe eine gute Adresse, es gibt einen Mann mit einem Auto, der uns fahren kann.‹ Mit dem sind wir dann auch wirklich weitergefahren. Aber es war sehr, sehr schlimm.«

Jetzt stoppt Nazam in seiner Erzählung und atmet tief durch. Er sucht nach Worten, möchte endlich alles loswerden, will aber auch die Fassung bewahren. Als er merkt, dass seine Stimme zittert, räuspert er sich kurz.

»Es waren fünfzig Menschen in einem kleinen Lastwagen, immer mehr sind eingestiegen, wir waren drei Stunden eingesperrt, alles war verschlossen, es gab keine Luft zum Atmen. Alle waren müde, alle waren schwach. Wir haben gedacht, wir sterben in dem Wagen ohne Luft. Ich habe mit mir gekämpft, dass ich nicht einschlafe, ich habe gedacht, ich muss wach bleiben, muss wissen, was passiert. Mir war schwindlig und ich hatte großen Hunger und Durst. Ich hatte so viel Angst, dass ich sterbe, dass ich nicht einmal mehr weinen konnte.«

Nazam räuspert sich erneut, greift dann nach dem Glas Wasser, das vor ihm steht. Seine Hände zittern. »Ich habe zu mir gesagt: ›Du musst das aushalten, Nazam, du kannst deine Mutter nicht so traurig machen.‹ Dann habe ich die Augen geschlossen und an mein Zuhause gedacht: an die Stimme meiner Mutter, wenn sie mich umarmt, wenn ich nicht schlafen kann, und wie sie mir afghanische Lieder vorsingt. Ich habe an das runzelige Gesicht von meinem Vater gedacht, das von der Arbeit auf den Feldern immer braungebrannt war, an seine kräftigen Arme. Ich habe auch an den kleinen Bach hinter unserem Haus gedacht, an dem ich zum letzten Mal mit meinem Bruder gespielt habe, an meinen Großvater, wie er in den Bergen Schafe hütet, an den großen Simurgh und seine Zauberfedern und an das Fladenbrot meiner Mutter.«

Nazam stellt das Glas wieder ab und zückt erneut sein Handy. »Schau«, sagt er und zeigt mir ein Foto. »Das ist ein Bild von mir nach der Fahrt.« Auf dem Foto steht ein Junge vor einem heruntergekommenen Lastwagen und macht das Victory-Zeichen. Doch eigentlich wirkt er nicht wie ein Junge, eher wie ein alter Mann. Seine Gesichtszüge sind müde, er sieht gebrechlich aus. Heute erschrickt Nazam vor sich selbst.

»Ich bin sehr froh, dass mich meine Mutter nicht so kaputt gesehen hat.«

Nazam erreichte Ungarn. »Von da aus bin ich acht Stunden zu Fuß durch den Wald gelaufen, ich habe auch da geschlafen. Es waren viele andere Flüchtlinge auf derselben Route unterwegs, ich bin immer wieder ein Stück mit ihnen mitgegangen. Sie haben manchmal miteinander gekämpft, um das Essen, um die Entscheidung, wo wir lang müssen. Das war schrecklich. Ich war sehr froh, als wir in Österreich angekommen waren. Ich bin nach Wien gegangen und von da mit dem Zug weiter nach Deutschland gefahren. In dem Zug habe ich mich auf der Toilette oder unter einem Sitz versteckt, wenn sie gekommen sind, um zu kontrollieren. Aber die Polizei hat mich trotzdem gefunden. Sie haben gefragt: ›Wo ist dein Passport?‹ ›Ich habe keinen Passport mehr, ich habe gar nichts mehr‹, habe ich gesagt. Ich hatte Angst, dass sie mich ins Gefängnis bringen, aber sie waren sehr nett, wollten einfach nur mehr wissen: ›Woher kommst du? Wie heißt du? Wie alt bist du?‹ Ich habe mit den Fingern gezeigt, dass ich vierzehn Jahre alt bin. Dann haben sie kurz miteinander gesprochen und mich mitgenommen. Als ich gehört habe, dass ich in Deutschland angekommen bin, war ich sehr, sehr glücklich. Ich habe gedacht, jetzt habe ich es endlich geschafft.«

Wie alle minderjährigen unbegleiteten Flüchtlinge wurde Nazam zuerst in die Obhut eines Jugendamtes gegeben und dann in ein Clearinghaus gebracht, um seine Herkunft und seinen Fluchtweg zu klären. Zum ersten Mal seit Langem fühlte sich Nazam wieder sicher und gut aufgehoben.

»Sie haben mir Kleidung gegeben und neue Schuhe. Alle waren freundlich. Ich war dort zusammen mit vielen Flüchtlingen aus Afrika, aus Syrien, aus dem Irak. Christ, Moslem, Hazara, egal, wir haben alle zusammen gegessen, haben zusammen Deutsch gelernt, das hat mir gefallen. Jetzt gehe ich hier in die Schule, das ist auch toll. Es sind sehr gute Leute hier. Draußen ist alles grün, nicht wie bei uns. Bei uns gibt es nur Gestrüpp, Berge und Steine. Das Essen ist auch lecker, es ist alles gut, das Leben ist jetzt sehr einfach für mich.« Er blickt kurz auf, ein Lächeln huscht über sein Gesicht.

In dem Kinderheim teilt sich Nazam ein Zimmer mit einem deutschen Jungen in seinem Alter, er spricht inzwischen auch selbst schon erstaunlich gut Deutsch, ist erfolgreich in der Schule und hat auf dem Fußballplatz Anschluss gefunden. An der Wand über seinem Bett hängt ein Bild von Ex-Bayerncoach Pep Guardiola, aber eigentlich schwärmt Nazam für Borussia Dortmund. In Afghanistan hat er sich viele Spiele der Borussen im Fernsehen angeschaut. Neben Guardiola hat Nazam eine Weltkarte an die Wand geheftet, auf die viele schwarze und ein paar gelbe Fähnchen gesteckt sind.

»Das ist mein Reiseweg«, erklärt er mir und fährt ihn mit dem Finger nach. »Wie ich von Afghanistan nach Deutschland gekommen bin. Die schwarzen Fähnchen stehen für schlechte Stationen.« Nachdenklich betrachtet er seinen Weg. »Sehr wenig gute Stationen«, fasst er zusammen und nickt bedächtig. »Aber jetzt ist es schön.«

Nazam ist angekommen und fühlt sich wohl in Deutschland. Er will hier weiter Fußball spielen und einen guten Beruf lernen, vielleicht Arzt werden, wie sein Onkel, oder Lehrer, und dann will er seiner Familie helfen.

Doch ein richtiges Happy End gibt es leider immer noch nicht für den Jungen, der so viel gekämpft hat für eine gute Zukunft. Vor ein paar Wochen erhielt er eine schlimme Nachricht von zu Hause.

»Mein Bruder hat mich aus Kabul aus einem Internetcafé angerufen und mir gesagt, dass meine Mutter sehr krank ist, dass sie Krebs hat. Ich bin sehr traurig. Ich war immer bei meiner Mutter, weil ich der Kleinste war, ich bin sehr eng mit ihr. In der Schule kann ich mich oft nicht so gut konzentrieren, weil ich denke: ›Wie geht es meiner Mutter?‹ Und dann denke ich, ich weiß nicht, was ich mache, wenn ich einmal zurückkomme nach Afghanistan und meine Mutter ist nicht mehr da.«

Es geht nicht mehr. Jetzt hält er es nicht mehr aus. Nazam presst die Hände vor sein Gesicht, versucht die Tränen zurückzudrängen. Mit seinen gerade fünfzehn Jahren muss er schon gegen Schmerzen ankämpfen, gegen die es kein Mittel zu geben scheint.

»Ich mag nicht vor anderen Menschen weinen«, sagt er, als er sich wieder einigermaßen im Griff hat. »Am Abend in meinem Zimmer passiert es manchmal, wenn ich allein bin und afghanische Musik höre, dann werde ich sehr traurig und muss sehr viel weinen. Dann stelle ich mir vor, wie ich meine Mutter umarme und küsse und wie sie für mich singt. Ich vermisse sie eigentlich immer.«

Das Schlimmste für den Jungen ist, dass er momentan keinen Kontakt zu seiner Familie haben kann, das macht ihn nervös.

»Früher konnte man bei uns im Dorf mit dem Handy telefonieren, jetzt nicht mehr, die Taliban haben alles kaputt gemacht.«

Nazam weiß nicht, wie es seiner Mutter gerade geht, er kann sie nicht erreichen, kann nicht mit ihr sprechen. »Vielleicht weiß sie gar nicht mehr, dass ich in Deutschland angekommen bin, vielleicht denkt sie, ich bin noch in Afghanistan«, überlegt er leise. »Meine Mutter weiß nicht mehr viel. Wenn ich zum Beispiel zu ihr sage: ›Bring bitte die Tasse in die Küche‹, dann sagt sie zu mir: ›Ich weiß nicht, wo die Küche ist.‹ Das ist so, seit die Taliban meinen Onkel erschossen haben.«

Für die Krebsbehandlung braucht Nazams Mutter Geld für Medikamente. Geld, das die Familie in Afghanistan nicht aufbringen kann. Eine zusätzliche Last, die nun auf Nazams Schultern liegt. Neben Schule und Fußballtraining will er versuchen zu arbeiten, um Geld nach Afghanistan schicken zu können. Jeden Tag sieht sich Nazam im Internet Nachrichten aus Afghanistan an, informiert sich über die aktuelle Lage in seiner Heimat.

»Der Präsident sagt, es gibt keinen Krieg in Afghanistan. Er hat keine Ohren zu hören und keine Augen zu sehen! Das macht mich sehr traurig. Was ist das, wenn Menschen getötet werden? Wenn Häuser angezündet werden? Wenn Kinder nicht in die Schule gehen dürfen?« Er holt noch einmal sein Handy, zeigt mir ein Bild mit dem Namen seiner Provinz Wardak auf Arabisch. Blut tropft aus den Buchstaben, Flammen züngeln über den pechschwarzen Schriftzug in den Himmel. »Das ist meine Heimat. Jetzt kommt bald der Sommer. Dann wird es wieder sehr schlimm werden in Wardak.«

BEYOND SURVIVAL

»IN JEDEM VON UNS STECKT EIN MIGRANT
ODER EIN FLÜCHTLING – IN ALLEN FAMILIEN
DER WELT GIBT ES EINE GESCHICHTE
DER MIGRATION. DESWEGEN SAGEN WIR:
IN MIR IST AUCH EIN FLÜCHTLING!«

KAPITEL 04

»Manchmal konnte ich die Sterne hören«

Nabila (12 Jahre) – geflüchtet aus Syrien

Hochkonzentriert sitzt Nabila im Schneidersitz auf ihrem Platz auf der Bank an dem hölzernen Esstisch. Um die Finger der rechten Hand hat die Zwölfjährige zwei Wollfäden geschlungen, einer pink, der andere lila, mit der Linken bewegt sie flink die Häkelnadel. »Das wird ein Freundschaftsbändchen für meine Freundin Aziza in Syrien«, erklärt mir Nabila. Dabei liegt ein sehr ernsthafter Ausdruck auf ihrem schmalen Gesicht mit den braun-grünen Augen und den auffällig geschwungenen Wimpern. Nabilas lange dunkle Haare sind zu einem Knoten auf ihrem Kopf festgesteckt, zwei rote Spangen bändigen die widerspenstigen Strähnen, die einfach nicht im Knoten bleiben wollen. »Eines habe ich für mich gemacht und das hier ist für Aziza. Das schenke ich ihr, wenn wir uns bald wieder treffen und zusammen spielen.«

Wann Nabila Aziza wiedersehen wird, weiß sie nicht. Sie weiß noch nicht einmal, ob sie noch am Leben ist, denn seit Nabila mit ihrer Mutter Dilara aus Aleppo geflüchtet ist, hat sie nichts mehr von der Freundin gehört.

Nabila und ihre Mutter leben inzwischen schon ein halbes Jahr in Deutschland. Jeden Mittwochnachmittag kommen sie zusammen mit anderen Frauen und Kindern zum Handarbeiten in die Gemeinschaftsunterkunft für Flüchtlinge. Ein kleines Ritual haben die beiden schon etablieren können. Aber die Vergangenheit ist für das Mädchen immer noch sehr viel lebendiger als das Hier und Jetzt.

»In Syrien wohnen wir in einem sehr schönen, großen Haus in Aleppo, mit drei Stockwerken«, erzählt Nabila mir. Die Dolmetscherin erklärt mir, dass sie meist in der Gegenwart spreche, wenn sie von ihrer Heimat erzähle, so als wolle sie den Gedanken gar nicht erst nicht zulassen, dass all das Gewohnte und Geliebte vielleicht nur noch in ihren Erinnerungen existiert.

»Wir haben ein großes Wohnzimmer mit einem roten Sofa und zwei Sesseln. Und einen Glastisch, auf dem immer viele frische Blumen stehen. Unser Badezimmer ist sehr groß und sauber und hat eine riesige Badewanne. Hinter unserem Haus liegt unser Garten mit vielen Pflanzen, einem Granatapfelbaum und einem alten Olivenbaum. Am liebsten mag ich die Rosen, den Teich mit dem Springbrunnen und mein Zimmer. Ich habe ganz viele Spielsachen und einen Schrank voll mit schönen Kleidern. Unten im Haus wohnen mein Großvater und meine Großmutter. Am allerschönsten ist es aber oben auf dem Dach. Unsere Dächer in Syrien sind nicht so schief wie bei euch, sie sind flach, wie ein großes Zimmer ohne Decke. Dort oben habe ich viel mit meinem Schaf gespielt. Jeden Freitag haben wir mit der ganzen Familie, mit allen Cousins und Cousinen Fleisch und Gemüse gegrillt.«

Die Erinnerungen an ihr Zuhause zaubern ein kleines Lächeln auf Nabilas Gesicht. Das Schlimme ist, dass weder sie noch ihre Mutter wissen, wie lange es dieses Zuhause noch geben wird. Nabila kann einmal in der Woche mit ihrem Vater und ihren Großeltern sprechen, zwei Stunden am Tag gibt es Strom und Wifi in Aleppo. Dann können sie telefonieren. Meistens um sechs Uhr abends, aber nicht immer.

Bei ihrem letzten Telefonat hat Nabila erfahren, dass ihr Schaf gestorben ist und dass die Hälfte des Balkons im obersten Stockwerk bei einem Bombenangriff weggerissen wurde. Nabila und ihre Mutter müssen die ganze Zeit Angst haben, dass so etwas jeden Augenblick wieder passieren kann. Oder Schlimmeres.

»Mein Großvater hat weiße Haare und kann spannende Geschichten erzählen, von wunderschönen Feen und Prinzessinnen.« Nabila sieht zum ersten Mal von ihrer Handarbeit hoch und mir direkt in die Augen. Ihre Stimme zittert leicht, als sie ergänzt: »Er ist so weit weg, mein Opa.« Sie legt das angefangene Freundschaftsband zur Seite und zieht eine Lederkette unter ihrem T-Shirt hervor, an der ein kleiner türkisfarbener Stein baumelt. »Das ist mein Glücksstein, hat mir mein Opa gesagt. Er hat magische Kräfte und wird immer auf mich aufpassen.« Nabila küsst den Stein, bevor sie ihn mitsamt der Lederkette wieder unter ihrem Shirt verschwinden lässt.

Außer seinem Zuhause musste das Mädchen auch alle diese Menschen zurücklassen, die ihm lieb und vertraut sind. Die Großeltern, die zu alt sind, um noch einmal anderswo neu anzufangen, die beste Freundin Aziza, die vorerst noch in Aleppo geblieben ist, und auch den Vater, der Arzt ist und es für seine Pflicht hält, den Kranken und Verletzten in seiner Heimatstadt zu helfen.

Nabilas Flucht verlief vergleichsweise einfach, sie kam mit ihrer Mutter mit dem Flugzeug nach Deutschland. Die schrecklichen Erlebnisse während des Krieges, die Bombenangriffe auf ihre Schule hat sie einigermaßen gut verarbeitet. Nicht so den plötzlichen, erzwungenen Abschied. Zu groß ist das Nichtverstehenkönnen. In Gedanken ist sie fast immer bei ihrem Zuhause in Syrien.

Das Mädchen erinnert sich noch gut an den Tag, der ihr Leben verändern sollte.

»Es war sehr heiß, ich hatte meine neuen grünen Sandalen an. Ich bin mit meinem Vater zu dem Bäcker in unserer Straße gegangen, das haben wir oft zusammen gemacht. Der Junge, der uns sonst immer das Brot gegeben hat, war nicht da. Mein Vater mochte ihn, er war immer lustig und hat Späße mit uns gemacht. ›Wo ist denn Walid heute?‹, hat mein Vater den Besitzer der Bäckerei gefragt. Der hat meinen Vater zur Seite genommen und leise mit ihm gesprochen. Er sah traurig aus. Mein Vater hat danach auch sehr ernst ausgesehen. Er hat mich am Arm genommen und wir sind wieder heimgegangen. Ohne Brot. Zu Hause hat mich mein Vater auf mein Zimmer geschickt. Dann haben er und meine Mutter lange gesprochen. Seit dem Tag waren meine Eltern anders. Sie haben ständig telefoniert, nicht mehr so viel gelacht wie vorher. Oft und lange haben sie mit meinen Großeltern gesprochen. Zu mir haben sie dann immer gesagt: ›Geh, Nabila, das ist nichts für Kinder.‹ Ich habe dann gefragt, was dieses ›das‹ denn ist, aber sie haben nicht darauf geantwortet.«

An diesem Tag, als sie Walids Verschwinden bemerkten, war Nabilas Eltern klar geworden, dass Syrien sich unwiderruflich verändert hatte. »Wir hatten immer gehofft, dass niemandem, den wir kennen, etwas passiert, dass alles wieder gut wird, dass diese Zeiten der Gewalt bald wieder an uns vorbeiziehen«, erzählt mir Nabilas Mutter Dilara, eine sehr schlanke, hübsche Frau, deren Haare mit einem dunkelblauen Kopftuch bedeckt sind. Sie strickt einen Schal aus roter Wolle. »Walid aus der Bäckerei, der sich für die Revolution begeisterte, wurde von Assads Schergen mitgenommen. Das war in etwa der Zeitpunkt, von dem an sich die Stadt immer mehr verändert hat. Die Menschen wurden vorsichtiger, haben sich immer mehr ins Private zurückgezogen.«

2011 hatten in Syrien die Aufstände gegen Baschar al-Assad begonnen. Fünf Jahre später ist jeder zehnte Syrer verletzt oder getötet worden. Die Hälfte der Bevölkerung ist auf der Flucht, davon die Mehrheit innerhalb des Landes. Fünfundachtzig Prozent der Menschen in Syrien lebten in Armut. Aleppo ist seit Sommer 2012 umkämpft, es wurde zum Schauplatz erbitterter Kämpfe zwischen Milizen, Rebellen, Terrorgruppen und Regierungstruppen. Die einst größte Stadt Syriens ist inzwischen völlig zerstört, die Bevölkerung flieht in großer Zahl vor den Bombardierungen. Vor dem Bürgerkrieg war Aleppo für seine faszinierenden Kulturschätze und historischen Märkte berühmt, die Altstadt gehört zum UNESCO-Weltkulturerbe.

»Ich weiß noch, an einem Tag hat es auf einmal sehr, sehr laut geknallt«, erzählt Nabila mir. »Zuerst habe ich gedacht, dass es donnert, aber der Himmel war klar, es gab kein Gewitter. Ich bin zu meiner Mutter gelaufen und habe ihr von dem lauten Donnern erzählt. Sie hat gesagt, dass das Krieg ist. Und dass wir jetzt alle gut auf uns aufpassen müssen. Zuerst hatte ich Angst, aber nach dem Donner kam lange Zeit erst einmal nichts. Alles war wie immer. Aber dann sind Flugzeuge gekommen und haben Bomben geworfen. Immer wieder«, erzählt Nabila. »Dunkle Rauchwolken waren manchmal am Himmel, ich habe oft geweint. ›Mach dir keine Sorgen, uns wird nichts passieren‹, hat meine Mutter dann immer zu mir gesagt. Und dass ich ganz ruhig bleiben und tief in den Bauch atmen soll, wenn ich Angst habe. Viele Krankenwagen fuhren immer wieder durch die Straßen und Sanitäter mit Tragen waren überall. Es gab Straßensperren mit Sandsäcken und Soldaten, an denen man nicht mehr vorbeikam.«

Nabila ging weiter in die Schule. »Wenn die Flugzeuge kamen, mussten wir uns unter unseren Schultischen verstecken. ›Die Bomben kommen!

Schnell! Lauft! Versteckt euch! Macht euch ganz klein‹, hat unsere Lehrerin uns zugerufen. Manchmal, wenn wir schnell genug waren, sind wir auch in den Keller gelaufen. Wenn die Flugzeuge über unser Haus geflogen sind, hat das Haus richtig gezittert. Ich hatte große Angst, vor allem in der Nacht. Dann habe ich mich an meine Mutter gekuschelt. Einmal habe ich sie nicht finden können, ich habe geweint und mich in meinem Kinderzimmer unter dem Bett versteckt.«

Während Nabila sehr aufgeregt erzählt, wächst ihr Freundschaftsbändchen. »In der Schule ist ein Platz vor mir, in der zweiten Reihe, einfach irgendwann leer geblieben. Salwa hatte da gesessen. Sie ist nicht mehr gekommen. Die anderen haben erzählt, dass eine Bombe ihr Haus getroffen hat. Alles war kaputt.«

Nabilas Mutter hat ihr Strickzeug weggelegt, ihre Hände liegen in ihrem Schoß. Zu sehr ist sie abgelenkt durch die Erzählungen ihrer Tochter, zu groß ist der Schmerz. »Ich hatte riesige Angst um Nabila«, sagt sie leise und hält ihren Blick dabei starr auf die rote Wolle auf dem Tisch gerichtet. »In einer Schule in unserer Nähe sind bei einem Bombenangriff zweihundert Kinder gestorben. An diesem Punkt habe ich zu unserem Schuldirektor gesagt: ›Nabila ist fertig mit der Schule, sie kommt nicht mehr!‹ Wenig später habe ich meinem Mann gesagt, dass ich weg will aus Aleppo. Und das schnell. Sehr schnell.«

Nabila lächelt traurig. »Wenn ich den Kindern hier in der Schule von den Flugzeugen und Bomben erzähle, können sie mir das gar nicht glauben.«

Mutter und Tochter wohnen jetzt in einem mintgrünen Container in einem kleinen Ort in Mitteldeutschland. »Mit einem Bus haben sie uns dorthin gebracht«, sagt Nabila. »Ich wollte am liebsten gar nicht aussteigen. ›Da kann man doch nicht wohnen!‹, habe ich zu meiner Mutter gesagt. ›Das ist doch wie ein Karton, der auf einem anderen Karton steht, mit einer Treppe davor. Wie soll das unser neues Zuhause sein, ich will zurück in mein Haus!‹, habe ich gesagt.«

Nabila beschäftigt sich wieder mit ihrer Häkelarbeit. »Am Anfang habe ich viel geweint und immer wieder zu meiner Mutter gesagt, dass ich nach Hause will, dass ich nicht bleiben will. Ich habe sie gefragt: ›Warum muss ich hier sein? Wann fahren wir wieder zurück?‹ Meine Mutter hat geantwortet, dass sie das nicht weiß. Sie hat gesagt, dass ich froh sein soll, dass ich hier in Sicherheit bin, weil es hier keinen Krieg gibt und keine Bomben fallen. Ich habe ihr gesagt: ›Das ist mir egal. Ich will trotzdem zurück. Warum hast du mich mitgenommen! Warum hast du mich nicht bei Papa gelassen!‹ Meine Mutter hat die ganze Nacht geweint und war sehr traurig. Das hat mir dann sehr leidgetan.«

Dilara steht auf, geht zum Nebentisch und gießt sich mit zitternden Händen aus einer Thermoskanne heißen Tee ein. Mit geschlossenen Augen nippt sie an ihrer Tasse und wiegt dabei leicht den Oberkörper hin und her. Sie scheint mit ihren Gedanken meilenweit weg zu sein.

Nabila erzählt weiter. »Am nächsten Tag hat meine Mutter zu mir gesagt, dass sie mir Muhammara macht, wie zu Hause. Ich liebe Muhammara. Das ist eine würzige Paprika-Walnuss-Paste, in die wir Fladenbrot tunken. Und Pistazien wollte sie auch extra für mich kaufen. Wir sind dann zusammen mit einer deutschen Frau einkaufen gegangen, die meiner Mutter geholfen und ihr gesagt hat, wo sie alles findet.« Nabila überzeugt sich davon, dass ihre Mutter weit genug entfernt steht, bevor sie weiterspricht: »Wir haben dann an einem Tisch im Container gegessen … Es hat überhaupt nicht geschmeckt wie zu Hause! Gar nicht. Ganz anders. Ohne Kraft. Aber ich habe meiner Mutter gesagt, dass sie gut gekocht hat, weil ich sie nicht noch einmal traurig machen wollte.«

Nabila wickelt sich das Freundschaftsbändchen probeweise um ihr eigenes schmales Handgelenk. Ein paar Zentimeter fehlen noch. »Zu Hause haben wir alles immer auf dem Markt oder bei Straßenhändlern frisch gekauft. Händler mit Eselskarren voll mit Bananen und Melonen ziehen bei uns durch die Straßen. Die Melonen hat der Händler selbst immer gleich geöffnet, um nachzusehen, ob sie schon süß waren. Wenn sie noch nicht reif waren, dann hat er sie nicht verkauft. Er hat so viele geöffnet, bis er eine schöne gefunden hat. Hier geht das nicht, hat mir die deutsche Frau gesagt, die mit uns beim Einkaufen war. Hier kann man die Melonen nicht vorher öffnen, man muss sie verschlossen kaufen. Wir haben uns eine Melone im Laden ausgesucht und die hat mir gar nicht geschmeckt.«

Nabila häkelt weiter. Fast ist das Bändchen fertig. »Weißt du, bei uns gibt es eine Straße, die duftet nach Jasmin.« Sie saugt die Luft ein. »Das riecht schöner als jedes Parfüm. Und bei uns ist es sehr, sehr warm. Vier Monate im Jahr haben wir jeden Tag vierzig Grad. In den Nächten solcher warmen Tage habe ich manchmal oben auf dem Dach mit meinem Schaf und meinem Großvater gesessen und die Sterne beobachtet. ›Hör genau hin‹, hat mein Großvater dann zu mir gesagt. ›Sie sprechen zu uns, sie flüstern und wispern. Manchmal singen sie auch. Und sie können tanzen. Aber wenn sie zu wild tanzen, fallen sie runter. Hör gut zu, meine Nabila, was dir die Sterne zu sagen haben.‹« Nabila lächelt in sich hinein. »Manchmal habe ich die Sterne hören können. Hier in Deutschland wollte ich auch die Sterne beobachten, deshalb bin ich einmal nachts aus dem Container geschlichen, ganz leise, damit meine Mutter mich nicht hört, und habe mich draußen auf die Straße gesetzt. Ich dachte, vielleicht haben die Sterne ja eine Botschaft von meinem Opa für mich. Aber ich habe keinen Stern gesehen. Nur ganz viele Wolken am Himmel.«

Dilara setzt sich wieder zu uns. Müde sieht sie aus und blass. Sie hat dunkle Schatten unter den Augen und wirkt so kraftlos, als könne ein Windhauch sie umwehen. Seit Tagen hat sie keine Nachricht mehr von ihrem Mann aus Syrien erhalten, sagt sie mir später. Sie weiß nicht, wo er gerade ist oder wie es ihm geht. Sie versucht sich zusammenzureißen, denn sie will nicht, dass Nabila von ihren Sorgen angesteckt wird. Sie bricht den Keks, den sie in der Hand hat, in zwei Teile und beißt von der einen Hälfte gedankenverloren ein kleines Stückchen ab. »Es ist die Hölle in Aleppo«, sagt sie leise. »Die Situation ist für alle Menschen dort sehr schlimm. Es ist fast alles zerstört und es gibt nur wenige Stunden am Tag Strom. Lebensmittel sind teuer, es gibt kaum sauberes Wasser … Und nun auch noch die Luftangriffe durch Russland …«

»Wenn du im richtigen Moment bei uns zu Hause in ein Café kommst, findest du einen Märchenerzähler«, unterbricht Nabila ihre Mutter. »Er sitzt auf einem Stuhl und die Kinder um ihn herum, manchmal hat er ein Schwert dabei. Wir trinken Minztee und hören seinen Geschichten zu. Sie sind fast so schön wie die von meinem Großvater. Aber nicht ganz. Jetzt erzählt mir meine Mutter jeden Abend eine Geschichte, wenn ich im Bett liege. Und sie muss bei mir bleiben, bis ich eingeschlafen bin.« Plötzlich fällt ihr etwas ein. »Was ist mit Sami?«, fragte sie Dilara. »Ist sie auch tot wie mein Schaf?« Sami ist Nabilas Huhn. »Ein großes, wunderschönes Tier mit schneeweißen Federn«, beschreibt Nabila es mir. Dilara weiß keine Antwort auf die Frage.

Schweigend häkelt das Mädchen die letzten Maschen, während sie stockend und leise wieder zu sprechen beginnt. »Es war mitten in der Nacht, ich habe fest geschlafen, da hat mich meine Mutter aufgeweckt und mir gesagt, dass ich mich ganz schnell anziehen und meinen Rucksack packen soll. Ich habe gefragt: ›Warum?‹ ›Frag nicht, komm schnell‹, hat meine Mutter gesagt. Mein Vater hat uns zu einem Bus gebracht. Er hat mich ganz fest an sich gedrückt, ein Gebet gesprochen, und dann hat er mich in den Bus geschoben.

Der Bus war sehr voll mit vielen Menschen. Ich saß auf dem Schoß meiner Mutter und habe mich an meinem Rucksack festgehalten. ›Wo fahren wir hin?‹, habe ich sie gefragt. ›Weg‹, hat sie nur gesagt. ›Und wann kommen wir wieder?‹, habe ich sie gefragt. ›Das weiß ich nicht‹, hat sie gesagt. ›Aber das geht doch nicht, ich muss doch in die Schule‹, meinte ich zu ihr. ›Das geht schon, das muss jetzt einfach gehen‹, hat sie geantwortet. ›Und was ist mit Vater?‹, habe ich gefragt. ›Warum kommt er nicht mit uns? Ich will nicht ohne ihn weggehen!‹ ›Er kommt nach‹, hat meine Mutter gesagt. ›Und wann? Und Großvater und Großmutter, kommen die auch?‹ Da hat meine Mutter nicht mehr geantwortet. Sie hat den Kopf zur Seite gedreht und aus dem Fenster gesehen. Ich habe dann nicht mehr weitergefragt. Es war dunkel draußen, aber ich habe viele Feuer und Explosionen gesehen, an denen wir vorbeigefahren sind.«

Mutter und Tochter erreichten den Libanon, von dort ging ihre Flucht über die Türkei mit dem Flugzeug weiter. »Wir hatten gefälschte Pässe«, sagt Nabilas Mutter. Wie viel die Pässe gekostet haben, sagt sie nicht.

»Auf dem Flughafen waren sehr viele Menschen, alle sind durcheinandergelaufen und haben gerufen und geschrien. Alle haben sich verhalten, als wären sie verrückt«, erinnert sich Nabila. »Auch meine Mutter war ganz unruhig. Sie hat meine Hand so stark gedrückt, dass es wehgetan hat. Dabei wollte ich doch gar nicht weglaufen! Im Flughafengebäude hat mich meine Mutter auf die Seite gezogen und mir ganz fest in die Augen gesehen. ›Nabila, hör mir gut zu! Wenn sie dich fragen, warum wir in das Flugzeug steigen und wegfliegen wollen, dann musst du ihnen sagen, dass wir Papas kranke Schwester besuchen und nach zwei Wochen wieder zurückfliegen werden.‹ ›Aber Papa hat doch gar keine Schwester‹, hab ich zu meiner Mutter gesagt. ›Das ist ganz egal, tu, was ich dir sage‹, hat meine Mutter gesagt und mich an der Schulter gepackt und geschüttelt wie einen Olivenbaum bei der Ernte. ›Vergiss das nicht, meine Nabila!‹« Immer wieder haben uns dann Frauen in Uniformen überall durchsucht und meiner Mutter viele Fragen gestellt. Als wir im Flugzeug saßen, hat meine Mutter sehr geweint und mich ganz fest umarmt und geküsst.«

Irgendwann während des Fluges ist Nabila eingeschlafen.

»Als mich meine Mutter aufgeweckt hat, ging das Flugzeug wieder runter. ›Wo sind wir?‹, habe ich meine Mutter gefragt. ›In Deutschland‹, hat sie gesagt und zum ersten Mal, seit wir unser Haus verlassen hatten, wieder ein bisschen gelächelt.«

Die Tür zum Gemeinschaftsraum geht auf und eine afrikanische Mutter mit einem kleinen Mädchen mit vielen Zöpfchen auf dem Kopf kommt rein. Die beiden setzen sich auf eine Bank und inspizieren die übrig gebliebenen Wollreste auf dem Tisch. Die Mutter zieht ein dunkelblaues Knäuel heraus, nimmt sich eine Nadel, beginnt zu häkeln. Das Mädchen turnt ausgelassen auf der Bank herum.

Nabila deutet auf das rote Kleid des Kindes. »Ich habe auch ein sehr schönes rotes Kleid«, erzählt sie. »Zu Hause. In Aleppo. In meinem Schrank. Ich wollte es mitnehmen, aber meine Mutter hat es verboten. Ich durfte nur einpacken, was in meinen Rucksack passte, mehr nicht. Das rote Kleid habe ich zuerst eingepackt. Meine Mutter hat das gesehen, hat es gleich wieder rausgezogen und geschimpft. ›Was willst du mit dem Kleid, Nabila!‹, hat sie gesagt. ›Das nimmt viel zu viel Platz weg, das bleibt hier. Du brauchst es auch gar nicht, du bekommst neue Kleider.‹ Wenn wir wieder zu Hause sind, werde ich es gleich anziehen.«

Nabila nimmt noch einmal Maß an ihrem Handgelenk. »Das passt jetzt«, beschließt sie dann und beendet zufrieden ihre Häkelarbeit. »Aziza wird sich freuen.« Nabila streckt sich und schüttelt ihre Hände aus. »Meine Finger müssen beweglich bleiben, damit ich zu Hause wieder auf unserem Klavier spielen kann.« Sie steht auf und geht rüber zum Kekstisch.

Nabilas Mutter sieht ihr traurig nach. »Ich weiß nicht, wie ich meiner Tochter sagen soll, dass ihre Freundin dieses Bändchen vielleicht nie tragen wird, dass wir vielleicht nie wieder zurückkehren können. Und dass, falls wir zurückkehren, alles ganz anders sein wird. Dass es ihr Leben nicht mehr gibt«, sagt sie leise zu mir. »Aber vielleicht weiß sie es ja auch und will es einfach nur nicht wahrhaben.«

Als Nabila mit zwei Butterkeksen in der Hand wieder zurückkommt, versucht ihre Mutter es anders. »Meine Nabila, du könntest doch auch noch ein Bändchen für Hanna machen«, schlägt sie ihrer Tochter vor. »Hanna sitzt in der Schule neben ihr«, erklärt sie mir.

»Für Hanna?«, wiederholt Nabila und sieht ihre Mutter mit weit aufgerissenen Augen so entsetzt an, als wäre das der absurdeste Vorschlag, den sie je gehört hat. »Hanna ist sehr nett, aber sie ist doch nicht meine Freundin, nicht so wie Aziza!« Nabila legt die Butterkekse ab und klopft mit beiden Handflächen auf ihr Herz. »Aziza ist wie meine Schwester«, sagt sie feierlich. »Sie kennt mich und sie versteht mich. Auch ohne Worte. Hanna weiß gar nicht, was ich sage, wenn ich rede.« Vor ein paar Tagen hatte Nabila Geburtstag. »Meine Lehrerin hat einen Schokoladenkuchen mit großen Schokoladenstücken, Marzipanblumen und einer Wunderkerze obendrauf mitgebracht und alle Kinder haben ein Lied für mich gesungen!«, erzählt das Mädchen und lächelt ein bisschen. »Hanna hat mir ein Buch geschenkt. Das war alles sehr schön, aber ich war trotzdem den ganzen Tag traurig, weil mein Papa nicht da war. Und meine Großeltern … und Aziza …« Nabila hält kurz inne, um gleich darauf ein bisschen trotzig zu ergänzen: »Aber bestimmt feiern wir meinen nächsten Geburtstag wieder alle zusammen. Zu Hause.«

Nach dem Häkeln ist Nabila mit Hanna verabredet. Die beiden Mädchen wollen zusammen spielen. Hanna will ihr beibringen, wie man Schach spielt, und sie will ihr auch zeigen, wie man Longboard fährt. Nabila hat momentan noch gar keine Ahnung, was das überhaupt ist.

Hanna und ihre Mutter holen Nabila in dem Gemeinschaftsraum ab. Das Mädchen mit den Sommersprossen, den blauen Augen und sehr viel braunem Haar stürmt in den Raum und setzt sich gleich neben Nabila.

»Hallo, Nabila.« Ihr Blick fällt auf das Freundschaftsbändchen auf dem Tisch. »Das ist aber schön«, bemerkt sie.

»Das ist ein Freundschaftsbändchen für Aziza, meine Freundin in Syrien«, erklärt ihr Nabila stolz. »Eines bekommt sie und eines habe ich.«

Hanna überlegt einen Moment, klatscht dann in die Hände. »Das ist eine gute Idee. Machen wir uns auch so eins?«

Nabila zögert mit der Antwort; aber Hanna ist schon aufgesprungen und wühlt in der Kiste mit der Wolle. Sie zieht ein gelbes Knäuel hervor. »Gefällt dir die Farbe? Nehmen wir die? Die ist wie die Sonne.«

Ohne Nabilas Antwort abzuwarten, setzt sich Hanna samt Wollknäuel und Häkelnadel neben sie. »Wir machen uns Freundschaftsbändchen in Gelb, ich für dich und du für mich.«

Nabila lehnt sich zurück, verschränkt die Arme und schüttelt den Kopf so heftig, dass sich trotz roter Spange eine Haarsträhne löst. »Das geht nicht«, protestiert sie dann.

»Klar geht das«, sagt Hanna und wickelt einen Faden um ihren Finger.

»Das geht wirklich nicht«, insistiert Nabila und nimmt Hanna die Häkelnadel weg.

»Was soll das denn«, fragt Hanna irritiert. »Was ist denn mit dir los?«

»Das Bändchen habe ich für meine Freundin Aziza gemacht, sie ist wie meine Schwester«, erklärt Nabila mit funkelnden Augen.

Aber Hanna ist schon wieder entspannt, zuckt nur die Schultern. »Aziza ist in Syrien deine Freundin und ich bin hier deine Freundin. Ich habe auch eine Freundin, die in Berlin wohnt. Man kann doch auch zwei Freundinnen haben.«

Nabila überlegt einen Moment, mustert Hanna von der Seite, zuckt anschließend ebenfalls die Achseln. »Ich weiß nicht, ja, vielleicht hast du recht, vielleicht kann man das«, nickt sie dann, wenn auch eher resigniert als wirklich überzeugt. Dann greift sie erneut nach der Häkelnadel.

Nabilas Mutter tauscht einen schnellen Blick mit mir aus. Aus ihren Augen spricht ein wenig Erleichterung und eine unausgesprochene Hoffnung: Vielleicht kann es für ihre Tochter auch irgendwann ein zweites Zuhause geben.

»Magst du heute bei uns essen?«, erkundigt sich Hanna, während sie mit der Häkelarbeit beginnt. »Es gibt Spaghetti mit Tomatensauce und danach Erdbeereis.«

Etwas unschlüssig schielt Nabila zu ihrer Mutter, und als diese lächelt und nickt, sagt sie Hanna zu.

Am nächsten Tag ruft mich Nabilas Mutter an. Ihre Stimme klingt froh. Gestern am Abend hat sie endlich wieder mit ihrem Mann telefonieren können. Er ist nicht mehr in Aleppo. Wo er sich aufhält, konnte er ihr nicht sagen. Aber er ist gesund. Das Zuhause, von dem Nabila träumt, gibt es allerdings nicht mehr. Eine Bombe hat das Haus weggerissen. Nabilas Vater und die Großeltern konnten sich rechtzeitig in Sicherheit bringen. Und auch Sami, Nabilas Huhn, lebt.

BEYOND SURVIVAL
»DIE MENSCHHEIT ENTWICKELT SICH DURCH MIGRATION UND VERMISCHUNG DER KULTUREN WEITER, DESWEGEN WOLLEN WIR UNS FREI BEWEGEN UND BEGEGNEN KÖNNEN – EGAL WO AUF DER WELT!«

KAPITEL 05

»Nichts macht mir mehr Angst«

Angelina (15 Jahre) – geflüchtet aus Somalia

Der Tag, an dem sich Angelinas Leben für immer ändern sollte, war ein Tag wie jeder andere. Es war Sommer in dem Land am Horn von Afrika und die Sonne brannte schon am Morgen so heiß, dass man besser den ganzen Tag im Schatten verbrachte, als sich der Gluthitze auszusetzen.

Vierzehn Jahre alt war Angelina damals. Wie immer aß sie mit großem Appetit, was die Mutter gekocht hatte. Große Portionen waren es nicht, denn die anderen Familienmitglieder mussten auch satt werden.

»Meine Mutter hatte Canjeero gemacht, dazu Eier in einer Tomatensauce. Ich wusste, dass ich das lange nicht mehr essen können würde, deshalb habe ich ganz schön viel gegessen.«

Angelina hatte sich entschlossen, an diesem Tag zu fliehen. Sie wollte Somalia verlassen, ihr Zuhause verlassen. Sie wollte nach Europa gehen und dort eine Chance auf ein gutes Leben haben.

Angelinas Familie ist arm, sie ist das älteste Kind, hat noch einen kleinen Bruder und fünf kleine Schwestern. Zu essen gab es immer nur das Nötigste, das Mädchen musste seiner Mutter mit den jüngeren Geschwistern helfen, dem Vater beim Hüten der wenigen Ziegen, die ihm geblieben sind.

»Viele Ziegen sind verdurstet, weil es nicht genug Wasser gibt.« Angelina musste jeden Tag sehr früh aufstehen und mit einem Kanister zur Wasserstelle gehen, damit die Tiere verpflegt werden konnten. 2011 erlebte Somalia die schlimmste Dürreperiode seit sechzig Jahren. Damals flohen nach Schätzungen der Vereinten Nationen täglich fast viertausend Menschen vor der schweren Hungersnot aus dem Land. Brunnen versiegten, die Vorräte waren aufgebraucht, Tiere starben reihenweise. Besonders hart traf es die Viehzüchter, da sie zusehen mussten, wie ihre Tiere ihnen qualvoll verendeten.

Alle mussten mit anpacken, damit es irgendwie für die Familie zum Überleben reichte.

»Manchmal hat mich mein Vater losgeschickt, um Feuerholz zu holen. An eine Stelle, zu der ich sehr weit laufen musste. Und ich musste sehr vorsichtig sein vor Männern mit Macheten.«

Zeit für Hausaufgaben, zum Spielen oder Träumen blieb Angelina nicht. Gerne wäre sie länger in die Schule gegangen und Lehrerin geworden, doch ihr Vater hat es nicht erlaubt. Schule, Arbeit, ein gutes Einkommen – von diesen Dingen konnte das Mädchen nur träumen. Auch anzuziehen, was ihr gefiel, war für Angelina nicht möglich. Die islamistische Al-Shabaab-Miliz, die viele Regionen in Ostafrika terrorisiert, verbietet Kleider im westlichen Stil. Frauen müssen Kleidung tragen, die so weit geschnitten ist, dass die Körperkonturen nicht deutlich hervortreten, auch die Haare mussten bedeckt sein.

Die Al-Shabaab-Kämpfer verüben Anschläge in Kenia, Somalia und im Südsudan und kontrollieren mehrere ländliche Regionen. Sie gehören zum Terrornetzwerk Al-Qaida und haben sich zum Ziel gesetzt, ihre ostafrikanischen Landsleute gegen den Westen zu mobilisieren und einen islamischen Gottesstaat zu errichten. Zudem wird Somalia seit dem Sturz des letzten Diktators Siad Barre 1991 von blutigen innerstaatlichen Konflikten erschüttert, insbesondere in Zentral- und Südsomalia herrschen Bürgerkrieg und Anarchie.

Ende 2013 waren über eine Million Somalierinnen und Somalier vor Krieg, Hunger und Elend auf der Flucht. Damit zählt Somalia nach Afghanistan und Syrien weltweit zu den Ländern mit der höchsten Flüchtlingsrate. Angaben des UNHCR zufolge sind eine weitere Million Menschen als Binnenvertriebene innerhalb der Landesgrenzen auf der Flucht.

Angelina wollte nicht mehr in Somalia leben, wollte keinen Hunger und keine Angst vor den vielen bewaffneten Männern mehr haben müssen. Ihr Vorbild war Leila, ein Mädchen aus dem Nachbardorf, das zwei Jahre zuvor aus Somalia geflüchtet war und seither auf Facebook allen, die es wissen wollen, sein schönes neues Leben beschreibt. Auch Angelina las diese Nachrichten.

»Leila hat geschrieben: ›Seht mal, meine schönen neuen Schuhe!‹ und: ›Ich habe jetzt ein Auto und eine schöne Wohnung und gutes Essen!‹ und dass sie jeden Tag ein anderes Kleid anziehen kann, was bei uns nicht geht«, erzählt Angelina leise, als ich sie in einer Notunterkunft treffe, in der die sechzehnjährige Somalierin ein paar Tage bleiben wird, bis klar ist, in welchem Bundesland sie längerfristig leben können wird.

Denn Angelina, die man hier so nennt wegen ihrer auffälligen Ähnlichkeit mit Angelina Jolie, hat es tatsächlich bis nach Deutschland geschafft.

Erst vor Kurzem ist sie angekommen. Mit dünner Kleidung voller Sandflöhe, fast barfuß, mit abgewetzten, zusammengeflickten Sandalen an den Füßen. Ihre Kleider wurden gefriergetrocknet, minus dreißig Grad überleben die Flöhe nicht.

Angelina sitzt auf einem dunkelblauen Sofa. Sie trägt eine hellgrüne Strickmütze auf dem Kopf, darüber ein blaues Tuch, dazu Strickleggins mit Rentiermuster und einen dunkelblauen Strickpulli. Ihre Füße stecken in dicken, winterweißen Boots mit Kunstfellbesatz. Dennoch friert sie, zieht sich eine rote Wolldecke fast bis unter die Nase.

Um nach Deutschland zu kommen, ist Angelina durch die Hölle gegangen. Das Mädchen trägt unübersehbar schwer an seinen Fluchterlebnissen. Verschüchtert kuschelt es sich an seine Freundin Amira, die neben ihr sitzt.

Auch Amira ist sechzehn Jahre alt, auch sie ist aus Somalia nach Deutschland geflohen, als sie vierzehn war. Wie Angelina hat sie Dinge erleben müssen, die kein Mensch jemals erleben sollte. Auch Amira ist ein sehr hübsches Mädchen. Sie ist groß, zart, hat wache, dunkle Augen. Aus den Kleiderspenden in der Unterkunft hat sie sich eine Jeans ausgesucht, darüber trägt sie einen himmelblauen Pulli und ein Tuch in derselben Farbe. Ihre nackten Füße stecken in blauen Flipflops, ihr rechter Knöchel ist bandagiert, sie hat ihn sich auf der Flucht verletzt.

Dass minderjährige Mädchen allein nach Europa fliehen, kommt seltener vor, passiert aber laut Caritas seit einigen Jahren immer häufiger. Die überfüllte Notunterkunft, in der sich Angelina und Amira befinden, bestätigt diese These. Vor allem Mädchen aus Somalia nehmen die gefährliche Reise, die durch die Wüste führt, auf sich, in der Hoffnung, in Europa ein besseres Leben führen zu können.

Wir unterhalten uns mithilfe eines Dolmetschers, beide Mädchen sprechen kein Englisch.

Angelina zieht ihre dünnen Beine an und schlingt ihre knochigen Arme darum. Ihr müder Blick verrät, dass sie in der vergangenen Nacht nicht viel geschlafen hat. Nachts wirken die bösen Erinnerungen noch stärker nach als bei Tageslicht. Einige Zeit fixiert sie einen Punkt an der Decke des Raumes. Dann erzählt sie.

»Somalia ist kein gutes Land für Mädchen.« Eine Erkenntnis, die ihr offenbar sehr schwerfällt. Sie stockt, schluckt, lehnt ihren Kopf auf die angezogenen Beine. »Ich habe gedacht, Mädchen wie Leila aus meinem Nachbardorf sagen die Wahrheit. Ich wollte nicht leben wie meine Mutter. Immer nur zu Hause, alles mit dem Wasser aus dem Brunnen waschen, immer so viel Arbeit, immer nur machen, was der Mann sagt, immer nur Angst, nie genug zu essen. Nein, das will ich nicht, habe ich gedacht. Also habe ich diesen Mann getroffen. Er hat zu mir gesagt: ›Du bist ein sehr schönes Mädchen, du siehst aus wie eine Prinzessin, du wirst ein gutes Leben in Europa haben. Ich bin sicher, du kannst als Model arbeiten, und dann kannst du viel Geld verdienen.‹ Er war sehr nett. Er hat gesagt: ›Es ist ganz einfach. Ich kann dich bis zur Wüste bringen.‹ Er sagte, dass ich dafür nicht viel bezahlen muss.«

Angelina glaubte den Versprechungen des nigerianischen Schleppers, vertraute darauf, dass sie in Deutschland ein Leben führen können würde, wie sie es sich wünschte. Also lief sie von zu Hause weg.

»Meine Eltern haben nichts gewusst, aber eine meiner kleinen Schwestern hat etwas gespürt. Sie hat mich den ganzen Tag nicht mehr losgelassen. Als die Sonne untergegangen ist, bin ich zum Markt gegangen.«

Auf dem staubigen Marktplatz in ihrem Dorf, neben Obst- und Gemüseständen, wartete tatsächlich, wie von dem Schlepper versprochen, ein Lastwagen, auf dem schon viele andere Menschen zusammengedrängt saßen. Die Stimmung war gut, die Mitfahrer lachten und scherzten.

»Der Fahrer war sehr nett, er hat sich gut um mich gekümmert, er hat mir Wasser gegeben und Fladenbrot.«

Der Lastwagen fuhr über holprige Naturstraßen durch Somalia, vorbei an vielen Militärkontrollen.

»Das war kein Problem, der Fahrer hat ihnen Geld gegeben, sie haben gewunken und wir sind weitergefahren.«

Mal wechselte der Fahrer, mal musste die Gruppe auf einen anderen Wagen umsteigen. Die Grenzen stellten kein Hindernis dar, die Polizisten waren von der Schleppermafia geschmiert – ein gut funktionierendes System. Bis in die Sahara wurde Angelina auf diese Weise tatsächlich problemlos gebracht. Dann änderte sich ihre Situation.

»Sie haben uns mit einem Lastwagen in ein Lager in der Wüste gefahren, am Eingang waren Männer mit Messern und anderen Waffen. Sie haben ihr Gesicht vor uns versteckt, nur die Augen konnte man sehen. Sie sahen böse aus.«

Angelina zieht die rote Decke noch enger an sich, so als könne sie sich dadurch vor den Erinnerungen schützen.

»In dem Lager mussten wir alle aussteigen. Es war viel Wind, der den Sand in meine Augen geweht hat. Das Auto ist weggefahren. Die Männer haben uns in das Lager getrieben und angebunden. Dort waren schon viele andere Menschen und sehr viele Mädchen. Die Männer haben gesagt, wir müssen jetzt hierbleiben und ihnen gehorchen, sonst töten sie uns.«

Das Transportsystem der Schlepper, wie Angelina es erlebt hat, basiert meist auf denselben Abläufen: Bis in den Sudan werden die Afrikanerinnen von einer regionalen Menschenhändlerbande zur anderen weiterverkauft, was für die Mädchen weitgehend kostenfrei und problemlos verläuft. In den Wüstenlagern im Sudan ist dann erst einmal Endstation, Zahltag für die Schlepper. Die Mädchen werden hier in Lagern festgehalten, mit Schlägen und Vergewaltigungen zwingen die Menschenhändler sie, Lösegeld von ihren Familien anzufordern, egal wie arm sie sind. Der ganze Familienverband legt dann zusammen, macht alles zu Geld, was er besitzt, um das Lösegeld aufzubringen. Zu groß wäre die Schande für alle, würden sie ihre Töchter in der Wüste sterben lassen.

»Nachdem die Männer uns festgebunden hatten, haben wir im Sand geschlafen. Am Tag mussten wir viele Stunden unter der heißen Sonne sitzen, durften uns nicht bewegen und nur ganz wenig Wasser trinken«, schildert Angelina mit stockender Stimme. »Mein Mund war so trocken, dass meine

Zunge festgeklebt ist. Ich konnte nicht mehr schlucken, überall war Sand, es gab keine Duschen.«

Stumme Tränen laufen über Angelinas Wangen, für einen Augenblick kann sie nicht mehr weitersprechen. Amira legt den Arm um sie.

Dann holt Angelina tief Luft. »Noch schlimmer als der Tag in der Sonne war der Abend. Da sind die Männer zu uns gekommen mit Waffen und haben sich Mädchen ausgesucht, haben sie mitgenommen. Sie mussten alles tun, was die Männer wollten.«

Angelina wurde geschlagen und vergewaltigt. Wieder und wieder. »Ich musste mich ausziehen und auf dem Bauch auf den Boden legen, dann haben sie mich mit der Peitsche geschlagen. Ich habe gesagt: ›Bitte, bitte, schlagt mich tot!‹ Aber sie haben mich nur ausgelacht.«

Angelina zieht sich die Decke fest um die Schultern. In ihren Augen spiegeln sich Scham, Angst und Schmerz.

»Die Männer haben nach meiner Familie gefragt. Ich musste ihnen die Telefonnummer von meinen Eltern geben. Die haben sie dann angerufen. Sie haben mich geschlagen und mir das Handy hingehalten, als es zu sehr wehtat und ich geschrien habe. Ich wollte nicht schreien, aber es ging nicht. Zu meinem Vater haben sie dann gesagt: ›Wir schlagen deine Tochter jeden Tag, bis du für sie bezahlst!‹ Ich habe mich sehr geschämt, dass ich diese Schande über meine Familie bringen musste. Meine Eltern sind sehr arm, sie haben nicht gewusst, wie sie das Geld für mich auftreiben sollten. Diese Männer sind keine Menschen«, stößt Angelina mit Hass und Verachtung in der Stimme hervor. Das zarte Mädchen bebt vor Wut, Trauer, Hilflosigkeit.

Drei Monate war Angelina in dem Lager in der Wüste gefangen. Ihr schönes Gesicht wurde ihr zum Verhängnis, immer wieder wurde sie am Abend von den vermummten Männern ausgesucht. Andere, weniger hübsche Mädchen wurden nicht so oft ausgewählt.

»Die anderen Mädchen waren froh, dass ich immer eine Extra-Flasche Wasser mitgebracht habe, wenn ich zu ihnen zurückkam. Die haben wir dann zusammen getrunken«, sagt Angelina und lächelt leicht, als sie an eine der seltenen Situationen denkt, in denen sie dazu beitragen konnte, dass es ihr und den anderen ein bisschen besser ging.

Es dauerte über neunzig Tage, bis Angelinas Vater das Geld für die Auslöse seiner ältesten Tochter zusammenhatte. »Mein Vater ist zu allen gegangen, die er kannte. Jeder hat etwas gegeben. Die Männer sind dann zu mir gekommen und haben gesagt: ›Hau ab, Mädchen.‹ Da kam dann gerade ein Lastwagen an, er hat neue Menschen gebracht. Sie wurden alle im Lager abgeladen, mich haben sie rausgestoßen, vor den Zaun. Von dort habe ich noch gesehen, wie ein kleines Mädchen aus dem Lastwagen gehoben wurde. Ich habe sehr geweint um sie. Die Männer haben mich und andere Menschen mit einem Wagen durch die Wüste gebracht und über die Grenze zu Libyen. Dort haben schon andere Männer auf uns gewartet. Auch sie hatten Waffen.«

Angelina wurde von den sudanesischen Schleppern aus der Wüste weggebracht und an eine libysche Schlepperbande weiterverkauft – ein gängiges und lukratives Geschäftsmodell, an dem auch libysche Milizen beteiligt sein sollen. Der nordafrikanische Staat ist seit dem Sturz des Diktators Muammar al-Gaddafi 2011 ein Paradies für Schmugglerbanden. Das Land ist zerfallen in Chaos und Anarchie. In Libyen wird Angelina als Haussklavin ausgebeutet.

»Die libyschen Männer haben mich in ein großes Haus gebracht und in ein kleines, schmutziges Zimmer eingesperrt. Überall waren Spinnen und Kakerlaken. In dem Haus musste ich arbeiten, bis ich genug Geld für das Boot hatte, auf dem ich Afrika endlich verlassen wollte.«

Jeden Tag von sechs Uhr in der Früh bis spät in die Nacht musste Angelina arbeiten, Böden schrubben, putzen, sauber machen. Bis der erlösende Anruf von einem weiteren Schlepper kam.

»Er hat gesagt· ›Komm sofort, das Boot ist da.‹«

Angelina rannte los. Wann, wie und wohin ihre Reise gehen würde, das wusste sie nicht. Sie fragte auch nicht.

»Es war mir egal«, sagt sie zu mir. »Alles. Ob ich lebe oder tot bin, egal. Ich habe einfach getan, was sie mir gesagt haben.«

Mitten in der Nacht, an der verabredeten Stelle an einer staubigen Straße in Bengasi, holte sie ein Schlepper ab.

»›Mach schnell, komm schon!‹, hat der Mann gesagt, dann hat er mich gepackt und in ein Auto gezogen. Wir sind lange Zeit über eine einzige Straße gefahren. Dann ist er am Meer stehen geblieben, hat mich aus dem Auto geschubst und ist weggefahren.«

So stand Angelina plötzlich mit vielen anderen Menschen, die auf die Möglichkeit hofften, nach Europa übersetzen zu können, irgendwo an der libyschen Küste.

»Wir standen lange da und warteten, dann sind wir in ein kleines Boot gestiegen. Es war viel zu klein für alle. Jeder hat gedrängelt und einige haben sich geschlagen, um einen Platz zu bekommen. Ich saß auf einer Frau, und auf mir saß ein kleines Kind, das geweint hat. Alle hatten große Angst.« Angelina lächelt ein wenig bitter. »Ich nicht, ich komme aus der Sahara. Nichts macht mir mehr Angst.«

Das Boot brachte Angelina zu einem Schiff, das weiter draußen wartete.

»Das große Schiff war schon sehr rostig und es waren schon sehr viele Menschen dort. Die Männer haben gesagt, dass Frauen und Kinder unter Deck gehen sollen, aber ich wollte nicht. Ich blieb oben, ich wollte den Himmel sehen und die Sterne. Wie in der Wüste. Ich habe mich hingesetzt und mich nicht mehr bewegt. Ich hatte Glück, eine Frau hat mir Brot gegeben und Wasser, ich hatte schon lange nichts mehr gegessen.«

Am zweiten Tag fiel die Maschine aus, das Schiff hatte ein Leck, durch das langsam das Wasser eindrang.

»Die Menschen sind nach oben gelaufen und haben geschrien und geweint. Sie hatten große Angst. Ich nicht. Ich habe nur gedacht: Wie kann ich meiner Familie helfen, wenn ich jetzt sterbe?«

Das Schiff wurde von der italienischen Küstenwache entdeckt. »Alle haben geschrien, Männer haben ihr T-Shirt ausgezogen und damit gewunken. Ich nicht. Ich war ganz ruhig und habe gewartet.«

An Land wurden die Schiffbrüchigen von Helferinnen und Helfern empfangen. In einem italienischen Übergangslager wurde Angelina ein Schlafplatz zugeteilt. Obwohl die Somalierin in Sicherheit war, hatte sie weiter Angst. »Ich habe mit meinen Kleidern geduscht und geschlafen, es waren viele Männer in dem Lager.«

In diesem Lager lernte Angelina Amira kennen, die jetzt neben ihr sitzt und ihre Hand hält.

Genau wie Angelina wurde auch Amira mit falschen Versprechungen von Schleppern von zu Hause weggelockt, durch verschiedene Länder transportiert, von einer regionalen Schmugglerbande an die andere verkauft, und auch Amira landete schließlich in einem Lager in der Sahara. Bis ihr Familienclan das geforderte Geld zusammenhatte, musste sie fünf Monate in der Wüstenhölle aushalten.

Amira ist aus ihrer Heimat am Horn von Afrika geflüchtet, weil sie verheiratet werden sollte – mit einem Mann, der Jahrzehnte älter ist als sie.

»Er ist sehr alt und sehr hässlich und hat keine Zähne mehr, aber er wollte meinen Eltern viel Geld für mich bezahlen. Ich wollte das nicht. Ich habe meinem Vater gesagt: ›Ich will diesen Mann nicht heiraten.‹ Mein Vater ist sehr, sehr böse geworden, hat mich geschlagen und gesagt, dass ich nicht mehr seine Tochter bin, wenn ich nicht gehorche.«

Als der alte Mann hörte, dass Amira ihn nicht heiraten wollte, sann er auf Rache.

»Er hat auf mich gewartet und mich überfallen, als es dunkel war, ich wollte schreien, aber er hat mich festgehalten und wollte meine Kehle zudrücken. Ich habe gekämpft und gekratzt und konnte weglaufen.« Amira schluckt. Jetzt gerade ist sie es, die Kraft aus der Umarmung von Angelina zieht. »Ich konnte nicht mehr nach Hause zu meinem Vater gehen. Ich wusste nicht, wohin ich gehen konnte. Viele Menschen aus Somalia sind nach Dadaab in Kenia geflüchtet. Aber ein Freund hat mir gesagt: ›Geh nicht dahin, der Weg ist nicht sicher, es gibt viele Kämpfe. Und es ist kein Leben in Dadaab, es ist überfüllt und schmutzig und es gibt nicht genug zu essen dort.‹«

Das weltgrößte Flüchtlingslager Dadaab liegt im Nordosten Kenias. Die Anzahl der Schutzsuchenden in dem Lager kann nur geschätzt werden – die Angaben variieren zwischen 350 000 und 600 000 Menschen. Die meisten kommen aus Somalia. Die Situation in dem Camp, das eher einer mittelgroßen Stadt gleicht, ist eigentlich nicht menschenwürdig. Angesichts der vielen Flüchtlinge ist die Infrastruktur unzureichend, genau wie die sanitären Einrichtungen. Zelte stehen dicht an dicht, Nahrung ist knapp, Wasser ebenso. Durch die zunehmende Überfüllung des bereits fünfundzwanzig Jahre bestehenden Lagers nimmt die Kriminalität stetig zu. Somalische Flüchtlinge und humanitäre Organisationen melden Fälle von Diebstahl, sexueller Gewalt und Zwangsverheiratungen von Minderjährigen. Es gibt in den Lagern nicht genügend Sicherheitskräfte, die Kinder und Frauen schützen könnten.

Weil Dadaab keine Option für sie war, entschied sich Amira für die Flucht nach Europa. Auch sie fand schnell einen Schlepper, der ihr die weitere Reise bis in den Sudan organisierte.

Amira wusste, dass sie eine gefährliche Reise antrat. Sie kannte die Berichte über die Menschen, die ihr Leben im Mittelmeer gelassen hatten. Dem Mädchen war bewusst, dass sie ihr Leben riskierte. Dass es diese Reise möglicherweise nicht überleben würde. Warum nahm sie dennoch diese Qualen auf sich?

Amira zuckt die Schultern. »Egal. Besser irgendwo sterben, als in Afrika mit diesem Mann leben.«

Einen Monat verbrachten die beiden somalischen Mädchen in dem italienischen Camp, in dem sie sich getroffen hatten. Sie arbeiteten illegal als Erntehelferinnen, um Geld für Tickets in den Norden zusammenzubekommen. Somalische Schlepper besorgten den beiden Mädchen gefälschte Reiseunterlagen, damit sie nach Nordeuropa weiterziehen konnten.

Kurz bevor sie Deutschland erreicht hatten, verloren sich die beiden jungen Frauen aus den Augen. Der Andrang war damals noch groß an den Grenzübergängen und die Schwächeren wurden oft zur Seite geschoben.

»Wir haben sechs Stunden in einer Schlange gewartet, dann bin ich eingeschlafen, weil ich so müde war«, erzählt Angelina. »Immer wieder wurden Menschen auf die deutsche Seite gelassen, die sind einfach über mich drübergestiegen. Amira hat das gar nicht mitbekommen. Sie hat mich nicht mehr gesehen und ist weitergegangen, weil sie gedacht hat, dass ich schon vor ihr war. Als ich aufwachte, war Amira verschwunden.«

Amira dreht sich zu Angelina, lächelt und küsst sie auf die Stirn. »Aber das Schicksal wollte, dass wir uns wiederfinden.«

In Deutschland wurden die beiden Somalierinnen von der Polizei aufgegriffen und unabhängig voneinander in eine Notunterkunft für minderjährige unbegleitete Mädchen gebracht.

Maria, eine ältere, etwas rundliche Frau mit warmen braunen Augen hinter einer modischen Brille mit rosafarbenem Rand, ist in dieser Notunterkunft für die Betreuung der Mädchen zuständig. Sie wirkt, als ob man sofort zu ihr Vertrauen fassen könnte. Maria versorgt die Flüchtlingskinder mit frischer Kleidung, Tee und warmem Essen und bringt sie zum Arzt, wenn nötig.

»Ich hatte Dienst in der Nacht, als Angelina hier ankam«, erzählt sie mir. »Das Mädchen war abgemagert bis auf die Knochen und absolut eingeschüchtert. Sie hatte die Krätze, die wir hier die Sahara-Krankheit nennen, weil sie alle Mädchen haben, die durch die Wüste zu uns kommen, und Ekzeme am Bauch. Ihre Kleider und Haare waren voller Flöhe, ihr Rücken voller Striemen und entzündeter Wunden. Die Sohlen ihrer dünnen Schuhe waren mit Fäden notdürftig wieder angenäht, ihre Füße aufgequollen, die Haut wund und aufgeplatzt.« Maria schließt für einen Moment ihre Augen. »Ich habe selbst Kinder und mein Herz hat sich regelrecht zusammengezogen, als ich dieses gequälte Mädchen sah.«

Im Gemeinschaftsraum der Notunterkunft hängt ein schwarzes Brett, auf dem ein großes Plakat angebracht ist. Darauf sind alle Mädchen, die sich hier vorübergehend aufhielten, mit kleinem Foto, Namen und Herkunftsland vorgestellt.

»Angelina zeigte keinerlei Regung, als sie hier ankam. Wie ein Roboter hat sie alles getan, was ihr gesagt wurde«, erzählt Maria. »Aber dann hat sie dieses Plakat an unserer Pinnwand entdeckt und sich ganz aufmerksam die Gesichter der Mädchen angesehen. Ganz lange und intensiv. Und auf einmal ging ein Strahlen über ihr Gesicht. ›Ohhh, ohhh!‹, hat sie immer wieder gerufen, hat die Hände auf ihr Herz gelegt und fürchterlich geweint. Einen Moment später ist sie völlig zusammengebrochen. Ich musste den Arzt holen, er hat ihr etwas zur Beruhigung gegeben.«

Maria macht eine Pause, streicht sich den Pony aus den Augen. »Der Dolmetscher hat mir später erklärt, dass Angelina auf diesem Plakat ein Mädchen erkannt hat, das sie in dem Lager in der Wüste in der Sahara kennengelernt hat, und dass sie so glücklich war, weil das Mädchen es auch bis hierher geschafft hatte. Gleichzeitig kamen bei Angelina all die Erinnerungen an die schrecklichste Zeit in ihrem Leben schlagartig wieder zurück. Während der Flucht hatte sie keine Zeit, diese Erinnerungen zuzulassen, sie musste sich auf das Überleben konzentrieren.«

»Am nächsten Tag entdeckte Angelina dann Amira bei uns. Das Mädchen war auch gerade erst angekommen, daher war ihr Foto noch nicht an der Pinnwand angebracht gewesen. Mein Herz ist aufgegangen, als ich gesehen habe, wie sehr sich die beiden über das Wiedersehen freuten. Sie haben sich immer wieder umarmt und wollten sich gar nicht mehr loslassen.«

Gedankenverloren betrachtet Maria die Gesichter der vielen jungen Frauen. »Das sind die Mädchen, die es geschafft haben, der Hölle zu entkommen.« Sie dreht sich um und sieht mich an. »Wer kann sagen, wie viele es nicht geschafft haben?«

In der Notunterkunft haben sich Angelina und Amira inzwischen gut eingelebt.

»Als ich Angelina das erste Mal sah, hatte ich wenig Hoffnung, dass sie aus ihrem Schneckenhaus herauskommt«, sagt Maria. »Aber als sie gemerkt hat, dass hier nur Mädchen sind wie sie, Mädchen, die Ähnliches erlebt haben, da hat sie sich ein wenig geöffnet. Vor allem, als sie sicher war, dass ihr hier niemand etwas tun wird, dass sich bei uns jemand um sie kümmert. Zusammen mit Amira hat sie sogar schon für uns gekocht. Canjeero-Brot, dazu Eier in einer Tomatensauce.« Maria lächelt. »Das schmeckt richtig lecker! Ich habe mir von ihr das Rezept geben lassen, darüber hat sie sich sehr gefreut.«

Leider ist Angelinas und Amiras Zeit in der Einrichtung bald vorbei. Länger bleiben können sie nicht, ihre Reise geht weiter. In ein paar Tagen werden sie im Bundesgebiet verteilt, dorthin, wo Platz für sie ist. Die Mädchen wollen zusammen gehen, sich nie wieder trennen müssen. Es ist unklar, ob das möglich sein wird.

Mit gerade einmal sechzehn Jahren, einem Alter, in dem andere Mädchen Schmink- und Selfie-Tipps austauschen, Dates haben, für Cro, Beyoncé, Taylor Swift oder Matthias Schweighöfer schwärmen und voller Zuversicht ins Leben starten, haben Angelina und Amira vor allem Dinge erlebt, die sie am liebsten so schnell wie möglich vergessen würden. Mit diesen traumatischen Erfahrungen im Gedächtnis – würden sie die Reise nach Europa noch einmal auf sich nehmen?

Amira wendet den Blick ab und starrt nach draußen. Im Vorgarten ist ein Gärtner dabei, die auswüchsigen Zweige einer Forsythie in Form zu schneiden. Eine wohlgenährte schwarz-weiß gefleckte Katze räkelt sich in der Sonne und genießt die Wärme auf ihrem Fell.

Amira zuckt die Achseln, kämpft mit den Tränen. Die Frage scheint sie sichtlich aufzuwühlen. »Ich bin in Sicherheit, ich bin glücklich …« Sie atmet tief durch. »… aber meine kleine Schwester soll jetzt diesen Mann heiraten, vor dem ich weggelaufen bin. Ich kann gar nicht daran denken«, presst sie hervor. »Ich habe zu ihr gesagt, sie soll weggehen, wie ich.« Sie sieht mich an. »Besser diese Reise, als in Somalia bleiben.«

Angelina lächelt ein wenig wehmütig und schluckt. »Ich kann nicht mehr zurückgehen. Ich muss alles vergessen, sonst verliere ich den Verstand. Ich vermisse meine Schwestern und meinen Bruder, meine Mutter. Ich vermisse, wie sich der Boden von Somalia anfühlt und wie die warme Luft dort riecht.« Mit dem Ärmel wischt sie sich eine Träne weg, die über ihre Wange läuft. »Ich weiß nicht, was kommt, aber ich will mich sehr anstrengen. Ich will in die Schule gehen, ich will lernen, studieren, und ich will meiner Familie helfen!«, erklärt sie dann mit einer erstaunlichen Entschlossenheit. Aus dem kleinen Mädchen, das so unvorstellbar verletzt wurde, spricht plötzlich eine starke Kämpferin.

BEYOND SURVIVAL

»WIR SAGEN EUCH: DAS RAUMSCHIFF ERDE
GEHÖRT ALLEN MENSCHEN, EGAL
WELCHE HAUTFARBE SIE HABEN,
WELCHER RELIGION SIE ANGEHÖREN,
AUS WELCHER REGION SIE KOMMEN.
ES GIBT NUR EIN KLIMA, EINE UMWELT,
EIN WELTMEER UND EINE MENSCHHEIT.«

KAPITEL 06

»Wenn ich groß bin, werde ich Kapitän und rette alle Menschen«

Ali (18 Jahre) und seine Brüder – geflüchtet aus Syrien

Als Ali, Hasan und Wasem in Deutschland ankamen, war gerade Adventszeit. Die Häuser und Straßen leuchteten, alles war festlich geschmückt.

Nach einer langen und gefährlichen Flucht aus ihrer Heimatstadt Homs hatten die drei syrischen Brüder den Hauptbahnhof einer mitteldeutschen Kleinstadt erreicht. Völlig erschöpft wurden sie dort von der Bundespolizei aufgegriffen und in eine Erstaufnahmeeinrichtung in einer Turnhalle gebracht.

Die Brüder waren gemeinsam mit ihren Eltern aus Syrien geflohen, doch auf dem Weg wurde die Familie getrennt. Sie waren gerade bis Ägypten gekommen, als die Kraft der Eltern nicht mehr reichte. Der achtzehnjährige Ali und seine beiden jüngeren Brüder mussten alleine weiterziehen.

»Meine Eltern sind alt, sie konnten nicht mehr«, erzählt mir Ali, als ich ihn, Hasan und Wasem an einem verregneten Samstag in einem Café treffe.

»Mein Vater hatte außerdem große Schmerzen, er ist in Syrien von einem Bombensplitter am Bein verletzt worden. Er hat mich zu sich herangezogen und gesagt: ›Ali, du bist jetzt der Mann, du musst deine Brüder nach Deutschland bringen, wo ihr in Sicherheit seid.‹ Es ging nicht anders. Hasan, Wasem und ich mussten alleine weitergehen.«

Die Brüder sitzen dicht nebeneinander auf einer geblümten Eckbank. Wasem, ein stämmiger kleiner Kerl mit großen dunklen Augen, war noch im Kindergarten, als die Familie sich auf den Weg machte. Sein großer Bruder Ali, der sehr gut Englisch spricht, wollte Dolmetscher werden in seinem »früheren Leben«, wie er es nennt.

»Als wir in Deutschland ankamen, waren wir alle sehr schwach«, erzählt Ali weiter. »Wir hatten seit Tagen nichts mehr gegessen. In der Notunterkunft haben sie uns dann erst einmal Toastbrot, Sardinendosen, Honig und Marmelade gegeben und wir haben unglaublich viel davon gegessen.« Ali schmunzelt leicht. »Mein Bruder Hasan sogar so viel, dass ihm danach der Bauch wehgetan hat.« Doch gleich wird er wieder ernst: »Ich war sehr froh, als ich meine Brüder endlich in Sicherheit gebracht hatte.«

Homs, vor einigen Jahren noch die drittgrößte Stadt Syriens, war lange Zeit eine Hochburg der Rebellen gewesen. Im Frühjahr 2011 zählte die Stadt im Westen des Landes zu den ersten Gebieten in Syrien, in denen sich die Menschen gegen den syrischen Diktator Baschar al-Assad erhoben. Infolgedessen war sie Ziel massiver Angriffe durch die syrische Armee geworden. Ehemals lebten in Homs fast eine Million Einwohner. Fünf Jahre nach Beginn des Bürgerkriegs ist die Heimatstadt von Ali und seiner Familie beinahe völlig zerstört, 500 000 Menschen sind vertrieben worden.

»Ich wollte nicht weg aus Syrien«, meldet sich plötzlich Hasan zu Wort. Der mittlere der drei Brüder hat seine längeren Haare sorgfältig zurückgegelt, er sieht ein bisschen aus wie der Fußballspieler Sami Khedira, kurz vor dem nächsten Friseurtermin.

»Meine Freunde sind dort, am Samstag haben wir immer Fußball im Park gespielt. Aber dann konnte ich nicht mehr in die Schule gehen. Eine Rakete hat sie zerstört. Und auf der Straße wurde geschossen. Aus Autos und Lastwagen: ›bumm, bumm, bumm, bumm‹.« Hasan schlägt mit der flachen Hand auf den Tisch.

»Sie haben auf alles geschossen. Ohne Grund.«

Wasem schreckt zusammen, hält sich die Ohren zu und zieht den Kopf ein. Ali wirft seinem kleinen Bruder einen besorgten Blick zu und legt ihm einen Arm um die Schulter. »Immer wenn es knallt oder wenn jemand laut schreit, hat mein Bruder große Angst ...«

Für Wasem, den Jüngsten, war die Flucht am traumatischsten.

»Wasem lag in der Notunterkunft zwei Wochen lang nur auf dem Feldbett, er wollte sich nicht mehr bewegen und hat gar nicht mehr gesprochen.

Nur in der Nacht schreckte er manchmal hoch, schnappte nach Luft, weil er geträumt hatte, dass er ertrinkt«, erzählt Ali. Dann zieht er sein Smartphone aus der Tasche, möchte mir Fotos zeigen. Fotos von seinen Eltern. Wasem rutscht noch näher an ihn heran, betrachtet still die beiden Menschen, die ihm wahrscheinlich am meisten auf der Welt fehlen.

Zuerst klickt Ali auf ein Bild seiner Mutter. Ich sehe eine hagere Frau mit Kopftuch und einem langen blauen Kleid. Daneben der Vater der Jungen, seine wenigen Haare sind fast weiß, sein Gesicht ist faltig und braun. Beide wirken sehr viel älter, als sie sind. Sie sitzen auf einer Matratze auf dem Boden unter einem Fenster, das von einem grauen Tuch verdeckt ist. An der Betondecke über ihnen hängt eine nackte Glühbirne.

»Das ist in unserer Unterkunft in Ägypten. Zu Hause in Homs haben wir in einem schönen Haus gewohnt, mein Vater hat als Goldschmied gearbeitet und gut verdient. Meine Mutter hat viel gelacht. Aber dann wurde es immer schlimmer in Homs.«

Ali hält kurz inne, atmet tief durch, bevor er weitererzählt. »Eines Tages war es so weit, dass wir gar nicht mehr aus dem Haus gehen konnten, meine Eltern konnten nicht zur Arbeit, wir konnten nicht einmal mehr einkaufen gehen. Immer wieder haben wir Explosionen gehört. Viele Freunde von uns waren da schon lange weg. Und wir wollten auch nicht mehr bleiben, wir hatten schon zu lange abgewartet. Dann wurden zwei Häuser in unserer Straße von Bomben zerstört. Das war's. Da sind wir auch los.«

Auf seinem Smartphone zeigt mir Ali Facebook-Fotos von Straßen voller Schutt und Staub, von zerstörten Häusern, von denen nur noch ein paar Stahlträger und Betonreste übrig sind.

»So sieht es jetzt bei uns aus. Ich kann es kaum glauben«, sagt er leise.

Die Eltern von Ali, Hasan und Wasem wollten die Flucht möglichst geordnet gestalten. Die Mutter backte Fladenbrot und Kekse als Proviant, der Vater versuchte, so viel wie möglich an Familienbesitz zu verkaufen, um Bargeld für die Reise zu bekommen.

»Zwei Tage lang haben wir die Sachen zusammengesucht, die wir mitnehmen wollten, und dann haben wir alles in unsere Koffer gepackt. Schön ordentlich.« Ali lächelt ein wenig. »Wie für eine Urlaubsreise.«

»Meine Mutter hat sogar meine Fußballtrikots gewaschen, damit sie auch sauber sind«, wirft Hasan ein. »Sie will nicht, dass wir in schmutzigen Kleidern herumlaufen. Sie hat immer geschimpft, wenn ich vom Fußballtraining gekommen bin und überall dreckig war. Ich habe zu ihr gesagt: ›Wie soll das gehen, Fußball ohne Schmutz?‹ Sie hat dann gelacht, meinen Kopf genommen und mir einen Kuss gegeben.«

Hasan lächelt leicht, sieht dabei jedoch etwas verloren aus. Plötzlich starrt er intensiv auf seine Hände, die eine Tasse Tee umschlossen halten. Ali erzählt für ihn weiter.

»Sogar die Haustür hat mein Vater verschlossen, als wir gegangen sind.« Ali schüttelt den Kopf. »Meine Mutter hat gesagt, wir müssen uns keine Sorgen machen, wir gehen nur für eine Weile nach Ägypten, bis alles vorbei ist. Wir würden erst einmal dort in einem Hotel übernachten und dann weitersehen.«

Bei Einbruch der Dunkelheit beluden die drei Brüder und ihre Eltern ihr Auto mit den sorgfältig gepackten Koffern und fuhren zur ägyptischen Grenze. Kurz davor wurden sie plötzlich aufgehalten, zwei Autos stellten sich ihnen entgegen, blockierten die Straße.

»Vermummte Männer mit Waffen haben uns gestoppt«, sagt Ali und seine Augen funkeln wütend. »Einer von ihnen hat zu uns gesagt, dass wir aussteigen und ihnen unser Auto geben sollen. Mein Vater hat ihn gefragt: ›Bist du Polizist, oder was?‹ Dann haben sie ihn geschlagen und aus dem Auto gezogen. Uns alle, sogar meine Mutter, haben sie aus dem Auto gezogen und in den Staub geworfen.« Ich sehe, wie Ali unter dem Tisch die Fäuste ballt. Seine Stimme wird lauter, als er weitererzählt. »Sie haben uns durchsucht und alles mitgenommen, was wir hatten. Dann sind sie mit unserem Auto weggefahren und haben uns dort im Dreck liegen lassen. Mitten in der Nacht. Auf der Straße.«

In dieser schlimmen Lage gab es jedoch eine Szene, die zumindest Hasan ein wenig zum Grinsen bringt. »Ihm wollten sie sogar sein Stofftier wegnehmen«, sagt er und deutet auf seinen kleinen Bruder, »aber Wasem schrie so laut, dass sie es aufgaben. Meine Mutter hatte zuvor ein bisschen Geld in Wasems Stofftier eingenäht, für den Notfall, wie sie sagte.«

Viel Geld war es nicht, was in Wasems Kuscheltier versteckt war, gerade genug, dass die Familie sich einer Gruppe von Flüchtlingen anschließen konnte, die von einem Schlepper nach Ägypten gelotst wurde. Dann waren die Ersparnisse aber auch schon weitgehend aufgebraucht und es reichte nur noch für eine billige Unterkunft in einer Armutssiedlung, südwestlich von Kairo in der Wüste. Sie waren angekommen in Masakin Osman.

Hier stehen Hochhäuser, soweit das Auge reicht, überall liegt Müll, der Strom funktioniert nicht immer. Masakin Osman ist ein Sozialbauquartier, der Name des fünfunddreißig Kilometer außerhalb von Kairo gelegenen Viertels wird überall im Land sofort mit Drogen und Kriminalität verbunden. In diesem Slum mietete sich Alis Familie in einem kleinen, kargen Raum ein. Es fehlte an allem – vor allem an Möglichkeiten, Geld zu verdienen. Somit stießen die syrischen Geflüchteten in Ägypten auf Probleme, mit denen die Einheimischen selbst zu kämpfen haben. Die ägyptische Mittelschicht wird seit Jahren immer kleiner, die Inflation wächst und mit ihr die Armut. Mit der Versorgung und Unterbringung der geschätzten 300 000 syrischen Flüchtlinge ist das nordafrikanische Land völlig überfordert. Die Stimmung wird immer angespannter. Zu Beginn des Krieges wurden die Syrer noch als Araber willkommen geheißen, seit dem Sturz des islamistischen Präsidenten Mohammed Mursi im Jahr 2013 und einer Kampagne gegen Syrer ist die Lage für Flüchtlinge schwieriger geworden. In Ägypten kursiert das Gerücht, die syrischen Geflüchteten hätten die Muslimbrüder unterstützt, weil Mursi ein bekennender Gegner des Assad-Regimes war. Immer mehr Fremdenfeindlichkeit breitet sich in Ägypten aus.

Auch die Lage von Alis Familie war aussichtslos. Ali hatte zwar Arbeit in einer Fabrik gefunden, sortierte Flaschen, schleppte Kisten, neun Stunden am Tag, sieben Tage die Woche. Doch er hielt den Knochenjob nicht lange aus, bekam Rückenschmerzen, brach zusammen, konnte nicht mehr zur Arbeit gehen.

»Ich habe mich geschämt, dass ich meiner Familie nicht helfen konnte«, sagt er zu mir.

Genauso schlimm wie die Arbeitslosigkeit war die offene Ablehnung, die der Familie in Ägypten entgegenschlug. Auf offener Straße wurden sie angespuckt und geschlagen, berichtet Ali. So blieb ihnen letztlich nur ein weiteres Mal der Aufbruch.

»Mein Vater hat eines Tages zu mir gesagt: ›Ali, du bringst deine Brüder nach Deutschland.‹ Ich wollte erst nicht, ich habe zu ihm gesagt: ›Nein, wir gehen alle zusammen weg oder wir sterben alle zusammen hier.‹ Mein Vater ist über meine Worte sehr böse geworden. Er hat gesagt, ich muss das tun, was er sagt. Wenn ich nicht gehe, bin ich nicht mehr sein Sohn. Er hat gesagt, er will nicht, dass wir hier leben wie die Tiere. Ich wollte ihn überreden, ich sagte, dass wir es alle zusammen schaffen können, dass sie mitkommen sollen. Aber mein Vater hat noch einmal wiederholt: ›Du gehst mit deinen Brüdern, Ali, sonst bist du nicht mehr mein Sohn.‹ Meine Mutter stand daneben und auch sie sagte: ›Ali, du musst tun, was dein Vater sagt. Geh, bring deine Brüder in ein besseres Leben. Möge Allah euch begleiten!‹«

Einen Schlepper zu finden war in dem ägyptischen Getto das kleinste Problem. Die gut organisierten Menschenschmuggler halten sich in Straßencafés auf, sprechen syrische Flüchtlinge an, versprechen Hilfe, machen ihnen Hoffnung auf ein Leben in Sicherheit und Wohlstand in Europa. Es gibt sogar Verkaufsstellen mit Agenten.

»Mein Vater hat die Handynummer von einem Mann namens Sammy bekommen«, erzählt Ali. »Er hat diesen Mann getroffen und sie haben einen Preis ausgemacht.«

Die Familie legte das letzte Geld zusammen, um für die drei Kinder »Tickets« nach Europa von dem Schleuser zu kaufen. »Kindertickets« waren günstiger, da die Kleinen weniger Platz wegnehmen. Wasem durfte gratis mitkommen, weil er so schmal war. Das Geld reichte aber nur noch für eine nächtliche Überfahrt bei Sturm, die günstigste Variante. Eine Fahrt bei ruhigem Meer und Windstille hätte deutlich mehr gekostet.

»Meine Mutter hatte große Angst, aber mein Vater hat sie beruhigt und zu ihr gesagt: ›Alles wird gut, der Schlepper hat mir versprochen, dass das Boot sicher ist. Er hat gesagt, dass er selbst mitfährt und dass er seine Kinder auch mitnehmen würde, wenn er welche hätte.‹«

Der Schleuser hatte mit Alis Vater ausgemacht, dass er eine WhatsApp-Nachricht schicken würde, wenn das Meer unruhig genug wäre und die Flucht starten könne. Ein paar Tage lang musste die Familie warten, dann bekamen sie die Nachricht vom Schlepper mit der Anweisung, wo sie sich treffen sollten.

Es wurde Zeit, Abschied zu nehmen. Für Wochen? Für Monate? Geplant war, dass die Eltern so bald wie möglich nachkommen würden, doch den Erwachsenen war bewusst, dass es ein Abschied für immer sein könnte.

»Meine Mutter hat wie verrückt geweint und uns immer wieder geküsst und Wasem festgehalten.« Ali hatte versucht, für seine Brüder stark zu sein, hatte Wasem vorsichtig aus den Armen der Mutter gelöst und ihn mit sich genommen. Doch auch bei ihm waren dabei die Tränen geflossen.

Dann saßen Ali, Hasan und Wasem auch schon in einem Minibus, mit dem sie an eine geheime »Sammelstelle« gebracht wurden, um sie vor der Polizei zu verstecken. Es war ein kleiner Raum, in dem viele fremde Menschen zusammengepfercht waren.

»Wir mussten mit vielen anderen zusammen warten. Meine Brüder und ich sind eingeschlafen. Mitten in der Nacht haben uns die Männer dann aufgeweckt und zur Küste gefahren.« Sein Handy und die Papiere hatte Ali in Frischhaltefolie eingewickelt, die er von einem anderen Wartenden bekommen hatte, und dann hatte er alles an seinem Gürtel befestigt. Es stellte sich heraus, dass das ein guter Tipp gewesen war.

Bis zum Bauch standen Hasan und Ali im Wasser, Wasem hatten sie auf dem Arm, als sie in der Nähe von Alexandria ins Mittelmeer wateten und in ein gefährlich schaukelndes Fischerboot stiegen.

»Ich habe etwas Panik bekommen, als ich das Boot sah. Sehr viele Menschen sind darauf zugerannt und wollten mitfahren«, erzählt Ali. »Es musste schnell gehen, wir mussten aufpassen, dass uns die Küstenwache nicht entdeckt und auf uns schießt, oder dass die Polizei uns nicht erwischt und ins Gefängnis steckt. Die Schlepper haben uns alle gepackt und auf das Boot geworfen wie Säcke. Es war sehr eng. Wir mussten uns mit nach vorne gespreizten Beinen auf den Schiffsboden setzen. Einer hinter den anderen. Ich habe Wasem festgehalten. Er hat die ganze Zeit gezittert und geweint.« Ali sieht seinen kleinen Bruder an. »Einmal kam eine so hohe Welle, dass ich ihn beinahe verloren hätte«, sagt er leise. »Fast hätte ihn das Meer weggerissen. Wir haben ihn zusammen festgehalten, Hasan und ich. Wasem hat danach gar nicht mehr aufgehört zu weinen.«

Hasan hört den Erzählungen seines Bruders angespannt zu. Dann ergänzt er: »Ein Mann ist sehr böse geworden, er hat laut geschimpft und gesagt, dass er Wasem ins Wasser wirft, wenn er nicht leise ist. Wasem wurde dann ganz still, hat nur noch vor sich hin gestarrt. Später hat der Mann auch noch mit einem anderen Mann lautstark gestritten und dann hat er ihn einfach ins Wasser gestoßen. Und das Boot ist weitergefahren!«

Hasan sieht mich mit großen Augen an. »Der Mann im Wasser schrie, wir sollen zurückkommen, aber das Boot ist einfach weitergefahren.«

Nach der lebensgefährlichen Fahrt auf dem Fischerboot mussten Ali, Wasem und Hasan auf ein größeres Schiff wechseln: ein hochseetaugliches Frachtschiff, das draußen auf dem Meer wartete.

So, wie die drei Brüder es erlebten, wird es in der Regel mit allen Flüchtlingen, die Ägypten über den Seeweg verlassen wollen, gehandhabt: An einem verlassenen Strandabschnitt legen kleine Schlepperboote ab, die ägyptische Küstenwache schaut gegen Bezahlung weg, und sobald internationales Gewässer erreicht ist, müssen die Flüchtlinge umsteigen.

»Mit einem Tau wurde unser kleines Boot an dem großen Schiff festgemacht und wir mussten über eine wacklige Strickleiter hochklettern.« Ali blickt zu seinen Brüdern. »Hasan hatte zu große Angst und wollte nicht klettern. ›Nein! Lieber bleibe ich im Wasser!‹, hat er geschrien. Ich habe Wasem auf den Arm genommen und bin mit ihm voran. Hasan wurde von den Schleppern gedrängt, dass er sich auch endlich bewegt. Ihm blieb schließlich nichts anderes übrig. Oben war es dunkel, ein paar andere Männer mit Taschenlampen gingen herum. Es war wie auf einem Geisterschiff. Aber wir konnten nicht mehr zurück. Sie haben uns sofort runter in den Laderaum geschickt, dort hat es extrem gestunken. Es war sehr voll da unten, sehr viele Menschen lagen dort. Wir haben uns zu ihnen gesetzt. Wasem vor allem hatte großen Hunger, aber er hat nur noch leise geweint, weil er immer noch Angst vor diesem Mann hatte, der ihn ins Wasser werfen wollte. Wir hatten alle drei schon eine ganze Weile nichts mehr gegessen. Ein Mann, der neben uns saß, hat sein Brot mit uns geteilt.«

Ali hebt den Kopf. Sein Blick fällt auf die diversen Kuchenstücke hinter der Glastheke, die belegten Brötchen, die dampfenden Tassen Kaffee, Tee und heiße Schokolade, mit denen die Kellnerinnen die Gäste im Café bewirten. Schnell schaut er wieder weg. Wahrscheinlich denkt er das Gleiche wie ich: ein bizarrer Ort, um sich das Ausmaß des Hungers vorzustellen, unter dem die drei Brüder dort draußen auf dem Meer gelitten haben.

Ali kann nicht einschätzen, wie lange sie in dem dunklen, stickigen Frachtraum kauerten. »Ich habe versucht, ein bisschen zu schlafen, aber plötzlich waren alle ganz aufgeregt. Alle sind aufgesprungen, sie sind über uns drübergelaufen, haben laut geschrien und geweint und gerufen: ›Wir sterben, wir sterben.‹ Ich habe dann mitbekommen, dass das Schiff ein Leck hatte und dass die Maschine kaputt war. So schnell ich konnte, bin ich mit Wasem und Hasan die Treppen nach oben gelaufen. Als wir endlich auf dem Deck standen, haben wir gesehen, dass in der Nähe ein großes Schiff vorbeifuhr. Ich dachte, wir haben Glück, ich dachte, sie retten uns. Wir haben alle gewunken und gerufen, aber das Schiff hat nicht die Maschinen gestoppt, es ist einfach weitergefahren.«

»Ich habe nicht gedacht, dass ein so großes Schiff kaputtgehen kann«, murmelt Hasan leise.

Doch dieses scheinbar unvorhersehbare Unglück war Teil eines Planes. Menschenschmuggler handeln immer nach dem gleichen Muster: Sie weisen die Kapitäne an, die Schiffe mit den Flüchtlingen in Küstennähe absichtlich leckschlagen oder auf Grund setzen zu lassen. Dann hoffen sie auf Rettung in Seenot – doch sehr wenig wird dabei dem Zufall überlassen, die Schlepper sind gut organisiert und vernetzt.

Als Ältester der Brüder hatte Ali die größte Last zu tragen. Obwohl er genau wusste, dass sie sich in Lebensgefahr befanden, musste er die Ruhe bewahren, um seine Geschwister nicht zu sehr aufzuwühlen.

»Ich habe zu meinen Brüdern gesagt: ›Wir müssen beten.‹ Hasan hat gefragt, was passiert, wenn das Schiff untergeht. Ich habe gesagt, dass wir dann zur Küste schwimmen können. Aber ich habe gelogen. Ich wusste, dass wir im Wasser sterben würden. Ich war so traurig, weil ich es nicht geschafft hatte, meine Brüder zu beschützen. Und ich war traurig wegen meinen Eltern, weil ich wusste, dass meine Mutter ohne uns nicht mehr leben will.«

Ali ist aufgewühlt, redet schnell, durchlebt den Albtraum in der Erinnerung offenbar aufs Neue.

»Aber dann ist ein anderes großes Schiff gekommen«, erzählt Hasan strahlend. »Von Gott geschickt!« Diesmal näherte sich ihnen das Schiff tatsächlich.

Hasan formt mit den Händen einen Lautsprecher: »›Ruhig bleiben‹, haben sie uns zugerufen. ›Nicht alle auf eine Seite, Frauen und Kinder zuerst.‹«

Das Schiff setzte mehrere Rettungsboote aus und nahm die Schiffbrüchigen auf.

»Wenn ich groß bin, will ich Kapitän werden und alle Menschen retten«, sagt Hasan. Der Wunsch, Fußballprofi zu werden, steht bei ihm nur noch an zweiter Stelle.

Durchnässt bis auf die Knochen und völlig durchgefroren kamen die drei Brüder auf Sizilien an. Sie waren am Leben! Von Sanitätern und freiwilligen

Helferinnen und Helfern wurden sie in Rettungsdecken gehüllt, bekamen warmen Tee und wurden mit einem Bus in ein Auffanglager gebracht.

Ali streichelt seinem kleinen Bruder über den Kopf. »Wasem hat den ganzen Tag geweint, er hat sich erst wieder ein bisschen beruhigt, als er die Stimme unserer Mutter am Telefon gehört hat.«

Bis heute hat Ali seinen Eltern noch nicht die ganze Geschichte dieser Überfahrt erzählt und wie gefährlich es tatsächlich gewesen war.

In dem italienischen Lager sammelten die drei Brüder wieder ein wenig Kraft, stärkten sich mit Panini und Zitronenlimonade, aßen sehr viel Brot und Pasta. Ein paar Tage blieben sie, taten nicht viel anderes als zu essen und zu schlafen. Einen Plan, wie es weitergehen sollte, hatten sie nicht.

Es war Herbst 2015, die Zeit des ganz großen Flüchtlingsansturms in Europa. Italien, als eines der Länder, in denen die meisten Menschen ankamen, berief sich auf die Reisefreiheit innerhalb des Schengen-Raums, ließ die Flüchtlinge unregistriert weiterziehen – auch weil sie nur in dem Staat Leistungen erhalten, in dem sie in einem Erstaufnahmelager elektronisch erfasst werden.

Die meisten Flüchtlinge in dem Lager, in dem Hasan, Ali und Wasem auf Sizilien ankamen, wollten aber ohnehin nicht in Italien bleiben, sondern weiter nach Nordeuropa. Die drei Brüder schlossen sich einer Gruppe von Flüchtlingen an, die zu Fuß weiterging.

»Es waren viele Männer dabei und eine schwangere Frau.« Zunächst fühlten sich die Brüder völlig aufgehoben in ihrer Gruppe, vergaßen völlig, dass es sich ja eigentlich um fremde Menschen handelte.

»Einer der Männer war immer besonders freundlich zu uns. Er hat sich um uns gekümmert, er hat uns zu essen gegeben und Wasser, einmal sogar Cola. Vor allem zu Wasem war er sehr nett, hat ihn sogar getragen, als er nicht mehr weiterlaufen wollte. Aber dann ... Dann ist etwas Schreckliches passiert.«

Ali stockt und schluckt. »Der Mann hat gewartet, bis alle anderen schon weitergegangen waren. Dann hat er mich am Arm festgehalten und mir gesagt, dass er Wasem kaufen will. Er hat gesagt: ›Denk nicht an dich, ich kann deinem Bruder ein gutes Leben bieten. Ich kann dir viel Geld für ihn zahlen. Du hast dann keine Probleme mehr. Zu deinen Eltern kannst du sagen, dass du ihn verloren hast. Viele Kinder gehen auf der Flucht verloren.‹ Ich dachte, ich höre nicht richtig, habe gerufen: ›Nein! Niemals! Wasem bleibt bei mir! Wir gehen nicht mehr mit dir weiter!‹ Er ist dann sehr böse geworden, hat gesagt, er kann uns auch alle töten, wenn er will, dann hat er ein Messer gezogen.«

Ali presst wütend die Lippen zusammen, schiebt sein langärmliges Shirt hoch und zeigt mir eine frische Narbe an seinem Oberarm. »Hier hat er mich mit dem Messer erwischt.«

Als Hasan merkte, was passierte, reagierte er intuitiv. »Ich habe geschrien, so laut ich konnte. So laut wie noch nie.«

Ali legt einen Arm um seinen Bruder und küsst ihn auf die Stirn. »Wir hatten Glück, dass die Leute aus unserer Gruppe uns sofort gehört haben. Zwei Männer sind schnell zurückgelaufen gekommen und haben uns geholfen. Sie hatten auch Messer dabei und haben den anderen Mann verjagt.«

Ali und seine Brüder fühlten sich trotz des unerwarteten Vorfalls schnell wieder sicher bei den anderen Flüchtlingen. Und dennoch: »Auf der Flucht ist immer einer von uns wach geblieben und hat aufgepasst. Eine Nacht ich, die andere Hasan.«

Zusammen setzten sie ihren Weg fort über Mailand nach Österreich in Richtung Deutschland, mal zu Fuß, mal fuhren sie ein Stück in einem Bus. Sie aßen das, was die anderen mit ihnen teilten. Das Durchkommen war einfach, niemand stoppte oder kontrollierte die Brüder.

»Wir haben auf Feldern im Freien geschlafen, es war feucht, kalt und schmutzig. Hasan ist krank geworden, hat Fieber bekommen, aber die schwangere Frau hat ihm mit Medizin geholfen«, erzählt Ali.

Als es der jungen Schwangeren selbst schlecht ging, war keine Hilfe da. Niemand wusste, was zu tun war. Irgendwann auf der beschwerlichen Reise hat sie ihr Baby verloren.

»Ich weiß nicht genau, was passiert ist, aber sie hat viel geweint und ich habe gehört, wie sie zu ihrem Mann sagte, dass sie ohne ihr Baby nicht mehr leben will«, schildert Hasan eines der Opfer, welche die Flucht für einige ihrer engeren Kontakte mit sich gebracht hatte.

Irgendwann kamen sie endlich in Deutschland an. Es dauerte aber noch eine ganze Weile, bis die Brüder wirklich realisierten, dass sie ihr Ziel erreicht hatten. Endlich konnten sie sich etwas ausruhen auf den Feldbetten in der Sporthalle, ohne befürchten zu müssen, dass ihnen etwas geschieht.

»Das war sehr gut«, erinnert sich Ali. »Wir konnten alle gleichzeitig schlafen.«

In der Notunterkunft wurden die Brüder von Freiwilligen betreut. Eine von ihnen war Anne, eine ausgebildete Sozialpädagogin, die sich ehrenamtlich um die Flüchtlinge kümmerte.

»Anne war sehr nett zu uns, sie hat uns viel geholfen«, erzählt Ali und lächelt ein wenig. »Für Wasem hat sie warme Milch gemacht und Tee für Hasan und mich. Und für uns alle hat sie kleine Weihnachtsmänner aus Schokolade mitgebracht.«

Anne engagierte sich, verständigte sich mit Händen und Füßen, kümmerte sich um die drei Brüder und half beim Ausfüllen von Dokumenten.

»Von ihr haben wir auch neue Kleidung bekommen, wir haben so lange Zeit nichts Sauberes zum Anziehen gehabt. Mützen und Schals waren auch dabei, wegen der Kälte, und Schuhe haben wir von ihr bekommen. Unsere eigenen hatten sehr viele Löcher«, sagt Ali etwas verschämt. Es ist ihm sichtlich unangenehm, dass er so stark auf die Hilfe anderer angewiesen ist.

»Mir hat Anne das Fußballshirt mitgebracht, das ich anhabe. Guck!« Stolz deutet Hasan auf sein schwarz-rotes Eintracht-Frankfurt-Trikot.

Einmal brachte Anne auch ihre Tochter Silvia mit, mit der sich Ali sofort gut verstanden hatte. »Sie ist so alt wie ich und sehr nett«, lächelt Ali. »Und sie hat blaue Augen, so blau wie der Himmel.« Plötzlich sieht er sehr hoffnungsvoll und froh aus. »Anne hat uns auch oft zu sich nach Hause eingeladen, wir haben dann zusammen mit ihr und Silvia Huhn mit Reis und Soße gegessen. Dann haben wir gemalt und Lieder auf Deutsch gesungen. Wir haben uns bei Anne sehr wohl gefühlt.«

»Wir haben uns zusammen auf Landkarten angeschaut, wo Deutschland liegt und wo Syrien«, ergänzt Hasan. »Wasem hat sich immer an Anne gekuschelt, das hat ihm gut getan.«

Die Kinder genossen die Geborgenheit und Wärme, die sie in der Familie von Anne spürten. Der quälende Gedanke, dass die eigenen Eltern noch in Ägypten festsaßen, kam aber immer wieder hoch.

»Meine Mutter hat gesagt, dass es meinem Vater nicht gut geht«, sagt Ali. »Ich habe mir große Sorgen um ihn gemacht. Ich habe gedacht: ›Wie kann ich mich wohl und sicher fühlen, wenn meine Eltern Probleme haben?‹«

Doch auch für die drei Brüder hatte sich noch nicht alles zum Guten gewendet.

»Zwei deutsche Frauen haben in der Notunterkunft plötzlich nach uns gesucht. Ich war gerade einen Nachmittag mit Silvia an einem See. Sie hat mir ein bisschen Deutsch beigebracht und ich ihr etwas von unserer Sprache. Wir haben auf einem Holzsteg gelegen, haben in den Himmel geschaut und Pläne gemacht. Sie hat gesagt, dass es im Sommer noch viel schöner ist am See und dass sie mir das Schwimmen beibringt, wenn es wärmer wird. Wir könnten dann zusammen zu der kleinen Insel im See schwimmen, hat sie gesagt. Ich wollte zu ihr sagen: ›Irgendwann später zeige ich dir auch meine Heimat.‹« Ali sieht mich an. »Aber das habe ich nicht gesagt. Ich habe geschwiegen. Was soll ich ihr zeigen in meiner Heimat? Ich weiß nicht, was es dort noch gibt, wenn ich einmal zurückgehe.«

Als Ali vom See zurückkam, lag ein Anschreiben für ihn auf seinem Bett.

»Es war auf Deutsch, ich konnte es nicht lesen. Deswegen habe ich Anne angerufen. Sie ist gleich mit Silvia zu uns gekommen. Sie hat das Papier gelesen und sofort mit den Frauen gesprochen. Silvia hat das Papier auch gelesen und hat danach die ganze Zeit nur den Kopf geschüttelt. ›Nein, das geht nicht, das könnt ihr nicht machen!‹, hat sie immer wieder gesagt. Ich habe verstanden, dass es ein großes Problem gibt, aber nicht, was für eins.«

Der Brief an Ali brachte nicht nur ein Problem, sondern eine Katastrophe für die Brüder. Es handelte sich um einen Beschluss, in dem vermerkt war, dass sie getrennt werden sollten. Nach diesem Beschluss durften Hasan und Wasem bleiben, wo sie gerade waren, nur Ali, der bereits volljährig war, sollte in ein anderes Bundesland gebracht werden.

Wer sich in Deutschland asylsuchend meldet, wird mithilfe des Computersystems Easy auf die Bundesländer verteilt. Dies geschieht anhand des sogenannten »Königsteiner Schlüssels«, der sich an der Einwohnerzahl und dem Steueraufkommen der Bundesländer orientiert und festlegt, wie viele Asylbewerber den einzelnen Bundesländern zugeteilt werden.

»Sie wollten mir meine Brüder wegnehmen, sie wollten uns trennen.« Ali ist immer noch völlig entsetzt bei dem Gedanken an das Dokument. »Wie kann ich denn meine kleinen Brüder zurücklassen? Was sollen sie denn ohne mich machen? Sie haben doch nur mich.« Einen kurzen Moment hält er inne. »Auf der Flucht habe ich sie nicht immer beschützen können«, sagt er und deutet an, dass einem der Brüder etwas Entsetzliches zugestoßen ist, worüber er aber nicht sprechen will. Dann schlägt er mit der Faust auf den Tisch. »Ich habe geschworen, ich beschütze sie mit meinem Leben.«

Wasem schaut erneut erschrocken bei dem lauten Geräusch, Hasan rührt in seinem Tee.

»Anne hat sehr lange mit den beiden Frauen gesprochen, aber sie hat nichts ändern können«, berichtet mir Ali. Immer noch wirkt er fassungslos, dass ihnen so etwas passieren konnte.

»Ich weiß nicht, ob Wasem das alles verstanden hat«, sagt Ali leise. »Aber als die Frauen weg waren, hat er sich wieder auf das Feldbett gelegt und sich nicht mehr bewegt, genau wie am Anfang. Hasan hat geschwiegen, ich bin nach draußen gegangen und habe mit der Faust gegen eine Hauswand geschlagen, bis das Blut gelaufen ist. Silvia hat geweint. Anne hat mich dann beruhigt, sie hat zu mir gesagt, sie spricht mit dem Amt, ich soll mir keine Sorgen machen«, sagt Ali. »Bis zu dem Moment, als sie zu uns zurückkam, habe ich gehofft, dass sie es schafft. Sie sah sehr traurig aus. Da wusste ich, dass es keinen anderen Weg für uns gibt.«

Es blieb dabei: Ali musste gehen. Damit die Brüder nicht auseinandergerissen wurden, durfte er Hasan und Wasem jedoch mitnehmen. Es war kurz vor Weihnachten, als die drei ihre Sachen packten, aus der Notunterkunft auszogen und ihre Reise ins Ungewisse fortsetzten.

Ali spielt mit dem Löffel in seiner Kaffeetasse. Er ringt merklich um Fassung. »Anne und Silvia haben uns zum Bahnhof begleitet. Silvia hat wieder geweint. Sie hat lange meine Hand gehalten. Mein Herz hat geblutet, als ich mich von ihr verabschieden musste. Das war schlimm.«

Zwei Wochen lang wurden die Brüder herumgeschickt, keine Nacht schliefen sie im gleichen Bett, bis sie schließlich in der Kleinstadt ankamen, in der sie nun wohnen, über zweihundert Kilometer von ihrem ehemaligen Erstaufnahmelager in der Turnhalle entfernt.

»Ich habe meine Heimat verabschieden müssen, mein Zuhause, dann meine Eltern, jetzt Silvia. Wie viele Abschiede noch?« Ali blickt zu seinen Brüdern, berührt Hasan leicht an der Schulter. »Aber ich muss dankbar sein, ich habe Wasem und Hasan. Anne hat Wasem zum Abschied einen Schulranzen geschenkt. Denn unser Leben hier geht weiter, das sollen wir niemals anzweifeln, hat sie zu uns gesagt.«

Inzwischen stehen die Chancen gut, dass die Brüder ihre Eltern aus Ägypten nachholen können. Ali ist mit Silvia in Kontakt geblieben. Die beiden skypen regelmäßig. In den nächsten Ferien will Silvia kommen und ihn besuchen. Seinen WhatsApp-Status hat Ali inzwischen geändert. Von »Auf der Flucht« zu »Glücklich«.

BEYOND SURVIVAL
»SELBST MITTELALTERLICHE BURGEN MUSSTEN DIE TORE ÖFFNEN – SONST WÄREN DIE MENSCHEN, DIE IN IHNEN LEBTEN, VERHUNGERT ODER VERDURSTET. WIR DÜRFEN KEINE MAUERN UND ZÄUNE UM UNS ZIEHEN UND UNS EINSCHLIESSEN. SONST VERHUNGERN UND VERDURSTEN WIR. WIR WOLLEN EINE WELT OHNE BARRIEREN, MAUERN UND GEFÄNGNISSE.«

**KAPITEL
07**

»Der schönste Moment in meinem Leben«

Mohammed (16 Jahre) – geflüchtet aus Afghanistan

»Hallo, ich bin Mohammed.«

Sehr viel mehr als diesen einen Begrüßungssatz mag Mohammed noch nicht auf Deutsch sagen, obwohl er es könnte. In der Schule macht er gute Fortschritte. Doch er fühlt sich noch zu unsicher, hat Angst, dass er die fremdartigen Worte nicht richtig ausspricht.

Mohammed kommt aus Afghanistan und ist einer von etwa 57 000 unbegleiteten minderjährigen Flüchtlingen, wie es im Behördenjargon heißt, die von Januar bis November 2015 in Deutschland ankamen. Allein in Bayern waren es im vergangenen Jahr 15 000 junge Menschen, die Schutz suchten.

Knapp neunzig Prozent der unbegleiteten Kinder und Jugendlichen, die bei uns in Deutschland ankommen, sind Jungen, die Zahl der Mädchen hat jedoch gegenüber den Vorjahren zugenommen. Laut Caritas ist zudem zu beobachten, dass die Kinder, die allein nach Deutschland flüchten, im Durchschnitt stetig jünger werden. Waren es vor wenigen Jahren noch vorwiegend Sechzehn- bis Achtzehnjährige, die ohne ihre Familie aus der Heimat flüchteten, sind inzwischen auch immer mehr Kinder zwischen zwölf und vierzehn Jahren unter den Alleinreisenden.

Kommen die Kinder in Deutschland an, werden sie zunächst vom örtlich zuständigen Jugendamt in Obhut genommen, das auch die Erstversorgung sicherstellen muss. Grundsätzlich sollen sie nicht in eine überlaufene Gemeinschaftsunterkunft für Asylsuchende gebracht werden, sondern erst einmal in einer Clearingstelle ankommen, in der sie in der Regel drei Monate bleiben dürfen. Hier werden die Hintergründe und Umstände der Flucht der Kinder in Erfahrung gebracht und im besten Fall wird Kontakt zu den Eltern oder anderen Verwandten hergestellt.

Auch Mohammed kam nach seiner anderthalbjährigen Flucht in einem solchen Clearinghaus unter, wo er inzwischen seit gut zwei Monaten lebt. Die Einrichtung, in der er vorübergehend wohnt, befindet sich in einem Hinterhof. Dort stehen drei Liegestühle mit einem hellblauen, etwas ausgefransten Bezug, zwei Wäschespinnen, vollgepackt mit bunten T-Shirts, Hosen und Socken und ein paar Autos und Fahrräder. Zwischendrin spielen vier Jungen Fußball. Das Gebäude erstreckt sich über zwei Stockwerke, neben der Eingangstür hängt ein Behälter mit einem Desinfektionsgel an der Wand. Im Hausflur steht ein alter Holzschrank ohne Türen, aus dem abgegriffene Spielekartons herausragen.

Sechzehn Jahre alt ist Mohammed inzwischen. Er ist nicht sehr groß, hat schmale Schultern, dichtes, schwarzes, lockiges Haar und ist auffallend dünn. Seine dunklen Augen wirken matt und kraftlos. Etwas verlegen lächelt er mich an.

Wir sitzen an einem kleinen Holztisch in einem Raum, der offenbar als Aufbewahrungsort für Sachspenden für die Bewohner genutzt wird. Überall stehen Kartons, aus denen Wollschals, Strickpullover, Mützen, Jeans und andere Kleidungsstücke hervorquellen. In einer Ecke steht ein Tischkicker, an der Wand hängen ein Willkommensschild und ein Kummerkasten.

Mit dem gegenseitigen Verstehen wird uns Mustafa helfen, der schon seit zwei Jahren in Deutschland lebt. Der siebzehnjährige Afghane wechselt für Mohammed und mich zwischen Farsi, der afghanischen Amtssprache, und Deutsch hin und her. Er ist einen Kopf größer als Mohammed, hat einen Irokesenschnitt und eine durchtrainierte Figur. Er lebt in einer Gemeinschaftsunterkunft für unbegleitete minderjährige Flüchtlinge, dorthin wird auch Mohammed gebracht werden, nachdem seine drei Monate im Clearinghaus vorüber sind.

Mohammeds Betreuer hat sich ebenfalls zu uns gesetzt. Der Sozialpädagoge ist dabei, um eingreifen zu können, falls es für Mohammed zu schwer wird, über das Erlebte zu sprechen.

Mohammed ist vor der massiven Armut aus seinem Zuhause in einer Provinz im Norden Afghanistans geflohen. Sein Leben in dem Land am Hindukusch war relativ sicher, vor Bomben und Taliban-Terror musste sich der Junge nicht fürchten. Doch die Versorgungslage in Afghanistan ist katastrophal. Etwa die Hälfte aller Kinder unter fünf Jahren gilt als chronisch unterernährt, es fehlt an medizinischem Personal und bezahlbaren Medikamenten.

Mohammeds Vater verdingt sich als Tagelöhner. Was er mit den sporadischen Arbeiten verdient, reicht nicht immer für alle zum Essen. Die Familie hat kein Vieh und auch sonst kein Hab und Gut, bis auf eine kleine Hütte, in der Mohammed und seine fünf Geschwister alle zusammen in einem Raum auf dünnen Matratzen auf dem Boden schliefen. Den Jungen mitzuernähren, der wie der Vater keine feste Arbeit hatte, wurde für die Familie mehr und mehr zur Belastung. Der Vater beschloss aus diesem Grund, den damals Vierzehnjährigen nach Deutschland zu schicken in der Hoffnung, dass er eines Tages alle anderen nachholen oder wenigstens Geld nach Hause schicken könnte.

»Mein Baba ist zu mir gekommen und hat gesagt: ›Mohammed, mein Junge, du bist erwachsen, du kannst nicht zu Hause sitzen und nur essen, du musst etwas beitragen zu unserem Leben, was willst du tun?‹«, erzählt der Junge. »Das ist normal, das ist so bei uns. Bei seiner Arbeit konnte ich meinem Vater nicht helfen, schon für ihn allein gab es zu wenig zu tun. Ich war nur noch eine Last für meine Familie.«

Der Vater hörte sich im Dorf um und beschloss, zusammen mit einer anderen Familie, die ebenfalls einen Sohn in Mohammeds Alter hatte, die Flucht der beiden Jungen Richtung Europa zu organisieren.

»›Am besten ist es für dich, du gehst weg von hier‹, haben meine Eltern gesagt, ›in Europa kannst du Geld verdienen und ein besseres Leben haben.‹«

Die Familien legten Geld zusammen, um einen Lastwagenfahrer zu bezahlen, der die beiden Jungen nach Masar-e Scharif fuhr.

»Wir haben alle eingeladen und ein großes Fest mit viel gutem Essen ausgerichtet«, sagt Mohammed leise und zieht an seinen Fingern, bis sie knacken. Man sieht ihm an, wie traurig ihn die Erinnerung an das letzte Zusammensein mit seiner Familie macht.

Am nächsten Tag, noch bevor die Sonne aufgegangen war, sind Mohammed und sein Freund in den Lastwagen gestiegen. »Noch nie zuvor war ich von zu Hause weg. Ich habe meine Mutter ein letztes Mal geküsst und versucht, nicht zu weinen. Sie hat noch eine besondere Süßigkeit für mich gemacht, die sie mir für die Reise mitgegeben hat.« Er strafft die Schultern. »Ich musste einfach gehen, ich bin ja der Älteste, ich muss doch meiner Familie helfen.«

Durch das offene Fenster ist Gelächter im Hof zu hören. Mohammed dreht sich um und blickt hinaus. Nach oben, in den Himmel. Gedankenverloren bleibt sein Blick dort hängen.

»Wir haben früher zusammen einen Papierdrachen mit einer langen Schnur gebastelt, mein Baba und ich, er war blau und ist ziemlich hoch geflogen. Meine kleine Schwester Laila hat ihn kaputt gemacht. Es war ein Versehen, sie wollte das nicht, es ist einfach beim Spielen passiert.« Mohammed wendet sich wieder uns zu und lächelt ein wenig. »Sie träumt davon, ein Kleid aus silbergrüner Seide zu tragen und in einem Palast zu leben. Sie ist jetzt zehn und wird bald heiraten – einen Mann, der viel älter ist als sie.«

Als Mohammed und sein Freund mit dem Lastwagen, der gegen Geld alles transportierte, in Masar-e Scharif ankamen, waren sie erst einmal wie hypnotisiert von dem Lärm und den vielen Menschen. In der großen Stadt mit den etwa 900 000 Einwohnern, so hofften die Eltern, würden die Kinder einen Schleuser finden, der ihnen den weiteren Weg organisieren konnte. »Wir haben überall gefragt: ›Hallo, wir wollen nach Europa. Wer kann uns helfen?‹ Ich habe dann sehr schnell jemanden gefunden. In einem Teppichladen habe ich einen Mann mit einem Turban, einem langen Bart, einer riesigen Nase und einem Glasauge getroffen. Er sah unheimlich aus und ich hatte ein bisschen Angst vor ihm, aber ich habe mir gesagt: ›Allah beschützt mich.‹ Darum habe ich dem Mann vertraut, der mir gesagt hat, dass er mich nach Istanbul bringen kann. Er hat einen hohen Preis dafür genannt, umgerechnet ungefähr zweihundert Euro. ›Das geht nicht, so viel Geld habe ich nicht‹, habe ich zu ihm gesagt. Da meinte der Mann dann: ›Okay, gib mir zwanzig Euro, den Rest kannst du in Istanbul für mich abarbeiten.‹ Ich war einverstanden.«

Als Mohammed aus dem Teppichladen kam, konnte er den Freund aus seinem Dorf nicht mehr finden. Vielleicht hatte dieser im Getümmel nicht bemerkt, in welchem Hauseingang Mohammed verschwunden war. Mohammed hat ihn nie wiedergesehen.

Der Mann mit dem Glasauge brachte ihn in der nächsten Nacht zu einem Pick-up, auf dem viele andere Menschen saßen. Mohammed stieg auf und kauerte sich zu ihnen. »Da waren viele Frauen und kleine Kinder, eine Schwangere war auch dabei und eine sehr, sehr alte Frau. Sie hatte tiefe Falten im Gesicht und traurige Augen. Wir mussten eng aneinandergequetscht sitzen, zum Teil sogar einer auf dem anderen.«

Der Schleuser mit dem Glasauge machte sich kurz darauf aus dem Staub. Der Pick-up fuhr los, über verschlungene, holprige Wege in Richtung der Grenze zum Iran.

»Die alte Frau war sehr krank«, erinnert sich Mohammed. »Alle haben die Fahrt über auf sie aufgepasst. Sie hat die ganze Zeit stark gezittert.« Mohammed trinkt einen Schluck Kaffee. »Als wir schon eine Weile gefahren waren, kamen plötzlich Räuber.«

Heute weiß Mohammed, dass es keine Räuber waren, die zufällig genau an der schmalen Straße gelauert hatten, auf der der Pick-up entlanggefahren war. Die scheinbaren Wegelagerer gehörten zu der Schlepperbande, die der Mann mit dem Glasauge zuvor über die genaue Route der Flüchtlinge informiert hatte.

»Wir mussten alle absteigen und sie haben Männer und Frauen getrennt. Dann haben sie uns durchsucht und einfach alles genommen. Sogar die Süßigkeiten, die meine Mutter für mich gemacht hatte. Ein kleines Mädchen hat laut geweint vor Angst. Zu der Mutter haben sie gesagt, sie soll machen, dass das Mädchen sofort still ist, sonst würden sie sie töten.«

Auch all ihr Wasser nahm die Bande den Flüchtlingen auf dem Pick-up ab. Eine besonders grausame Aktion angesichts der Tatsache, dass der weitere Weg an der Grenze von Persien in die Türkei ein ganzes Stück durch steiniges Gebirge führt, das zu Fuß passiert werden muss.

Der Pick-up fuhr nach dieser Unterbrechung weiter, bis an eine Stelle, an der der nächste Schleuser einstieg. »Er war klein und dick, sein Gesicht war so rund wie der Mond, und er war bewaffnet. Wir mussten wieder alle absteigen und zu Fuß weiter. Ich sehe noch den Ausdruck in den Augen der alten Frau vor mir. Sie konnte nicht mehr laufen. Wir haben versucht, ihr zu helfen, aber sie wollte einfach nicht mehr weiter. ›Geht‹, hat sie gesagt, ›geht weiter ohne mich. Ihr könnt es schaffen, ich nicht.‹ Wir haben sie dann zurückgelassen. Es ging nicht anders. ›Weiter, weiter, weiter, schneller, schneller, schneller‹, hat der Schlepper geschrien. Er hatte wohl Angst, dass uns jemand entdeckt und der Polizei meldet. Die alte Frau hat sich auf einen Stein gesetzt, sie hatte keine Kraft mehr. Ich weiß nicht, was mit ihr geschehen ist. Vielleicht ist sie gestorben. Ich werde nie vergessen, wie sie uns nachgeguckt hat.«

Der Weg über das Geröll bis in die Türkei war brutal, jeder Schritt eine Qual, vor allem, wenn man nur leichte Sandalen trug wie Mohammed.

»Ich bin oft ausgerutscht und gestürzt, spitze Steine haben meine Füße aufgerissen, meine Schuhe sind kaputtgegangen. Außerdem hatte ich solchen Durst, mein Hals hat gebrannt, meine Lippen waren ganz aufgerissen.« Einzig das Mondgesicht hatte Wasser dabei, das er an die Flüchtlinge verkaufte. »›Wenn wir angekommen sind, müsst ihr mir hundert Euro mehr geben‹, hat er gesagt. Wir waren alle einverstanden, weil wir so durstig waren. Natürlich denkt man: Ein paar Schlucke Wasser für hundert Euro – das ist verrückt. Aber wir hatten keine andere Wahl, vielleicht wären wir sonst verdurstet. Nach einem Tag über all die Steine habe ich meine Füße nicht mehr gespürt. Aber ich habe gewusst, ich muss weitergehen. Immer weiter. Zurück konnte ich nicht mehr.«

Die Gruppe erreichte eine Scheune, einen großen Raum ohne Fenster.

»Der Schleuser hat uns da reingetrieben. Mit der Peitsche hat er uns geschlagen. Und dann einfach eingesperrt. Wir mussten auf dem Boden schlafen und bekamen einen Teller Nudeln, den wir uns alle teilen mussten. Er hat gesagt: ›Ihr müsst uns dreihundert Euro zahlen, oder ihr bleibt hier. Wenn es zu lange dauert, bringen wir euch um.‹« Mohammeds Stimme zittert ein wenig, als er weitererzählt. »Ich hatte kein Geld mehr. Mein Vater auch nicht. Das habe ich dem Schleuser gesagt. Dem war das egal, er wollte trotzdem, dass ich meine Familie anrufe. Aber ich hatte ja gar kein Handy. Das Mondgesicht hat gesagt, dass ich eine Berechtigung von ihm kaufen muss, dann könne ich sein Telefon benutzen. Für Hawala.«

»›Hawala‹«, erklärt mir Mohammeds Betreuer, »ist ein altes arabisches Zahlungssystem, es funktioniert ohne Konto und ohne Bank. ›Hawala‹ ist das arabische Wort für Vertrauen. Kontrolle gibt es bei diesem Vorgang nicht. Es funktioniert so, dass Mohammeds Eltern das Bargeld, das sie irgendwo zusammengesammelt oder geliehen haben, einem ›Hawaladeri‹ in ihrem Ort geben. Das kann jeder sein, der Gemüsehändler oder auch der Großbauer. Für ihr Geld bekommen sie einen Zettel mit einem Code, den sie Mohammed mitteilen. Er gibt diesen Code an den Schlepper weiter, der das Geld damit bei jedem ›Hawaladeri‹ abholen kann.«

Immer wieder wurde Mohammed geschlagen, morgens und abends, damit der Vater sich unter Druck gesetzt fühlte, seinen Sohn zu befreien, und schließlich zahlte. Und so kam es auch. Die Eltern kratzten irgendwie das Geld zusammen. Dann durfte der Junge weiterziehen. Geschwächt und abgemagert, mit blutigen Füßen, schleppte er sich bis in die Türkei. Dort war jedoch erst einmal Endstation. Mohammed musste Geld verdienen. Ohne Papiere war das kaum möglich. Immerhin fand er Gelegenheitsarbeiten, räumte Steine weg, schaufelte Dreck, schuftete hart für wenig Geld, um das er oft auch noch von den Männern, für die er arbeitete, betrogen wurde. Zudem musste er aufpassen, dass ihn die Polizei nicht erwischte. »Die Polizei sperrt dich sofort ein, wenn sie bemerkt, dass du irgendwo illegal arbeitest. Und in der Türkei ist es schlimm im Gefängnis. Ich habe mich immer versteckt, wenn ich Männer in Uniformen gesehen habe.«

Einen Schlafplatz fand er auf einem alten Fabrikgelände. »Ich war dort mit zehn anderen Jungen, sie haben mich geschlagen, getreten.« Mohammed lässt seine Finger knacken. »In der Nacht konnte ich nicht schlafen. Es hat überall schrecklich gejuckt, ich hatte Krätze.« Einen Plan, wie es weitergehen sollte, hatte er nicht. »In der Nacht hab ich oft gedacht, ich weiß nicht, wo ich hin will. Ich weiß, dass ich nicht zu meiner Familie zurückgehen kann. Mein Leben ist verschwendet, habe ich gedacht. Es ist egal, ob ich sterbe. Ich war schon wie tot.«

Dann lernte Mohammed einen Jungen kennen, der aus dem Iran geflüchtet war und weiter nach Deutschland wollte, weil er einen Onkel in Köln hatte.

»Farid hat gesagt: ›Komm mit mir zu meinem Onkel!‹ Ich habe gedacht, es ist mir egal, wo ich bin und wohin ich gehe. Also war ich einverstanden. Ein Schlepper hat Farid erzählt, dass es ein Boot gibt, das uns nach Griechenland bringen kann. Über zwei verschiedene Wege. Der kurze kostete viel mehr Geld, darum haben wir den langen genommen. Der Mann hat uns einen guten Preis gemacht, weil wir klein und dünn waren und deshalb wenig Platz brauchten. Außerdem war das Wetter sehr schlecht, es war extrem windig. Viele andere wollten nur bei gutem Wetter fahren. Aber uns war das völlig egal. Wir wollten einfach nur weg!«

Der Schlepper organisierte den Transport bis zur Ablegestelle nahe Izmir am Mittelmeer.

Mohammed atmet tief durch. »Da war so viel Wasser und es war dunkel. Wir mussten ein kleines Stück durch das Wasser waten, um in das Boot zu steigen. Es hat sich so stark bewegt, dass mir ganz schwindlig geworden ist, als ich es bloß ansah. Ich war noch nie auf dem Meer und schwimmen kann ich auch nicht. Ich wollte eigentlich am liebsten nicht in das Boot steigen. Es war sehr klein und da waren so viele Menschen, die mitfahren wollten. Aber dann habe ich mir gedacht: ›Es ist egal, was mit mir passiert‹, und bin eingestiegen. Ich habe die Augen geschlossen und gebetet.«

Die Überfahrt wurde noch schlimmer, als Mohammed befürchtet hatte. »Erst sind wir ganz schnell losgefahren, dann hat das Boot sehr geschaukelt, immer wieder kam Wasser rein. Wir Männer haben versucht, es mit den Händen rauszuschütten – aber es kam immer mehr.« Mohammed hält kurz inne. Die Erinnerung an die Bootsfahrt regt ihn sichtlich auf. »Plötzlich ging der Motor kaputt. Er hat noch ›Tuck, tuck, tuck‹ gemacht, dann kam nichts mehr. Das Boot fuhr einfach nicht mehr weiter, hat nur noch vor sich hin geschaukelt. Alle waren ganz aufgeregt. Neben mir saß eine junge Frau mit einem kleinen Mädchen im Arm. Sie hat mich an meine Schwester erinnert und sie hat nur geweint, die ganze Zeit. ›Ich will nicht sterben‹, hat eine andere, ältere Frau neben mir gesagt, immer wieder. Sie trug ein schwarzes Kopftuch und war ganz blass.«

Ob es Stunden oder vielleicht nur Minuten waren, die Mohammed mitten in der Nacht mit den vielen anderen Menschen auf dem Meer in dem kaputten Boot ausharrte, kann er nicht sagen. Er hatte kein Zeitgefühl mehr.

»Plötzlich war da ein Licht«, erzählt er. »Ich habe gedacht, jetzt bin ich im Himmel.«

Das Licht kam von der griechischen Küstenwache, die auf das Boot mit den Flüchtlingen aufmerksam geworden war.

Einen nach dem anderen zog die Küstenwache zu sich an Bord. »Sie haben Decken über unsere nassen Kleider geworfen und uns warmen, süßen Tee gegeben«, sagt Mohammed. Er schlingt seine Arme um seinen Körper. »Ich war nass und mir war kalt und ich war schrecklich müde. Ich wollte einfach nur noch schlafen.«

Die Küstenwache steuerte die griechische Insel Lesbos an, die nur noch wenige Kilometer entfernt gewesen war. Freiwillige Helfer brachten die

Flüchtlinge in das Camp Moria, das zu dieser Zeit noch offener geführt wurde als seit dem EU-Türkei-Deal.

»Dort haben sie sich vor allem um die Erwachsenen gekümmert, uns Kinder haben sie wenig beachtet und meistens zur Seite geschubst.«

Farid, Mohammeds neuer Freund, drängelte. Er wollte möglichst rasch nach Köln zu seinem Onkel. Über den Balkan weiter bis nach Deutschland zu reisen, das war sein Plan. Von anderen Flüchtlingen hatte Farid erfahren, dass es in Athen einen Zug gab, der Richtung Norden fuhr. Jeder wollte mit diesem Zug fahren. Anders als heute war es für die Schutzsuchenden, die Moria betraten, noch möglich, das Camp wieder zu verlassen, sobald sie es wünschten. Also machten sich die beiden Jungen kurz nach ihrer Ankunft auf Lesbos wieder auf den Weg. Sie ergatterten einen Platz auf der Fähre nach Piräus, dort drängelten sie sich in den Zug.

»Es war sehr voll.« Mit den Händen zeigt Mohammed an, wie wenig Platz er hatte. »Als der Zug anhielt, sind wir mit den anderen Menschen ausgestiegen. Wir haben uns mit einer Familie mit drei kleinen Kindern angefreundet, die haben uns mitgenommen. Wir haben alles gegessen, was wir finden konnten. In der Nacht haben wir Feuer gemacht, um uns aufzuwärmen. Ich wusste nicht, wo wir waren. Über eine große Wiese mussten wir ganz schnell laufen. Ich wusste nicht, wohin. Wir sind einfach mit den anderen mitgelaufen.«

Der Zug hatte Mohammed und Farid in die Nähe der serbischen Grenze gebracht. Von dort ging ihre Reise weiter mit dem Bus.

»Wir haben viele gute Menschen getroffen, die Mitleid hatten und uns etwas zu essen und zu trinken gegeben haben.«

An der Grenze zu Österreich verloren sich Mohammed und Farid aus den Augen. »Es waren viele Menschen dort, überall lange Schlangen, alle haben gedrängelt und geschoben, Kinder haben geweint. Auf einmal war Farid weg. Ich war sehr traurig und plötzlich wieder ganz allein. Aber ich wusste ja, dass er nach Köln wollte.«

Mohammed schlug sich allein weiter durch bis nach Deutschland. Er fuhr mit dem Zug, versteckte sich bis zur Endstation. »Als der Zug nicht mehr weitergefahren ist, bin ich ausgestiegen. Ich wusste nicht, wo ich war. Ich habe gedacht, vielleicht habe ich ja Glück und bin in Köln.«

Ein paar Tage streunte der Junge durch die Stadt, die nicht Köln war, wie sich später herausstellte, schlief auf Pappkartons auf der Straße und im Bahnhof, bis ihn die Polizei aufgriff.

»Sie haben mich mitgenommen, ich wusste nicht, was sie von mir wollten, ich wusste nur, Polizei ist nicht gut, darum bin ich erst weggerannt, wollte mich verstecken.« Mohammed verstand die Sprache der Beamten nicht und Männer in Uniformen bedeuteten nichts Gutes für ihn, zu prägend waren die Erfahrungen gewesen, die er bereits mit ihnen sammeln musste. »Als ich verstanden hatte, dass sie mich nicht ins Gefängnis bringen wollten und sogar ganz freundlich waren, war ich sehr erleichtert.« Mohammed atmet tief durch. »Ich habe ihnen gesagt, dass ich nach Köln zu meinem Freund und seinem Onkel will. Sie haben mich gefragt, wie der Onkel heißt und welche Adresse er in Köln hat, aber das habe ich alles nicht gewusst.«

Die Bundespolizei übergab Mohammed wie alle unbegleiteten minderjährigen Flüchtlinge in die Obhut des Jugendamtes, er bekam einen Vormund und musste sich dem Clearingverfahren unterziehen.

»Dann bin ich hierhergekommen. Sie haben mir ein Zimmer gegeben, ganz für mich allein.« Aus gesundheitlichen Gründen werden die Jugendlichen zuerst in einem Einzelzimmer untergebracht, nach dem Gesundheitscheck im Mehrbettzimmer. Das Röntgen der Lunge gehört zu den Standarduntersuchungen. Dabei geht es darum, die gefährliche Lungenkrankheit Tuberkulose auszuschließen, an der man sich durch Tröpfcheninfektion anstecken kann.

»Ich hatte ein sauberes Bett und alle waren sehr nett zu mir. Ich habe mit einem Dolmetscher gesprochen, der wissen wollte, wie es mir geht und wer ich bin. Und sie haben mich zu einem Arzt geschickt, darüber war ich sehr froh, weil meine Füße immer noch stark schmerzten.«

Einen Tag lang konnte Mohammed sich ausruhen, Pause machen, ankommen, endlich wieder gut essen. »Es gab gegrilltes Hähnchen mit Reis und Gemüse«, erinnert er sich noch. »Ich habe gleich zwei Portionen genommen, danach war ich so voll.« Grinsend deutet er mit der Hand einen Fußball über seinem Bauch an.

Am nächsten Tag startete schon der Deutschkurs. »Ihr habt eine komische Sprache«, schmunzelt Mohammed. »Mit so seltsamen Buchstaben wie ›ä‹ und ›ü‹.« Während er die Buchstaben formt, verzieht er das Gesicht, als hätte er in eine saure Zitrone gebissen. Sein Dolmetscher Mustafa amüsiert sich köstlich darüber, kichert und klatscht sich auf den Oberschenkel.

Mohammeds Tagesablauf sieht seit seiner Ankunft im Clearinghaus immer gleich aus. Schon morgens beginnt eine klare Routine, Aufstehen im Schneeballsystem. »Wenn Ibrahim geduscht hat, weckt er mich auf, dann gehe ich unter die Dusche, wenn ich fertig bin, wecke ich Hasem. Dann gibt es Frühstück, danach gehe ich in die Schule.«

Einmal in der Woche hat Mohammed Mittagsdienst, dann muss er bei allem helfen, abspülen, abtrocknen, sauber machen. Das Essen kocht eine Hauswirtschafterin. In großen Mengen, damit für den Abend noch etwas übrig bleibt. Am liebsten essen die Jungs Pizza und Nudeln. Am Wochenende ist Großreinemachen angesagt. Die Bewohner müssen ihre Zimmer aufräumen und fegen, jeder bekommt außerdem eine zusätzliche Putzaufgabe im Haus. Im Hausflur hängt ein Reinigungsplan an der Wand, der regelt, wer wann die Wäsche macht, das Bad oder die Küche putzt, die Treppen oder die Klos.

»Nächste Woche darf ich kochen«, verkündet Mohammed voller Vorfreude und reibt sich den Bauch. Er weiß schon ganz genau, was es geben wird. »Ein Essen aus meiner Heimat: Khabilie Palau. Zu Hause ist das ein Festtagsgericht, man macht einen großen Berg Reis, schneidet Möhren in kleine Stücke, außerdem kommen noch Rosinen, Mandeln, viele Kräuter und Gewürze dazu.« Erwartungsfroh knackt Mohammed mit den Fingern. »Viele Pistazien gehören auch hincin«, ergänzt er. »Vor unserem Haus gab es früher einen großen Pistazienbusch. Wir haben die Früchte mit einem Stock vom Baum geschlagen, mit einem Tuch aufgefangen und meiner Mutter zum Kochen gebracht. Der Busch hatte immer weniger Pistazien, irgendwann ist er dann vertrocknet.«

Unter der Woche lernt Mohammed jeden Tag nach dem Mittagessen Deutsch und macht seine Hausaufgaben. Aber ein bisschen Freizeit bleibt immer. »Dann gehe ich in die Stadt, weil es dort einen WLAN-Hotspot gibt«, erklärt Mohammed. Im Clearinghaus gibt es kein Internet. Über Skype ruft Mohammed einen Freund in seinem Heimatdorf an, der ein Handy besitzt. Bei ihm informiert sich der junge Afghane, wie es seiner Familie geht. »Manchmal holt Yussuf auch meine Mutter und meine Schwester ans Telefon, dann kann ich sie endlich wieder hören«, erzählt Mohammed mit Wehmut in der Stimme. Er vermisst seine Familie. Da Mohammed nicht alle nachholen können wird, aber auch nicht wieder zurück nach

Afghanistan gehen kann, wird er wahrscheinlich einige Familienmitglieder nie wiedersehen. Mit diesem Gedanken umzugehen muss schwer erträglich für den Jungen sein.

Nach dem Abendessen spielt Mohammed am liebsten »Mensch ärgere dich nicht« oder »Uno«. Er mag die bunten Karten. Manchmal zieht er sich aber auch zurück und will allein sein. Dann sucht er sich Buntstifte und Papier, malt blaue Drachen, Berge und Schneeleoparden, die – so hat es ihm seine Mutter erzählt, als er klein war – im Hochgebirge Afghanistans zu Hause sind.

Um halb zehn ist Bettruhe im Clearinghaus. Mohammed schläft nicht gut. Nachts kommen die Gespenster und dann nagt das Heimweh.

Am nächsten Morgen um sieben Uhr geht der Tag dann auch schon wieder von vorne los. Und das drei Monate lang. Drei Monate Struktur und Sicherheit. Auf diese Weise sollen sich die Kinder wieder ein wenig geborgen fühlen können nach der Zeit der Unsicherheit auf ihrem Weg nach Europa. Nach diesen zwölf Wochen müssen sie wieder die wenigen Sachen packen, die sie besitzen, und an einen neuen Ort ziehen. Das Leben wird also sicherlich nicht leichter werden für Mohammed. Im Gegenteil.

»Wir haben die Erfahrung gemacht, dass es den Jungen am Anfang relativ gut geht, dass sie erleichtert sind, weil sie sich bei uns aufgehoben fühlen, manche zum ersten Mal in ihrem Leben«, schildert mir Mohammeds Betreuer die Situation. »Die Probleme kommen dann meist ein paar Monate später, wenn die Gefühle der Angst und des Verlusts wieder hochkommen. Plötzlich werden die Jungs unruhig, können nachts nicht schlafen, weil sie von den traumatischen Erlebnissen ihrer Flucht überwältigt werden. Außerdem realisieren sie, dass sie möglicherweise ihre Familie nie wiedersehen werden.«

Gerade ist Mohammed in jedem Fall voller Tatendrang. »Ich will in die Schule gehen, ganz viel lernen und studieren. Dann kann ich in mein Dorf in Afghanistan zurückgehen und meinem Baba helfen.« Träume, die sich nur sehr schwer realisieren lassen werden.

Der Betreuer deutet auf die Uhr. Mohammed muss zur Schule. Der Junge steht auf und gibt mir die Hand. »Auf Wiedersehen«, sagt er, sichtlich stolz auf sich, dass er seinen Mut zusammengenommen und Deutsch gesprochen hat. Er freut sich auf den Unterricht. In der letzten Stunde haben sie über deutsche Märchen gesprochen. »Die Sterntaler«, die Geschichte von dem armen Waisenkind, das nichts besitzt, alles, was es am Leib trägt, Bedürftigen gibt und schließlich mit Silbertalern reich beschenkt wird, gefällt Mohammed besonders gut. »Ich weiß, wie es dem Kind in dem Märchen geht.«

Mustafa, der Dolmetscher, sieht Mohammed nachdenklich nach, als dieser den Raum verlässt. »Ich bin auch allein aus Afghanistan geflohen und wurde in ein Clearinghaus gebracht.« Er nimmt unsere Kaffeetassen, stellt sie neben die Kaffeekapselmaschine, lehnt sich gegen die Wand und verschränkt die Arme. »Ich habe sehr viel geweint damals, obwohl ich ein Mensch bin, der sonst nie weint«, fügt er hinzu. »Meine Heimat ist ein kleines Dorf in der Nähe von Kabul. Mein Vater ist von den Taliban getötet worden, ich hatte nur noch meine Mutter und meinen kleinen Bruder, der damals fünf Jahre alt war. Meine Mutter hat zu mir gesagt: ›Mustafa, du bist groß, du musst das regeln.‹ Ich war von da an allein verantwortlich für meinen kleinen Bruder und auch dafür, dass wir jeden Tag etwas zu essen hatten.«

Vierzehn Jahre alt war Mustafa damals, ein Kind mit der Verantwortung für eine Familie. Doch auch seine Mutter wollte schließlich, dass er die Chance auf ein eigenes Leben bekam. Ein Jahr war er unterwegs nach Deutschland, wo er genau wie Mohammed erst einmal in einem Clearinghaus aufgenommen wurde.

»Ich war froh, dass es mir gut ging und dass ich versorgt wurde. Aber dann habe ich gehört, dass in der Nähe meines Dorfes gekämpft wurde. Ich habe Tag und Nacht geweint und getobt, wollte die UNO anrufen, damit sie meine Familie beschützen, aber alle sagten mir, dass niemand etwas tun könne. Endlich hörte ich, dass mein Dorf verschont geblieben war. Es war nicht wichtig genug für die Taliban. Das war der schönste Moment in meinem Leben. Ich musste mir keine Sorgen um meine Mutter und meinen Bruder mehr machen. So geht es sicher auch Mohammed – jedes Mal, wenn er die Stimmen seiner Familie hört, ist es das Schönste, was er sich vorstellen kann. Aber dazwischen bleibt die Angst. Die Angst geht nicht weg.«

Ein bisschen sorgt sich Mustafa auch vor dem Tag, an dem er achtzehn Jahre alt und somit volljährig wird. Flüchtlinge sind ab diesem Zeitpunkt in der Regel auf sich allein gestellt, werden ohne pädagogische Begleitung ihrem

Schicksal überlassen. In einigen Gemeinden Deutschlands trägt eine Jugendhilfe dazu bei, dass die jungen Menschen bis zu ihrem einundzwanzigsten Lebensjahr Unterstützung bekommen, doch das ist leider nicht überall der Fall. Zudem leben die jungen, unbegleiteten Flüchtlinge erst einmal nur mit einer Duldung, also einer »vorübergehenden Aussetzung der Abschiebung« in Deutschland. Diese Duldung kann jederzeit fristlos widerrufen werden, was große Unsicherheit auslöst.

»Mein Freund Tamir ist zwar noch in Deutschland, musste aber aus seinem Wohnheim ausziehen, nachdem er volljährig geworden war«, berichtet mir Mustafa von dem Schicksal eines Bekannten. »Dann wurde er in eine Massenunterkunft gesteckt. Da gab es große Schlafsäle mit vielen Männern, die den ganzen Tag nichts zu tun hatten und die ganze Nacht Musik hörten und Krach machten. Tamir konnte deshalb nicht schlafen, war tagsüber immer müde. Zu müde für die Schule. Immer ist er eingeschlafen. Niemand hat sich mehr um ihn gekümmert, so wie vorher.« Was aus seinem Freund geworden ist, weiß Mustafa nicht, nur einmal hat er Tamir noch getroffen. Zufällig, an einem Dönerstand. »Er hat mir damals gesagt, dass er die Schule abgebrochen hat. Ich hoffe sehr, dass es bei Mohammed anders läuft. Und ich hoffe, dass er noch viele schöne Momente hier in Deutschland haben wird. Was er alles erleben musste, darf einfach nicht umsonst gewesen sein!«

WOHER KOMMT UNSER REICHTUM

Bodenschätze und andere Ressourcen wurden schon immer ungerecht gehandelt. Auch heute ist es nicht anders. Wie zu Kolonialzeiten werden Ressourcen wie Holz, Mineralien, Öl, Gas, Fisch und vieles mehr günstig von armen Ländern in reiche Länder exportiert, die daraus hochwertige Produkte herstellen und von dem Mehrwert immer wohlhabender werden. So ist Europa reich geworden, aber auch die USA, Kanada und inzwischen auch asiatische Länder wie Japan, Südkorea und nun auch China.

Oft wird die Produktion von internationalen Unternehmen vor Ort finanziert und organisiert, nur wenig von den Einkünften bleibt im Land und kommt seiner Bevölkerung und Entwicklung zugute. Daran hat sich trotz der Unabhängigkeit, die viele ärmere Länder inzwischen erlangt haben, über die letzten Jahrhunderte nicht viel geändert.

Die Produkte der wohlhabenden Länder werden wiederum in die Herkunftsländer der Rohstoffe verkauft. Da diese Erzeugnisse durch Massenproduktion und bessere Technologien meist billiger sind als lokal hergestellte Waren, werden dadurch die teurere heimische Landwirtschaft und Industrie oftmals zerstört. So kosten europäische Hühner zum Beispiel in vielen afrikanischen Ländern weniger als Tiere aus lokaler Haltung. Warum sollte dort dann noch jemand in eine Geflügelfarm investieren?

BEYOND SURVIVAL
»TEILEN, TAUSCHEN, HANDELN – DAVON LEBEN WIR, ABER WIR WOLLEN DAS FAIR UND GLEICHBERECHTIGT TUN.«

»Solange wir zusammen sind«

Malaika (18 Jahre) – geflüchtet aus Somalia

In der Küche blubbert eine dunkelrote Mischung in einem Topf auf dem Herd, daneben steht eine weiße Tupperschüssel randvoll mit Bohnen und Mais. Cambuulo heißt das Gericht, das hier gerade gekocht wird, es ist Malaikas Lieblingsspeise. Sie isst sie beinahe täglich. Lange und vorsichtig muss man die Mischung im Wasser kochen, damit die leicht süßlichen Adzukibohnen und der Mais am Ende immer noch bissfest sind. Tagelang kann man Cambuulo aufbewahren. Praktisch, wenn man ständig unterwegs ist wie Malaika.

Das Mädchen streicht eine große Portion auf einen flachen Teller, gibt reichlich Sesamöl und ein paar Esslöffel Zucker darüber, schiebt ihn in die Mikrowelle, steckt ein paar Minuten später zwei Löffel in das fertige Gericht und stellt den Teller auf den hellen Holztisch im Flur. Wir setzen uns und löffeln Cambuulo. Es duftet intensiv, schmeckt leicht süßlich – und sehr lecker.

Malaika lebt in einer spärlich eingerichteten Etagenwohnung in einem oberbayerischen Voralpendorf, in der sie mit ihrer Mutter, der jüngeren Schwester und ihren beiden Brüdern untergebracht ist.

Eine knarzende Holztreppe führt durch das Treppenhaus hoch in den dritten Stock. Fünf Paar bunte Sneaker stehen ordentlich aufgereiht vor der Wohnungstür.

Die Familie hat versucht, es sich in ihrer neuen Bleibe so gemütlich wie möglich zu machen, doch richtig zu Hause fühlt sich Malaika noch nicht. Das Mädchen musste schon mehrmals in ihrem jungen Leben den Wohnort wechseln. Wenn sie glaubte, eine neue Heimat gefunden zu haben, wurde ihr und ihrer Familie der Boden unter den Füßen weggezogen und sie mussten wieder fliehen.

Alles begann, als Al-Shabaab-Milizen ihr Dorf in Somalia überfielen und in Brand setzten. »Ich war noch ziemlich klein, gerade fünf Jahre alt, da bin ich mit meiner Mutter und meiner jüngeren Schwester aus Somalia geflohen, vor dem Bürgerkrieg«, erzählt mir Malaika. Sie trägt einen rosafarbenen Hidschab, den sie zusammen mit kleinen weißen Perlen kunstvoll über ihrem Haar festgesteckt hat. »Von Somalia weiß ich nicht mehr viel. Nur noch ein bisschen von meiner Oma.«

Bei dem Gedanken an ihre Großmutter lächelt Malaika. »Es war schön bei ihr, sie hat mir immer alles erlaubt. Immer hat sie mir dabei geholfen, dass es nicht rauskommt, wenn ich Streiche gespielt habe. Wir mussten sie in Mogadischu zurücklassen. Den langen Weg nach Syrien konnte sie nicht mitkommen, weil sie zu alt war. Jetzt ist sie vor ein paar Wochen gestorben und ich bin sehr traurig, weil ich sie nie mehr sehen kann.«

Tagelang war Malaika mit ihrer Mutter und ihrer Schwester damals auf der Flucht, zu Fuß und in einem klapprigen Kleinbus, der in halsbrecherischem Tempo über die steinigen Straßen holperte.

Die Familie flüchtete aus dem vom Bürgerkrieg zerrütteten Somalia nach Damaskus. Seit dem Zusammenbruch des Staates 1991 tobt ein blutiger Kampf zwischen verschiedenen Klans um die politische und wirtschaftliche Macht in Somalia. Das politische Vakuum wird seitdem von verschiedenen islamistischen Gruppierungen ausgenutzt, die darin ihre Chance sehen, ihren Einfluss zu steigern – die mit dem größten Zulauf und zugleich die gefürchtetste unter ihnen ist die Terrormiliz Al-Shabaab. Von 2009 bis 2011 agierte sie in weiten Teilen im Süden und im Zentrum des Landes als De-facto-Regierung und lehnte während der Hungersnot 2011 internationale Hilfe und Nahrungsmittellieferungen ab. Doch auch der Großteil der finanziellen Unterstützung durch die Industrieländer kam damals erst, als die Katastrophe schon da war. Vier Millionen waren durch den Hunger in Somalia bedroht. Von Oktober 2010 bis April 2012 sind fast 260 000 Menschen in dem Land am Horn von Afrika gestorben.

Malaika und ihre Familie war bereits Ende der Neunzigerjahre nach Syrien geflohen, wo noch bis 2010 Menschen aus diversen Krisengebieten der Welt Asyl suchten.

Malaika lebte sich gut ein. Sie ging in Damaskus in die Schule, fand Freunde, ihre beiden Brüder kamen in Syrien zur Welt, das Land wurde zu ihrer zweiten Heimat. Doch 2011 änderte sich alles.

Nur zu gut erinnert sich Malaika noch daran, wie ihr Leben in Damaskus aus den Fugen geriet: wie die Revolutionen in Tunesien und Ägypten zuerst auch in Syrien Hoffnungen auf ein freies Leben schürten, wie sich dann jedoch alles in einen einzigen Albtraum verwandelte.

Zu Beginn des Arabischen Frühlings wurden die Politiker einer nach dem anderen gestürzt. Im Januar 2011 musste Tunesiens autokratischer Präsident Ben Ali gehen, ihm folgte, beinahe auf dem Fuße, Hosni Mubarak in Ägypten. Sieben Monate darauf hatte das Gaddafi-Regime in Libyen ein Ende. Ähnliches hat sich ein großer Anteil der Bevölkerung Syriens erhofft, es gab massive Proteste für Reformen. Die Demonstranten forderten unter anderem bessere soziale und wirtschaftliche Perspektiven, Achtung der Menschenwürde, Rechtsstaatlichkeit. Auch Malaika war mit dabei, als die Menschen auf die Straße gingen.

»In diesen Tagen bin ich mit meinen Freundinnen durch Damaskus gelaufen, alle haben die Fahnen mit der Flagge der syrischen Oppositionsbewegung geschwenkt. Alle waren sehr fröhlich.«

Malaika macht eine Pause, holt tief Luft, versucht, das Erlebte irgendwie in Worte zu fassen. »Erst war die Stimmung so gut, aber dann wurde es richtig schlimm. Immer öfter sind die Rebellen und die Truppen von Baschar al-Assad aufeinandergestoßen. Überall wurden Menschen getötet, Häuser von Unschuldigen wurden zerstört. Und dann haben sie auch meine beste Freundin getötet.«

Malaikas Stimme zittert, ihre Hände auch. Aus ihrem Kleid nestelt sie ein Taschentuch hervor.

»Soldaten von Baschar sind mit Panzern gekommen, haben das Haus von meiner Freundin im Nachbardorf überfallen und angezündet. Sie haben alle getötet.« Ihre Augen füllen sich mit Tränen. Terror und Gewalt sind plötzlich wieder ganz nah. »Meine beste Freundin haben sie angezündet.« Malaika tupft sich die Tränen von ihren Wangen. »Ich wollte nur noch weg aus Syrien. Meine Mutter nicht, sie wollte nicht schon wieder fliehen. Ich hatte aber auf einmal so große Angst, dass ich in die Schule gehe und dort sterbe, ich hatte Angst, dass meine Mutter mich dann sucht und mich nicht findet, dass ich begraben werde und sie nicht herausfinden kann, wo. Das war seit dem Krieg meine größte Angst. Jeden Tag. Und auch, dass meine Mutter umgebracht wird und ich ihr Grab nicht besuchen kann. Es ist für mich sehr wichtig, dass ich weiß, wo meine Mutter begraben ist, damit ich dort hingehen und mit ihr reden kann.«

Ein Teil von Malaikas Sorgen bewahrheitete sich, als die Mutter im Zuge der Wirren der Revolution und deren Niederschlagung grundlos verhaftet und in ein Gefängnis in Damaskus gesteckt wurde. Drei Tage lang war sie verschwunden, drei Tage lang wussten Malaika und ihre Geschwister nicht, wo sich die Mutter befand und ob sie jemals zu ihnen zurückkommen würde. Dann stand sie auf einmal wieder in der Tür. Gesprochen hat sie über die Zeit im Gefängnis nicht viel. Nur manchmal erzählte sie von den verzweifelten Schreien aus den Nachbarzellen, in denen andere Häftlinge gefoltert wurden. Diese Laute sind ihr nie wieder aus dem Kopf gegangen.

»Als wir unsere Mutter wiederhatten, beschlossen wir gemeinsam, dass wir fliehen. Ich habe erst einmal mehrere Tage lang mit meinen besten Freundinnen Abschied gefeiert. Wir sind von morgens bis abends um alle unsere Lieblingsplätze in Damaskus herumgetanzt. Es war uns egal, ob das schlimm hätte enden können oder nicht. Ich war so aufgedreht und nervös, weil ich wusste, dass ich meine Freundinnen vielleicht nie wiedersehen würde.«

Diese wertvollen Momente hat Malaika festgehalten. Sie zeigt mir Fotos auf dem zersprungenen Display ihres Handys. Drei junge hübsche Mädchen lachen in die Kamera, sie stehen Arm in Arm nebeneinander, tragen bunt glänzende Kopftücher und strahlen eine Unbeschwertheit aus, von der heute zumindest bei Malaika nicht mehr viel zu spüren ist. Die letzten Jahre haben sie schnell erwachsen werden lassen.

Auch ihren syrischen Freund musste sie zurücklassen.

»Wir wollten heiraten«, erzählt Malaika ein bisschen stolz und melancholisch zugleich. »Aber er musste nach Malaysia fliehen, weil er nicht legal ausreisen konnte. Wenn man seinen Ausweis gesehen hätte, wäre er sofort zum Militär eingezogen worden.«

Über Skype ist Malaika mit ihrem Verlobten bis heute in Verbindung. Wann sie ihn wiedersehen wird, weiß sie nicht, wann sie ihn zum letzten Mal gesehen hat, dagegen ganz genau. »Im Juli. Vor drei Jahren. In Syrien.«

Ein filigranes goldenes Armband hat er ihr damals geschenkt, mit einem großen »M«. »Es hat mich die ganze Flucht über begleitet.« Das Mädchen streichelt über das Schmuckstück an ihrem Arm. »Manche sagen zu mir, ihr habt euch so lange nicht gesehen, ihr seid gar nicht mehr zusammen. Aber die Entfernung ist egal. Und die Zeit auch. Unsere Seelen lieben sich. Da ist es nicht so wichtig, dass man sich immer sieht. Außerdem muss ich in der Schule gut vorankommen, darauf muss ich mich konzentrieren. Wenn ich irgendwann einen Pass bekomme, will ich meinen Verlobten in Malaysia besuchen.«

»Hallo.«

Malaikas Schwester kommt zu uns an den Tisch und begrüßt mich lächelnd. Das hübsche dunkelhaarige Mädchen trägt ein leichtes, geblümtes Sommerkleid. Sie läuft barfuß, wie alle in der Wohnung, obwohl es Februar und entsprechend frostig draußen ist. Malaikas Schwester heißt Bahja, ihr Name bezeichnet die allerhöchste Stufe des Glücks, die es nur im Himmel gibt. In Deutschland nennt sie sich Happy, weil hier niemand ihren Namen richtig aussprechen kann. Malaika ist ein alter arabischer Name, er bedeutet »Engel« oder »Guter Geist«.

Als die Flucht der Familie aus Syrien begann, war Malaika noch nicht ganz achtzehn Jahre alt, Bahja war vierzehn, die beiden Brüder waren zwölf und elf Jahre alt. Es ging los mit einer Busfahrt in die Türkei. »Das war sehr schlimm, ich habe gar nicht gewusst, was ich mitnehmen soll. ›Jeder nur ganz wenig!‹, hat meine Mutter zu uns gesagt. Ich habe dann zwei Schlafanzüge eingepackt, meine Schwester ihren Teddybären und meine Mutter hat so viele Kleidungsstücke übereinander angezogen, wie es ging«, erzählt Malaika. »Alles andere, was ich noch hatte, habe ich an meine Freunde verschenkt. In meinem Zimmer habe ich meine Sachen hingelegt und gesagt, jeder soll mitnehmen, was er haben will. Meine Freunde haben sich so über die Geschenke gefreut, dass sie Scherze gemacht haben wie: ›Oh, Malaika, das ist toll, warum bist du nicht schon früher geflüchtet?‹ Das Mädchen lächelt ein wenig. »Es ist gut für mich, zu wissen, dass meine Freundinnen jetzt meine Kleider tragen, dass sie noch gebraucht werden.«

Die Reisevorbereitungen gingen weiter.

»Alle wichtigen Papiere haben wir in einer wasserfesten Plastikmappe verstaut. Vieles haben wir aber trotzdem auf der Flucht verloren. Nur die Papiere von meinem jüngsten Bruder sind noch vollständig.«

Sogar der syrische Kindergartenausweis mit einem Foto, auf dem der Junge in einer blauen Kindergartenuniform spitzbübisch in die Kamera lächelt, ist heute noch im Besitz der Familie.

»Für das Geld haben wir ein gutes Versteck gefunden«, schmunzelt Malaika. »Meine Mutter, meine Schwester und ich haben die Scheine in unsere Haare gesteckt. Niemand hat uns dort untersucht. Dazu sind lockige Haare sehr gut.«

Als sie von den ersten Tagen auf der Flucht erzählt, weicht das Lächeln aus ihrem Gesicht.

»Meine Mutter hat zu uns Kindern gesagt, dass wir mit einem Boot über das Meer nach Griechenland fahren. Von dort wollten wir weiter nach London, wo wir Familie haben.« Malaika rollt die Augen. »Ich bin fast verrückt geworden, als sie mir das gesagt hat. Ich habe nämlich sehr große Angst vor Wasser. ›Wenn ihr übers Meer wollt, dann geht allein!‹, habe ich immer wieder geschrien. ›Dann bleibe ich hier!‹ Ich hatte Albträume, konnte, wenn ich aufwachte, nicht mehr richtig atmen. Ich hatte furchtbare Angst, dass ich im Wasser sterben würde.«

Malaikas Panik konnte bei der Mutter nicht auf Gehör stoßen – die Flucht über das Mittelmeer war in ihren Augen die schnellste Möglichkeit, nach Europa zu gelangen. Bald fand die Mutter einen Schlepper, der die Fahrt organisieren konnte. Siebentausend Euro wollte er haben, pro Person.

»Er hat zu meiner Mutter gesagt: ›Du wirst sehen, das ist wie ein Urlaubsschiff! Bei einer Fahrt, die ich verkaufe, muss niemand Angst haben.‹«

Als sich das »Urlaubsschiff« als Gummiboot entpuppte, wurde der Reiseplan geändert. Der Weg sollte nicht mehr über das Meer nach Griechenland gehen, sondern auf dem Landweg über die Balkanroute, die damals noch offen war, nach Bulgarien.

Aber noch saß die Familie in der Türkei fest.

»In Istanbul habe ich mir Arbeit gesucht, um Geld zu verdienen. Ich habe überall gefragt: ›Hast du Arbeit für mich?‹, bis ich tatsächlich einen Job in einer Schuhfabrik gefunden hatte. Den ganzen Tag habe ich mit einem Hammer auf Schuhsohlen klopfen müssen. Aber mein Chef war zufrieden, er hat zu mir gesagt: ›Unglaublich, wie stark du bist, für ein Mädchen‹, und ich war auch froh, weil ich was zu tun hatte und nicht denken musste.«

Als genug Geld zusammen war, suchte die Familie wieder einen Schlepper zur Organisation der weiteren Reise.

Sie wurden von einem kurdischen Schlepper angesprochen, der ihnen einen akzeptablen Preis machte. Zusammen mit einer syrischen Familie, die kleine Kinder hatte, und zwei Männern aus dem Libanon und Pakistan schickte er sie auf den Weg nach Europa.

In der Regel sorgen Schlepper dafür, dass eine möglichst homogene Gruppe zusammen loszieht, dass sich niemand allein auf den Weg macht. Familien werden mit jungen Männern zusammengebracht, die im Notfall anpacken können, denn die Menschenhändler haben ein Interesse daran, dass so viele wie möglich gut ankommen. Das ist deutlich besser fürs Geschäft.

Tausend Euro pro Person kassierte der Schlepper. Mit dem Bus fuhren sie zur türkischen Grenzstadt Edirne, dort brachte sie der Menschenschmuggler in die Nähe eines dichten Waldstücks an der Grenze zu Bulgarien und verschwand dann.

»›Ihr müsst immer geradeaus gehen, dann schaut ihr nach dem Mond, dann geht ihr Richtung Süden, dann nach Westen‹, hat er gesagt. Das war alles. Verstehen konnte ihn nur mein Bruder, weil er in der Türkei ein bisschen die Sprache gelernt hat. Er ist generell sehr gut mit Sprachen.«

Da standen sie nun, mitten in der Nacht, und sollten mit spärlichsten Angaben zu ihrem weiteren Weg einen dichten Wald durchqueren. Eine Mutter mit vier Kindern und unbekannten Menschen an ihrer Seite. In Afrika oder Syrien gibt es keine derartigen Wälder, dementsprechend groß war die Angst der Familie. Vor allem Malaikas Mutter fürchtete sich sehr.

»Das war einer der schrecklichsten Momente für sie«, erzählt Malaika. »Weil es so dunkel war und wir überall Geräusche gehört haben.«

»Unser jüngster Bruder hatte auch große Angst«, ergänzt Happy. »Er schrie die ganze Zeit: ›Ich sehe eine Schlange, ich sehe eine Schlange!‹ Wir dachten erst, er hat nur zu viele Horrorfilme gesehen, aber dann waren später im Lager in Bulgarien Flüchtlinge mit schlimmen Schlangenbissen. Er hatte also recht gehabt.«

Die beiden jungen Männer der zusammengewürfelten Gruppe machten sich rasch aus dem Staub. »Wir waren zu langsam für sie. Wir sind dann mit der syrischen Familie allein weitergegangen. Meine Mutter ist zum Glück sehr gut darin, sich am Stand der Sonne und des Mondes zu orientieren. Das hat sie gelernt, weil wir auch an anderen Orten unsere Gebetszeiten einhalten müssen. Mithilfe von Sonne und Mond können wir sie bestimmen.«

Dank des Wissens von Malaikas Mutter schaffte es die kleine Gruppe innerhalb von ein paar Stunden, den Wald zu durchqueren. Die Männer, die sich zuvor von ihnen abgesetzt hatten, kannten sich nicht so gut aus. Erst eine Woche später sahen sie die Männer zufällig im bulgarischen Lager wieder – sie hatten sich im Wald verlaufen.

Happy setzt sich im Schneidersitz auf den Boden vor den Tisch, auch die Mutter der Mädchen gesellt sich zu uns, eine beeindruckende Frau. Kraftvoll und dynamisch wirkt die Somalierin. Ihr Hidschab ist tiefpink mit Glitzerrand, dazu trägt sie einen festeren, pink gestreiften Stoff, der in Ostafrika als Kitenge bekannt ist, um die Hüften gewickelt. Kaum sitzt sie, steht sie schon wieder auf, weil ihr Handy klingelt. Sie steckt sich das Telefon unter ihren Hidschab, so hat sie beide Hände frei, um wild gestikulierend telefonieren zu können. Das Handy sitzt ihr fest am Ohr. Eigentlich überflüssig, denn die Frau am anderen Ende der Leitung spricht so laut Arabisch, dass man es durch den ganzen Raum hört.

Malaika erklärt mir, warum die Anruferin so aufgeregt ist.

»Das ist eine Freundin meiner Mutter, sie lebte auch in Syrien und ist jetzt ebenfalls in Deutschland, allerdings in einem anderen Ort in einem Erstaufnahmelager. Sie sagt, dass junge arabische Männer, auch Flüchtlinge, durch ihr Fenster in ihren Raum eingestiegen sind und ihr Angst gemacht haben. Sie spricht kein Deutsch und kein Englisch, deswegen kann sie der Leitung nicht sagen, was passiert ist. Ich werde morgen dort anrufen und die Sache klären. Es ist das Schlimmste, wenn man sich nicht mitteilen kann.«

Malaika lernt inzwischen neben Deutsch auch Farsi, um einer afghanischen Flüchtlingsfamilie zu helfen, die sich überhaupt nicht verständigen kann.

Happy hat in der Zwischenzeit Tee für uns alle gekocht. Dazu gibt es ein paar selbst gemachte Süßigkeiten und Brot nach somalischem Rezept. Ihre Mutter backt jeden Tag Brot. Der somalischen Küche war sie auch in Syrien treu geblieben. Mit dem deutschen Essen konnte sich Malaika bisher noch nicht so richtig anfreunden. Aber die Süßigkeiten und das Gebäck findet sie lecker, vor allem alles mit Äpfeln.

Die Familie hatte also nach der Etappe im Wald Bulgarien erreicht. Endlich in Sicherheit, glaubten die fünf, denn nun waren sie ja in der EU angekommen. Dass die wahre Hölle ihnen jetzt erst bevorstand, haben sie nicht ahnen können.

Sie gerieten in eine Razzia der bulgarischen Polizei, eine Maßnahme gegen illegale Einwanderer und mutmaßliche Schlepper, und wurden verhaftet.

In Bulgarien nimmt die Polizei illegal eingereiste Flüchtlinge in Gewahrsam, um ihnen Informationen über Schleuserbanden abzupressen, aber auch, um die Fingerabdrücke der Flüchtlinge zu registrieren. Häufig bekommen sie daraufhin den Flüchtlingsstatus anerkannt, ohne dass sie überhaupt einen Asylantrag in Bulgarien gestellt hätten. Diese Anerkennung als Schutzsuchende ist für die Geflohenen mit keinerlei staatlichen Hilfen verbunden. Auf diese Weise werden sie ohne materielle Existenzgrundlage in die Obdachlosigkeit getrieben, darum wollen viele das Land so schnell wie möglich wieder verlassen.

Malaikas Familie wurde von den Beamten mitgenommen und zusammen mit anderen Flüchtlingen in das Gefängnis Busmantsi am Stadtrand von Sofia gebracht.

Happy, die sich inzwischen eine dünne hellgraue Strickjacke geholt hat, wickelt sich eng darin ein, während sie weitererzählt. »Als uns die Polizisten in das Gefängnis fuhren, standen in den oberen Stockwerken Männer mit vielen Piercings und Tattoos, die uns auf Englisch aus vergitterten Fenstern zuriefen: ›Willkommen in der Hölle.‹ Andere Polizisten haben uns im Gefängnis erwartet und befohlen, dass wir uns ausziehen sollten. Ganz nackt. Dann haben sie uns überall durchsucht.«

Malaika steht das Entsetzen über diese Vorgehensweise immer noch ins Gesicht geschrieben. »Ich habe gerufen: ›Nein, ich will das nicht, nein‹, aber das war ihnen egal, sie haben nur gelacht und gesagt: ›Was hast du für ein Problem? Dich hier nackt auszuziehen ist immer noch besser als der Krieg in Syrien.‹ Das haben sie oft zu uns gesagt. Dann haben sie uns unsere Handys weggenommen. Wir hatten großes Glück, dass sie unser Geld nicht gefunden haben, weil sie nicht auf die Idee gekommen waren, in unseren Haaren danach zu suchen. Später haben sie uns in eine große Halle gebracht. Vor den Fenstern waren Gitterstäbe, dahinter konnte man Bäume sehen. In dem Raum waren mit uns rund dreißig Familien. Es war kalt und schrecklich schmutzig. Überall lag Müll. Es gab keine richtigen Toiletten, nur Löcher im Boden. Und wenn wir nachts raus wollten, mussten wir die Beamten rufen, damit uns jemand begleitet.«

Das Mädchen trinkt einen Schluck Tee. Das Erzählen über die Zeit im Gefängnis wühlt sie sichtlich auf. »Es gab nur drei Frauenduschen und die hatten keinen Vorhang, gar nichts. Alles war so schmutzig, dass ich in zehn Tagen nur einmal geduscht habe …«

»… sehr schlimm waren auch die Kakerlaken«, fällt Happy ihrer Schwester ins Wort und schüttelt sich vor Ekel. »Die waren überall und die hatten auch keine Angst. Sie kamen auf den Tisch gekrabbelt, wenn wir gegessen haben, die haben sich einfach auf die Teller gesetzt und mitgegessen, die konnte man gar nicht verscheuchen.«

Malaika zieht ihr Kopftuch weit über Nase und Ohren. »Guck, so habe ich in Bulgarien geschlafen, ich hatte solche Angst, dass die Kakerlaken mir in die Ohren oder die Nase kriechen. Meine Sandalen habe ich immer neben mich gestellt, damit ich die Kakerlaken erschlagen konnte, wenn sie kamen.«

Zu essen bekamen sie in der Haftanstalt vor allem Brot, etwas Käse und dünnen Tee. Mittags manchmal Fleisch – Schweinefleisch. »Wir haben nur Brot gegessen. Und Kaffee mit viel Milch getrunken, um den Bauch zu füllen. Einmal in der Woche haben sie uns Hühnchen und Reis gegeben. Nach dem Essen haben wir dann die Reste von den Tellern gesammelt, wenn irgendjemand sein Hühnchen nicht aufgegessen hatte. Die Reste haben wir dann zwischen Brot und Käse gesteckt und Cheeseburger genannt«, erinnert sich Malaika mit einem kleinen Lächeln.

»Wir haben in der Zeit viel zu viel abgenommen, vor allem Malaika«, sagt Happy und mustert ihre große Schwester sorgenvoll, als müsse sie auch heute noch überprüfen, ob Malaika genügend zu essen bekommt. »Du bist dünn geworden, überall hat man die Knochen gesehen.«

»Ich sah nicht mehr normal aus«, stimmt Malaika zu und nippt am Tee. »Mein Gesicht war richtig knochig. Die Hälfte meiner Haare hatte ich verloren. Die sind einfach ausgefallen. Wenn ich länger in dem Gefängnis geblieben wäre, wären alle ausgefallen. Vom Stress.«

Malaika hatte mit allem abgeschlossen. »Ich bin nur noch im Bett geblieben und wollte nicht mehr aufstehen. Auch nicht zu den Hofgängen, die wir zweimal am Tag machen durften.«

Einmal besuchte eine Delegation einer Hilfsorganisation das Gefängnis. Davor wurde tagelang alles geputzt und aufgeräumt. Malaika erwachte aus ihrer Lethargie und versuchte angestrengt, aber vergeblich, Kontakt mit den Mitgliedern der Organisation aufzunehmen. Sie waren permanent von Polizisten umringt.

Danach aß Malaika gar nichts mehr, trat mehrere Tage in einen Hungerstreik, vergebens.

Die Polizisten interessierte das nicht. »Das sind deine Kinder, das ist dein Problem«, erklärten sie ungerührt der Mutter.

»Einer meiner Brüder ist verrückt geworden. Er hat es nicht mehr ausgehalten und hat unter der Dusche Shampoo getrunken, weil er sich umbringen wollte. Zehn Minuten lang lag er da und hat sich nicht mehr bewegt, dann haben ihn die Polizisten in ein Krankenhaus geschafft. Zum Glück kam er wieder zu uns zurück. Es ging ihm einigermaßen gut und er hat es nicht noch einmal versucht.«

Es gab eine klare Reihenfolge in Busmantsi: Wer als Erster reinkam, kam auch als Erster wieder raus.

»Als ich gehört hatte, dass eine syrische Familie, die nach uns angekommen war, freigelassen wurde und weiterreisen durfte, bin ich durchgedreht. Ich dachte, wir müssten für immer bleiben. Wie ein wildes Tier habe ich geschrien. Meine Mutter hat versucht, mich zu beruhigen, weil sie nicht wollte, dass mich die Beamten in die Psychiatrie bringen. Aber ich war viel zu fertig. Erst haben mir die Wärter gegen meinen Willen Tabletten gegeben und dann eine Spritze, ›die einen Elefanten beruhigt hätte‹, so haben sie gesagt. Tagelang war ich betäubt, meine Mutter dachte schon, ich sei tot. Aber ich habe mich wieder erholt, mein Überlebenswille war stark. Und auch meine Hoffnung kam wieder zurück.« Malaika hält einen Moment inne, spricht dann weiter. »Ich erinnere mich an Silvester in diesem Gefängnis. Ich lag in meinem Bett, habe durch die Gitterstäbe geschaut und draußen ein Feuerwerk gesehen. Bei uns sagt man, was man sich an Silvester wünscht, geht in Erfüllung. Ich habe mir ganz, ganz fest gewünscht, das nächste Silvester in London sein zu können.«

Eines Tages bekam die Familie von einem anderen Flüchtling die Telefonnummer eines UN-Mitarbeiters zugesteckt und sie schafften es, einen der Aufseher zu bestechen, sodass sie sein Handy benutzen konnten. Der Mitarbeiter der Vereinten Nationen nahm sich tatsächlich ihres Schicksals an – er half dabei, dass alle Familienmitglieder nach drei qualvollen Monaten als Flüchtlinge anerkannt wurden und das Gefängnis verlassen konnten. Nach der Freilassung wurde Malaika und ihrer Familie in der Nähe der Hauptstadt Sofia ein Raum in einer Flüchtlingsunterkunft zugewiesen.

»Das Zimmer war sehr klein und schmutzig, sogar mit Putzen konnten wir nicht viel ändern«, schildert Malaika die haarsträubende Situation, in der sie sich befanden. »Wir wollten dort nicht bleiben, deshalb haben wir fast unser ganzes letztes Geld ausgegeben und Tickets gekauft, um nach Wien zu fliegen.«

In Wien hatte die Familie geplant, eine Cousine zu treffen, die schon längere Zeit in London lebte und ihnen helfen wollte, mit ihr zu kommen. Doch die erworbenen Flugtickets waren nicht viel mehr wert als bedrucktes Papier: Betrüger hatten ihre Not ausgenutzt und ihnen unbrauchbare Tickets verkauft.

Als Malaika mit ihrer Familie die letzten Reste des so sorgfältig versteckten und aufbewahrten Geldes zusammenkratzte, reichte es gerade noch für ein Ticket. Nur einer von ihnen konnte also mit einem gefälschten Ticket versuchen, nach Wien zu fliegen, die anderen mussten in Bulgarien bleiben.

»Ich bin das älteste Kind, also bin ich geflogen. Meine Mutter hat gesagt: ›Eine von uns muss es schaffen.‹ Der Abschied von meiner Familie war schrecklich. Meine Mutter hat auf der Flucht immer gesagt: ›Malaika, es ist alles okay, solange wir zusammen sind.‹ Und nun war ich allein. Und gar nichts mehr war okay.«

»Ich hatte so fürchterliche Angst, dass wir meine Schwester nie mehr wiedersehen«, sagt Happy mit leiser Stimme.

Auch der Rest der Familie wollte weiter. Irgendwie irgendwohin, nur nicht in Bulgarien bleiben. Sie stiegen in einen Zug, hatten Glück – und einen syrischen Pass. Die Polizei ließ die Mutter mit den drei kleinen Kindern auch ohne Tickets einfach weiterfahren. Ein paar Tage später erreichten sie Wien und riefen mit einem neu gekauften Handy Malaika an. Sie war bereits bei Bekannten der Familie untergekommen. Am Hauptbahnhof der österreichischen Hauptstadt konnten sie sich endlich wieder alle in die Arme schließen. Zwei Tage übernachteten sie zusammen bei den Bekannten, dort entschied sich die Familie, dass es leichter und günstiger für sie sein würde, nach Deutschland zu fahren. Die London-Pläne wurden vorerst auf Eis gelegt. Die Reise ging für Malaika, ihre Schwester, ihre Mutter und die zwei Brüder also mit dem Zug weiter zum Münchner Hauptbahnhof. Von dort fuhren sie nach Kieferngarten.

»Zuerst habe ich in dem Lager in Deutschland alles überall nach Kakerlaken abgesucht.« Heute kann Happy darüber schmunzeln. »Ich war so froh, denn ich habe keine gefunden.«

Auch bei Malaikas jüngerer Schwester hat die Zeit im Gefängnis ihre Spuren hinterlassen. »Ich war sehr vorsichtig. Nach sieben Uhr abends wollte ich nicht mehr draußen sein. Alle sollten immer bei mir bleiben, weil ich Angst hatte, dass die Polizei kommt und uns durchzählt. In Bulgarien haben sie uns jeden Tag gezählt. Dann habe ich aber nach einiger Zeit gemerkt, hier kommt keiner.«

Vom Erstaufnahmelager in München wurde die Familie in ein Asylbewerberheim nach Umrathshausen verlegt. Nach einer weiteren Umsiedlung landeten Malaika und Happy mit ihrer Familie schließlich in dem oberbayerischen Dorf, in dem sie nun leben – vorerst.

Die Mädchen verfolgen die Geschehnisse in ihrer Heimat aufmerksam im Internet. Sie leiden sehr unter den Bildern, auf denen zu sehen ist, wie ganze Häuserblocks in die Luft gesprengt werden oder schwarzer Rauch aus ausgebrannten Häusern aufsteigt.

»Ich habe große Angst um meine somalischen Freunde, die ich damals in Syrien kennengelernt habe und die immer noch dort leben. Sie wollen nicht weg. Es gibt nichts Besseres als Heimat, sagen sie. Ich habe über WhatsApp noch Kontakt zu ihnen. Wir haben eine Gruppe gegründet und schicken Witze hin und her. Einfache Witze, wie: ›Ein Mann sagt zu seiner Frau, dass er eine Million im Lotto gewonnen hat und dass sie packen soll. Sie freut sich und fragt, ob sie verreisen. Er sagt: Ich nicht, aber du …‹ Wenn Kommentare dazu geschrieben werden, weiß ich, dass es meinen Freunden gut geht.«

Die letzte Nachricht aus Syrien kam gestern, sagt Malaika. »Es ist gut, dass wir so früh geflohen sind. Wer heute aus Aleppo oder Homs flüchten muss, bekommt diese Bilder vom Krieg nicht mehr aus dem Kopf. Der kann das alles nicht mehr vergessen, der wird nicht mehr normal.«

Ob das Dorf in Oberbayern wirklich Malaikas neue Heimat werden kann, ist noch nicht klar. Möglicherweise droht der Familie, dass sie abgeschoben wird – nach Bulgarien, weil sie über das südosteuropäische Land eingereist waren und dort als Flüchtlinge anerkannt wurden. Doch dorthin wollen sie auf keinen Fall zurück. Pro Asyl hat die Bundesregierung 2015 dazu aufgerufen, künftig keine Flüchtlinge mehr nach Bulgarien abzuschieben. Die Menschenrechtsorganisation veröffentlichte einen fünfzigseitigen Bericht zur Lage von Asylsuchenden in dem armen EU-Staat. Eine »erniedrigende und unmenschliche Behandlung bis hin zu Folter von Flüchtlingen« sei dort an der Tagesordnung. Die EU dürfe nicht zulassen, dass in Mitgliedstaaten die Menschenrechte derart eklatant missachtet würden.

»Zweimal können wir einen Asylantrag stellen, beim dritten Mal kommt die Polizei und nimmt uns mit.« Bevor es so weit kommt, wollen Malaika und ihre Familie lieber freiwillig gehen.

Sorgfältig drückt Malaika den Deckel auf die Plastikschüssel mit dem Cambuulo. »In Syrien hat mir die Schule keinen Spaß gemacht. Hier schon«, sagt sie und lächelt wieder. Täglich fährt sie einundzwanzig Kilometer mit der Regionalbahn in die nächste größere Stadt und hat noch nicht eine Unterrichtsstunde versäumt. Schulgeld und Fahrgeld zahlt sie von den staatlichen Zuschüssen, die sie bekommt. Ihr Cambuulo hat sie meistens im Gepäck. Die Plastikschüssel kommt in den Kühlschrank.

»›Meine Kleine‹, hat meine Mutter früher immer zu mir gesagt. Jetzt bin ich nicht mehr klein, jetzt muss ich für die Familie sprechen und viele Papiere ausfüllen. Meine Mutter kann noch nicht sehr gut Deutsch.«

Malaika ist viel unterwegs, trifft dabei immer wieder neue Menschen, was sie selbstbewusster gemacht hat. Manchmal sind allerdings auch schwierige, vorurteilsbehaftete Begegnungen dabei. Als sie neulich einen leeren Kaffeebecher in einen Mülleimer warf, sprach ein Passant sie von der Seite an, ob sie dort gerade eine Bombe hineingeworfen hätte.

Falls es für sie in Deutschland eine Zukunft geben sollte, wäre ihr Traum eine Ausbildung als medizinische Fachangestellte.

»Aber ich weiß nicht, was in meinem Leben passieren wird. Ich werde wohl erst ein bisschen Ruhe finden, wenn ich selbst entscheiden kann, wo ich lebe. Nur weil man etwas zu essen und eine Wohnung hat, ist man noch lange nicht frei.«

Auf meine Frage, ob sie es einigermaßen schafft, mit der Ungewissheit zu leben, antwortet Malaika: »Meine Mutter hat immer gesagt, dass das Leben wie eine Welle ist und dass man sich immer auf Überraschungen einstellen muss. Das habe ich früher in Syrien nicht verstanden. Aber inzwischen schon.«

Sie winkt mir noch nach, als ich gehe. Mit einem Lächeln, das umso schöner ist, weil niemand geschafft hat, es ihr zu nehmen.

WIE FUNKTIONIERT HUMANITÄRE HILFE IN KATASTROPHEN ?

In Katastrophen geht es zunächst einmal ums Überleben. Darin sind alle Menschen gleich. Es geht um Wasser, Unterkünfte, Ernährung und ärztliche Versorgung. Wenn es ums Überleben geht, macht es keinen großen Unterschied, ob es sich bei den Katastrophen um Erdbeben, Überschwemmungen, Vulkanausbrüche, Waldbrände oder Krieg und Verfolgung handelt. Ein geringfügiger Unterschied besteht darin, ob die Betroffenen die Chance haben, ihre Besitztümer zu retten oder nicht. Die Bankkonten und Kreditkarten der Wohlhabenderen bleiben von Katastrophen gewöhnlich verschont.

Oft flüchten Menschen allerdings nur mit dem, was sie am Leib tragen, vor Katastrophen und müssen mit allem versorgt werden. Dafür sind in erster Linie die Regierungen und der nationale Katastrophenschutz zuständig. In Deutschland sind in solchen Situationen zunächst das Technische Hilfswerk und das Rote Kreuz gefragt. Später kommen unzählige andere Hilfsorganisationen ins Spiel. In Ländern, in denen es keinen Katastrophenschutz gibt, leisten die Institutionen der Vereinten Nationen und viele andere Organisationen Überlebenshilfe.

Inzwischen hat man sogenannte humanitäre Standards für die Überlebenshilfe entwickelt. Um einen Menschen zu ernähren und zu versorgen, braucht es 2100 kcal als Minimum pro Tag, achtzehn Liter sauberes Wasser pro Person und pro Tag, 4,5 m² für die Unterbringung und mindestens eine Toilette für zwanzig Personen.

Diese Standards werden in der ganzen Welt angewandt und helfen, in Notsituationen den Bedarf zu ermitteln. Allerdings geschieht es oft, dass diese Regeln auch nach der ersten Nothilfe weiterbestehen, besonders für Flüchtlinge im Exil – für Menschen also, die im Schnitt erst zwanzig Jahre nach ihrer Flucht wieder zurück in ihre Heimat gehen können. Das bedeutet, dass viele Menschen in der Zeit ihres Exils immer das Gleiche essen, die gleichen Räume bewohnen und die gleiche Kleidung tragen. Dies muss berücksichtigt werden, wenn für sie entschieden wird.

BEYOND SURVIVAL
»ES GIBT FÜR ALLES LÖSUNGEN
UND ANTWORTEN – ABER
NICHT ALLE HABEN ZUGANG ZU
DEN LÖSUNGEN UND ANTWORTEN.
DESWEGEN IST VERNETZUNG
UNSERE ZUKUNFT!«

»Meine Kinder müssen leben«

Nasra (10 Jahre) und Omran (6 Jahre)– geflüchtet aus Syrien

Das Fotoalbum der Familie Faisal sieht bereits ein wenig abgegriffen aus, so als würde es sehr häufig hervorgezogen, um die Erinnerung an vergangene, schöne Zeiten lebendig zu halten. Es zeigt Momentaufnahmen eines glücklichen Familienlebens: Ferien am Meer, Sommer, wolkenloser Himmel – ein Leben, das nach Jasmin und Sonnencreme duftet.

Omran, der sechsjährige Sohn der Familie, liegt eingegraben bis zum Kinn im Sand, grinst vor Freude von einem Ohr zum anderen. Auf dem nächsten Foto planscht er in einem Schwimmreifen mit Nilpferdgesicht im kristallklaren Wasser, eine Seite weiter liegt er eingekuschelt in ein weißes Handtuch neben seiner Mutter und schlürft Zitronenwasser.

Auf dem nächsten Bild entspannt Vater Hamsa in einem Liegestuhl und lächelt verschmitzt hinter einer Tageszeitung hervor.

Tochter Nasra, zehn Jahre alt, ein kleines Mädchen mit langem Haar und einer Zahnlücke, tanzt auf einem anderen Foto in einem goldglänzenden Kleid, mit einem Diadem auf dem Kopf, geschmückt wie eine orientalische Prinzessin. Ein anderes Bild zeigt sie, während sie die langen Haare einer Puppe kämmt, ihren Kopf hat sie dabei an die Schulter des Vaters gelehnt. Auf einem weiteren Foto hat sie eine Katze auf dem Schoß.

Ich sitze neben Samira auf dem Sofa ihres Containerzuhauses und betrachte die Bilder in dem Album, das sie aus ihrem Haus in Aleppo bis nach Deutschland gerettet hat.

Familie Faisal hatte sich erst spät zur Flucht entschlossen. Lange hatten Vater Hamsa, Mutter Samira, Tochter Nasra und Sohn Omran an ihrem Leben in Aleppo festgehalten. Selbst als das Wasser rationiert worden war und Bomben auf die Schule der Kinder gefallen waren, war weggehen für die Familie keine Option. Samira hatte zu große Angst davor, den gefährlichen Weg nach Europa nicht zu überleben, so wie ihre Cousine und deren Kinder, die im Mittelmeer ertrunken sind.

Nachdem eine Bombe über einem Haus in der Nachbarschaft abgeworfen worden war und es auf einen Schlag zerstört hatte, entschieden sich Samira und Hamsa gegen ein weiteres Ausharren. Gerade noch rechtzeitig, um in Europa nicht vor geschlossenen Grenzen zu stehen. Jetzt sind die vier in einer Containersiedlung für Flüchtlinge in Deutschland untergebracht, und ihr neues Leben besteht vor allem aus Warten. Darauf, dass der Vater eine Arbeit findet, darauf, dass die Familie in eine richtige Wohnung mit ausreichend Platz ziehen kann, darauf, so bald wie möglich wieder nach Hause zurückkehren zu können. Währenddessen bleibt viel Zeit für Erinnerungen an das vergangene Leben.

Auf dem Gelände ihrer aktuellen Unterkunft sind sechsundvierzig Asylbewerber untergebracht. Vor den Containern stehen eine Wäschespinne, ein Sandkasten, eine Schaukel, mehrere Fahrradständer. Drei kleine afrikanische Mädchen üben kichernd Tanzbewegungen, als ich dort eintreffe, kreuzen die Beine, drehen Pirouetten. Eine Gruppe junger Männer sitzt an einem Plastiktisch und unterhält sich lautstark.

Über einen langen Gang im Inneren des Containers erreiche ich die Tür von Familie Faisal, davor türmen sich Schuhe: Sneakers, Flipflops, Sandalen. Auf mein Klopfen öffnet mir der kleine Omran und strahlt mich an. »Come«, sagt er nur. Wir können uns ohne Dolmetscher unterhalten, die ganze Familie spricht sehr gut Englisch.

Die Containerwände sind mit Tüchern bespannt, die mit Goldfäden durchwirkt sind, an einer Wand hängt ein Poster einer Berglandschaft mit schneebedeckten Gipfeln, auf dem Boden liegt ein hellroter Teppich. Den Tisch ziert eine Vase mit einem Strauß Plastikblumen. Als Sitzgelegenheit dient das Sofa, auf dem ich zusammen mit Mutter Samira Platz genommen habe. Schlaf- und Wohnbereich werden von einer Kommode getrennt. In einem vollgepackten Schrank auf der linken Seite lagern Kleider, Wäsche, Lebensmittel, Töpfe und Pfannen. Auf dem Boden liegt Spielzeug verstreut: eine Barbiepuppe, ein Baukran und einige Legosteine. Küche und Bad befinden sich außerhalb der Wohnung und werden von allen Bewohnern der Anlage genutzt. Die Rollläden an den Fenstern sind zum Schutz gegen die Sonne und vor neugierigen Blicken zur Hälfte heruntergelassen.

Samira hält bei der Aufnahme inne, die ihre Tochter in dem goldenen Kleid zeigt. Mit einem Finger streicht sie über das Foto.

»Schau nur, wie glücklich sie tanzt! Nasra hat so gern getanzt. Und so gut. Das hat sie geliebt.« Sorgenvoll blickt Samira zu ihrer Tochter, die auf dem Schoß von Hamsa sitzt und in einem Buch blättert. »Seit wir in Deutschland sind, hast du noch nicht ein einziges Mal getanzt, nicht wahr, Nasra?«

Nasra sieht von ihrem Bilderbuch auf. »Aber wie soll ich auch tanzen, ohne meine Kleider?« Sie sieht ihre Mutter dabei an, als habe sie die merkwürdigste Frage der Welt gestellt. »Und ohne meine Schuhe?« Erinnerungen bahnen sich ihren Weg, Tränen schießen in Nasras Augen. »Jetzt tanzt vielleicht ein anderes Mädchen in meinen schönen Kleidern. Oder weißt du, wo sie sind?«

Samira seufzt. »Nein, das weiß ich leider nicht.« Sie beugte sich zu mir, senkt die Stimme, sodass Nasra nicht hören kann, was sie sagt. »Wir haben nur zwei Taschen voll Kleidung mit auf die Flucht nehmen können. Ich habe von unserer Nachbarin gehört, dass alles, was wir in unserem Haus zurücklassen mussten, inzwischen gestohlen wurde. Alle unsere Kleider und sogar die Spielsachen der Kinder.« Samira reibt sich die Stirn, schüttelt den Kopf, so als könne sie nicht glauben, was sie erzählt. »Zuerst wurde alles gestohlen und dann wurde unser Haus zerstört.«

Die Nachbarin der Familie ist in Aleppo geblieben und berichtet regelmäßig. »Sie ist zu alt, sie wollte nicht mehr fliehen. Ihr Mann ist von einem Scharfschützen erschossen worden. Wir wollten sie mitnehmen auf die Flucht, aber sie hat sich geweigert zu gehen. ›Wenn Allah es will, werde ich zu Hause sterben‹, hat sie immer wieder gesagt. Mein Mann telefoniert mit ihr, wenn es in Aleppo Strom gibt, fragt sie, wie es ihr geht und was in unserer ehemaligen Nachbarschaft passiert.«

Die jahrhundertealte Wirtschaftsmetropole Aleppo gilt als Hochburg der Rebellen und letzte wichtige Stadt, die sich zum Zeitpunkt unseres Gesprächs noch zum Teil in der Hand der Opposition befindet. Seit Juli 2012 ist die ehemals größte Stadt Syriens zweigeteilt: Den Westen beherrschen Assad-Einheiten, den Osten halten verschiedene Rebellenverbände. Nach einer Großoffensive mit Unterstützung durch die russische Luftwaffe hatten die Regierungstruppen im Februar die wichtigste Versorgungsroute, die im Norden zur türkischen Grenze führte, unter ihre Kontrolle gebracht. Die Rebellen zeigten sich an diesem Punkt immer noch zuversichtlich, dass es der syrischen Armee nicht gelingen werde, den Osten völlig einzukesseln. Im April sollte in Genf eine Zwischenbilanz zu den Friedensverhandlungen zwischen dem Regime und der Opposition vorgestellt werden, doch es fielen immer weiter Bomben. Im Mai kam es zu den verheerendsten Angriffen, die sie je erlebt hatten, berichteten Bewohner, die sich zu dieser Zeit noch im Ostteil Aleppos aufhielten. In den ersten Tagen der neuen Attacke durch die syrische Armee sei im Durchschnitt alle fünfundzwanzig Minuten ein Zivilist getötet worden. Krankenhäuser wurden gezielt bombardiert, außerdem entstanden vermehrt Nahrungsengpässe. Jeden Tag rücken die syrische Armee und verbündete Milizen aus den Nachbarstaaten etwas weiter vor. Offenbar ist es ihnen nun gelungen, die Castello-Straße, den letzten Versorgungsweg der Rebellen, abzuriegeln. Damit sitzen etwa 300 000 Menschen in der Stadt fest. In Aleppo glaubt niemand mehr an eine Waffenruhe.

Familie Faisal hatte noch rechtzeitig die Stadt verlassen, auch angesichts der kurz nach ihrer Flucht geschlossenen Balkanroute. Nachkommende Flüchtlinge strandeten in Griechenland, so wie Samiras Schwägerin.

»Die Schwester meines Mannes ist später aufgebrochen als wir. Jetzt ist sie in Idomeni, an der griechischen Grenze zu Mazedonien, und kommt nicht mehr weiter.«

Idomeni ist ein Dorf in der griechischen Region Zentralmazedonien. Seit 2014 durchquerten Tausende Flüchtlinge den Ort auf ihrem Weg über die Balkanroute nach Europa. Im Februar 2016 gaben nach Österreich auch Balkanländer wie Slowenien, Kroatien und Serbien Tages-Einreiseobergrenzen bekannt, unzählige Flüchtlinge blieben in Griechenland vor verschlossenen Grenzen zurück. Bis zu 6000 Flüchtlinge campierten in einem

Auffanglager am Grenzübergang unter katastrophalen hygienischen Bedingungen. Im Mai 2016 wurde das Lager geräumt, eine Hälfte der Flüchtlinge wurde in andere griechische Lager gebracht. Die andere lebt inzwischen in wilden Camps nahe der griechisch-mazedonischen Grenze – für sie war das die bessere Option gegenüber den hastig aufgebauten staatlichen Lagern, in denen es an allem fehlt– auch wenn dort immerhin eine gewisse Sicherheit gegeben ist.

»Die Schwester meines Mannes ist ganz allein dort und hat drei Kinder, ihr Mann ist im Krieg gefallen«, erzählt mir Samira bedrückt. »Ein Kind ist krank, hat hohes Fieber. Sie weiß nicht, wie es weitergehen soll. Nach Syrien zurück kann sie nicht, in die Türkei will sie nicht. ›Lieber sterben wir alle hier in Griechenland‹, hat sie zu uns gesagt«, schildert Samira die Situation. »Mein Mann macht sich große Sorgen um sie.«

Samira blickt zu ihrem Mann Hamsa hinüber. Ähnlich wie seine Kinder wirkt auch er nur noch wie ein Schatten seiner selbst, im Vergleich zu den fröhlich lächelnden Menschen auf den Fotos, die sie einmal gewesen sind.

Hamsa steht auf, holt eine Flasche und Gläser aus der Kommode und serviert uns Kirschsaft.

»Entschuldigung bitte.« Samira ist es sichtlich peinlich, dass das Angebot in ihren Augen so mager ausfällt. Gastfreundschaft ist ihr besonders wichtig. »In Syrien war jeder Besuch eine Freude und ein Fest, jeder Gast wurde mit vielen Köstlichkeiten bewirtet. Aber hier? Manchmal denke ich ...« Die junge Frau spricht nicht aus, was sie manchmal denkt. Sie will die Kinder nicht noch mehr belasten.

Von draußen vom Containervorplatz ist ausgelassenes, mehrstimmiges Gelächter zu hören.

»Hier im Container leben so viele Kinder«, sagt Samira zu mir. »Aber Nasra will nicht mit ihnen spielen. Sie weicht nicht mehr von meiner Seite. Sie weint, sobald sie mich nicht findet.«

Nasra kommt zu uns aufs Sofa und kuschelt sich an ihre Mutter. »Ich will nicht von den Räubern geholt werden wie Mujda«, murmelt sie.

Samira streichelt ihrer Tochter über den Kopf. »In einem Bus auf dem Weg nach Deutschland haben wir eine Frau getroffen. Sie hat nur geweint, ganz laut. Die ganze Zeit. Sie hat gesagt, dass sie aus Syrien kommt und ihre kleine Tochter Mujda irgendwo verloren hat. Dass sie nicht weiß, wo sie ist. Sie hat gesagt, dass ihre Kleine von Räubern gestohlen wurde und dass sie sterben will.« Samira küsst ihre Tochter auf die Stirn. »Die arme Frau tat mir so leid.«

Der Krieg schlich sich langsam in das Leben von Familie Faisal.

»Zuerst gab es immer nur freitags Bombenalarm«, erzählt Samira. »Ich habe die Kinder genommen und bin mit ihnen in die Moschee gegangen.« Sie greift wieder nach ihrem Album und zeigt mir ein Foto, auf dem sie selbst lächelnd in Militäruniform posiert. »Das war die Uniform meines Schwagers. Ich wollte sie anprobieren. Nur mal so zum Spaß, ich fand sie schick.« Mit der flachen Hand schlägt sie auf die Sofalehne neben sich. »Ich war so dumm! Ich habe nicht gedacht, dass sich die Situation so entwickeln würde. Das syrische Volk zerfleischt sich gegenseitig.«

Als ich sie frage, was aus ihrem Schwager geworden ist, schüttelt sie nur den Kopf.

Bald wurden die allwöchentlichen Beeinträchtigungen zu täglichen Problemen.

»Alles wurde knapp. Plötzlich gab es nur noch ein paar Stunden am Tag Wasser. In der Zeit, in der es aus dem Hahn floss, habe ich es in einer großen Wanne auf dem Dach gesammelt. Andere Dinge haben mir viel mehr Angst gemacht. Ich habe meine Kinder jeden Tag in die Schule gebracht und wieder abgeholt. Zum Glück war die Schule in unserer Nähe.« Samira nippt an dem Kirschsaftglas. »Ich hatte immer Angst auf der Straße und war glücklich, wenn wir alle wieder zu Hause waren. Eines Tages haben sie eine Bombe auf eine andere Schule geworfen, die gar nicht weit weg von uns war. Bumm. Hundert Schüler waren tot. Auch Nasras Freundin Ayscha.«

Nasra kann die furchtbare Tragödie nur in Ansätzen begreifen. »Sie war einfach weg, ich habe sie nie wiedergesehen. Wir können jetzt nicht mehr zusammen spielen.«

»Und die Moschee war kaputt. Einfach so kaputt«, mischt sich Omran ein und sieht mich mit einem so eindringlich fragenden Blick an, als erwarte er eine Erklärung für Unerklärliches von mir.

»Omran war mit der Schule ein paar Tage zuvor noch in genau dieser Moschee gewesen und hat sie besichtigt«, sagt Samira. »Jetzt ist sie ein Trümmerfeld.«

All diese schrecklichen Geschehnisse, doch Samira wollte immer noch nicht gehen. »Allah beschützt uns, habe ich gedacht. Ich wollte nicht weggehen, ich wollte kein neues Leben. Und ich wollte auch nicht, dass meine Familie auf dem Weg nach Europa ertrinkt, wie meine Cousine und ihre Kinder. Sie sind schon früher aus Syrien geflohen, sind in der Türkei in ein kleines Boot gestiegen.« Samira holt tief Luft. »Sie haben sich nicht mehr gemeldet. Niemand. Sie sind im Wasser geblieben.«

»Ich will richtig schwimmen lernen«, meldet sich Omran. »Ich will wissen, wie das geht. Und dann kann ich alle Leute retten, wenn ein Schiff untergeht.« Dann kommt ihm eine weitere Idee, er dreht sich zu seiner Mutter. »Warum können wir nicht mit unserem Boot fahren und die Menschen aus dem Wasser holen?« Samira zieht ihren Sohn an sich und drückt ihn, während sie weitererzählt.

»Es kam wieder eine Bombe. Sie fiel auf ein Haus in unserer Straße. Es war nah genug, dass das Glas aus unseren Fenstern gesprungen ist. Wir hatten riesige Angst, Hamsa war gerade im Libanon bei der Arbeit. Ich habe mich mit den Kindern versteckt und gewartet, bis er nach Hause kam. Dann habe ich zu ihm gesagt: ›Es reicht, wir müssen gehen. Ich mache mir große Sorgen um unsere Kinder! Wir haben die Wahl: Entweder wir verlieren unser Haus oder wir verlieren eines Tages vielleicht unsere Kinder.‹ Hamsa hat verstanden. Ich habe sofort unser Geld geholt und in unsere Kleider eingenäht.«

Nasra hat sich inzwischen das Album geschnappt und blättert darin herum. Als sie das Foto entdeckt, auf dem sie mit einer Puppe spielt, wird sie ganz starr. Dann nimmt sie das Foto heraus, drückt es an ihr Herz und beginnt, leise zu weinen.

»Nasras Puppe«, erklärt mir Samira. »Nasra wollte sie unbedingt mitnehmen. Sie hat sie zum Zuckerfest zum Ende der Fastenzeit geschenkt bekommen. Sie war ihr noch wichtiger als die Kleider. Wir haben die Puppe auf dem Weg verloren. Wir wurden so oft untersucht, irgendwann war sie plötzlich einfach nicht mehr da.« Samira nimmt ihrer Tochter das Album aus der Hand. »Es ist nicht gut, wenn sie diese ganzen Bilder so oft sieht. Nasra hat nicht geweint, als wir aus Syrien weggegangen sind, auf dem Wasser hat sie nicht geweint, sie hat gar nicht geweint. Nur als wir ihre Puppe nicht mehr gefunden haben, da hat sie ganz fürchterlich geweint.«

Omran hält mir ein Stück Papier entgegen. Samira sagt etwas zu ihm, doch Omran schüttelt den Kopf und hält es mir unverdrossen weiter hin.

»Er will dir das gerne zeigen«, erklärt mir Samira. »Dieses Bild hat er in einer Kindergruppe hier gemalt.«

Seiner Mutter ist es unangenehm, dass mir Omran das Bild unbedingt präsentieren will. Aber der Junge besteht darauf. Ich nehme es in die Hand und sehe einen Fußballplatz und ein paar Jungen, die dort mit einem Ball spielen. Im Hintergrund steht ein Haus in Trümmern, aus dem hohe Flammen schlagen. Über dem brennenden Haus fliegt ein Flugzeug.

»Omran malt nur noch solche Bilder.« Samira wischt sich eine Träne weg. »Ich hoffe, das hört bald auf.«

Samira und ihre Familie flüchteten in Etappen aus der Heimat.

»Mein Bruder hat immer gesagt, kommt zu uns, bei uns seid ihr sicher, ihr könnt bei uns bleiben, bis alles vorbei ist.«

Samiras Bruder wohnte in einem kleinen Dorf im Norden Syriens an der türkischen Grenze. In einem Taxi ließ sich die Familie dort hinbringen.

»Die Fahrt hat sehr lange gedauert, weil überall Straßensperren waren«, erzählt Samira. »Die Kinder haben sich sehr darauf gefreut, ihre Cousins und Cousine zu sehen. Ich habe mich auch gefreut. Ich habe gedacht, bei meinem Bruder sind wir in Sicherheit, dort können wir bleiben, bis der Krieg vorbei ist.« Doch das Dorf, in dem ihr Bruder wohnte, gab es nicht mehr. Alles lag in Schutt und Asche.

»Daesch war da«, sagt sie leise. Daesch ist der Name, den Syrer verwenden, wenn sie von den Kämpfern des sogenannten »Islamischen Staates« sprechen, um sich auch verbal gegen den Anspruch zu wehren, den die Terroristen für sich erheben – ein Staatsgebilde mit einem weltweiten Herrschaftsanspruch zu sein. Daesch hatte das kleine Dorf überfallen, alles zerstört und niedergebrannt.

»Ich habe das Haus meines Bruders nicht wiedergefunden, nur seinen Hund. Er lag auf der Straße, sie haben ihm die Kehle durchgeschnitten.« Wieder laufen Tränen über Samiras Gesicht. Mit dem Handrücken wischt sie sie weg. »Alles war kaputt. Aber meinem Bruder und seiner Familie ging es gut, Allah sei Dank. Sie sind vor Daesch zu meinen Eltern geflüchtet, die im nächsten Dorf leben. Mein Mann wollte uns auch dorthin bringen. Ich habe gesagt: ›Nein, ich will nicht! Ich will nicht immer nur Angst haben!‹ Ich bin fast verrückt geworden. Ich habe meinen Mann angeschrien: ›Bring mich weg, ich will weg aus Syrien, ich will in ein anderes Land!‹«

Nasra hat aufmerksam zugehört. »Wir sind jetzt in diesem anderen Land, oder?«, erkundigt sie sich.

Samira zieht ihre Tochter an sich. »Ja, hier gibt es keinen Krieg und keinen Daesch.« »Und wie lange bleiben wir hier?«, will Nasra wissen. »Wann dürfen wir wieder nach Hause fahren, in unser Land?«

Eine Frage, die Samira ihrer Tochter nicht beantworten kann.

»Wir sind dann über die Grenze in die Türkei gegangen. Von dort wollten wir weiter nach Griechenland«, erzählt Samira. »Wir haben von einer syrischen Familie gehört, dass es Schiffe gibt, die uns nach Griechenland zur Insel Lesbos bringen können. Wir haben sehr viel Geld bezahlt für die Tickets, tausend Dollar für Hamsa und mich, für die Kinder fünfhundert. Den Rettungsreifen und die Schwimmwesten mussten wir extra bezahlen.« Samira schlägt die Hand vor die Augen. »In der Nacht haben sie uns zu der Abfahrtsstelle gebracht. Ich habe geweint, als ich das Boot gesehen habe. Sie haben ein Schlauchboot aufgepumpt. Es hatte vielleicht Platz für fünfundzwanzig Menschen und über fünfzig Menschen wollten mitfahren.«

Samira schüttelt sich. »Man muss sich das mal vorstellen – nur ein Schlauchboot! Wir mussten warten, bis sie fertig waren mit dem Aufpumpen. Dann haben sie noch einen kleinen Motor befestigt. Wir saßen auf dem Boot ganz eng zusammen, wie die Sardinen. Es gab nicht genug Schwimmwesten, obwohl wir dafür bezahlt hatten. Mein Mann hat gesagt: ›Meine Weste ist für eines der Kinder; wenn ich sterbe, ist mir das egal, meine Kinder müssen leben.‹«

Samira hatte damals große Angst, ihre Hände zittern auch jetzt noch, als sie weitererzählt. »Omran hat geschrien: ›Ich will mein Nilpferd im Wasser! Ich will mein Nilpferd!‹ Er wollte die Schwimmweste nicht anziehen, er wollte seinen Schwimmreifen mit dem Nilpferdgesicht haben, den er immer dabeihatte, wenn wir Ferien am Meer gemacht haben.«

Omran liegt bäuchlings auf dem Boden und spielt mit den Legosteinen, doch offenbar hat er gut zugehört, denn auf einmal setzt er sich auf. »Wo ist mein Nilpferd-Schwimmreifen?«, fragt er seine Mutter.

Samira steht auf, schnappt sich den Kleinen und setzt ihn auf ihren Schoß. »Der ist zu Hause bei unserem Schiff geblieben. Es muss doch jemand auf unser Schiff aufpassen, das weißt du doch!«

Omran überlegt kurz, dann nickt er zufrieden. Er hüpft vom Schoß seiner Mutter und widmet sich wieder seinen Spielsachen.

»Ich habe Omran die zu große Erwachsenenweste angezogen, Nasra habe ich die Kinderweste über den Kopf gezogen«, erzählt Samira weiter. »Alles, was wir noch besaßen, hatte ich in zwei Taschen dabei, die habe ich mit ins Boot genommen. Das hat der Mann gesehen und gesagt: ›Halt, nein, du kannst nicht zwei Taschen mitnehmen.‹ Er hat mir eine der beiden weggerissen und ins Wasser geworfen.« Samira lächelt. »Ich hatte Glück, er hat nicht die Tasche mit dem Fotoalbum genommen.«

Ganz eng klammerte sich die Familie in dem Gummiboot aneinander. »Das Meer war sehr dunkel und unruhig. Wir sind zuerst sehr schnell losgefahren, dann wurden wir immer langsamer und dann ist der Motor ausgefallen. Aber zum Glück konnten wir die Küste von Lesbos schon sehen. Die Männer haben sich über den Bootsrand gebeugt und mit den Händen gepaddelt. Die Wellen waren sehr hoch und wir wären beinahe gekentert.« Samira streicht Omran über den Kopf. »Omran hat das gefallen, er hat gesagt: ›Das ist wie im Karussell!‹ Er wollte beim Paddeln mithelfen, aber ich habe ihn zurückgehalten. Nasra hingegen ist ganz starr geworden, sie hat sich gar nicht mehr bewegt.« Samira schluchzt auf, schlägt sich sofort die Hand vor den Mund. »Ich hatte schon gedacht, sie sei gestorben. Ich hatte solche Angst.«

Mit letzten Kräften schafften sie es ans rettende Ufer der Insel Lesbos.

»Es war früher Morgen. Ein sehr schöner Tag. Am Ufer haben Helfer auf uns gewartet.« Samira lächelt wieder bei dem Gedanken. »Sie waren sehr freundlich und haben uns begrüßt und in den Arm genommen. Besonders erinnere ich mich an eine junge blonde Frau. Ich bin ausgestiegen mit Nasra auf dem Arm, die immer noch ganz starr war. Meine Beine haben sehr weh getan, weil ich so lange ohne Bewegung gesessen hatte, meine Arme auch. Die junge Frau hat mir Nasra abgenommen und sie in eine Decke gehüllt. Dann hat sie mir auch eine Decke gegeben, ich habe mich auf den Boden gesetzt und geweint.«

Samira sieht mich an. Ihre Augen unter den intensiven schwarzen Augenbrauen glänzen. »Noch nie in meinem Leben war ich so glücklich. Wir haben den Krieg überlebt, wir haben diese Fahrt auf dem Wasser überlebt, meine Kinder und mein Mann waren gesund. Ich habe Gott gedankt für alles. Dann bin ich aufgestanden und habe meine Hand ins Wasser gehalten. Es war eisig. Ich habe gedacht: Eigentlich ein guter Platz zum Schwimmen, von hier könnte man gut hineingehen.«

Omran läuft zu einer Schublade, holt einen kleinen roten Ball heraus und zeigt ihn mir. »Schau mal, schau!«

Samira lächelt. »Diesen Ball haben ihm die Helferinnen geschenkt, als wir angekommen sind. Omran hat sich sehr gefreut und ihn nicht mehr losgelassen.« Nachdenklich betrachtet Samira ihren kleinen Sohn. »Er ist immer auf und ab gehüpft, als wir angekommen sind, ist selbst herumgesprungen wie ein kleiner Gummiball. Ich denke, für ihn war es wie eine Abenteuerreise.« Samira richtet den Blick auf ihre kleine Tochter, die wieder in ihrem Buch blättert. »Für Nasra nicht. Sie hat sich sehr verändert. Sie ist nur noch traurig seither. Die Helferinnen wollten ihr auch einen Ball schenken, aber sie wollte keinen haben.«

Auf Lesbos wurde der Familie gesagt, dass sie ins Camp Moria gehen müssten, um Papiere zu bekommen. Sie gingen zu Fuß, weil alle Busse zu voll waren. »Hamsa hat Nasra und unsere Tasche getragen, ich Omran. Es war ein sehr weiter Weg.« Samira deutet auf ihre Füße. »Sie haben geblutet, als wir dort angekommen sind, meine Schuhe sind auseinandergefallen.«

Im Camp Moria wird Familie Faisal eine Unterkunft zugeteilt, eine Art Zelt. »Auf dem Boden waren Pappkartons. Es war sehr schmutzig. Und wir mussten ständig warten. Für das Essen mussten wir lange anstehen. Wir haben wenig gegessen. Nasra und Omran haben nur gelegen und geschlafen. Omran ist einmal in das Kinderzelt gegangen, das hat ihm gut gefallen.«

Als die Familie schließlich in Griechenland registriert war, konnte sie ihre Reise fortsetzen. Mit einer Fähre nach Athen, von dort weiter mit dem Zug in den Norden. In Deutschland wurden sie mit einem Bus in eine Notunterkunft gebracht.

»Auch dort war es nicht sehr schön«, erinnert sich Samira. »Ganz viele Menschen zusammen in einer Halle, es gab keine Privatsphäre, immer laute Geräusche und Gespräche. Und auch hier mussten wir wieder überall lange anstehen, besonders bei der Essensausgabe und für die Duschen.«

Das Handy von Samiras Mann klingelt. Hamsa blickt auf die Nummer, geht schnell ran, ruft kurz etwas ins Handy, legt dann gleich wieder auf.

»Die Schwester von meinem Mann ruft an«, erklärt mir Samira. »Aus Idomeni.«

Hamsa geht nach draußen und telefoniert dort. Sehr laut, sehr aufgebracht. Nach einer Weile kommt er zurück. Angst und Sorge stehen in seinen Augen. »Das Wetter ist sehr schlecht in Griechenland. Es regnet, die

Kinder husten, es gibt nur Schlamm und Müll«, erzählt er. »Die Felder sind voller Fäkalien. Meine Schwester befürchtet, dass die Kinder noch kränker werden. Die Menschen dort werden verrückt vom Warten. Immer häufiger kommt es zu Schlägereien.«

Hamsa zeigt mir ein Foto, das ihm seine Schwester per WhatsApp geschickt hat. Es zeigt eine schmale Frau, die in ihrem Zwiebellook unter Fleecejacke, Kappe und Mantel beinahe verschwindet.

»Meine Schwester weinte am Telefon. Ein paar Menschen wollen versuchen, über die Berge zu gehen, hat sie mir erzählt. Sie kann das nicht, denkt sie. Sie will nicht aus Idomeni weggehen, sie will lieber weiter vor dem Zaun warten. Sie hat Angst, dass sie zurück nach Syrien geschickt wird, sobald sie in irgendeinen Bus steigt.« Hamsa ist sichtlich verzweifelt, dass seine Schwester in dieser Situation wie paralysiert ist und er nichts tun kann, um ihr zu helfen.

Doch auch seine eigene kleine Familie ist noch nicht da, wo Hamsa sie gerne sehen würde. Zurzeit ist es ihnen noch nicht möglich, ihr neues Leben aktiv zu gestalten. Sie müssen darauf warten, dass Hamsa eine Arbeit findet, und darauf, dass sie in eine richtige Wohnung können, in der sie etwas mehr Platz haben.

»Hamsa ist ein sehr guter Steinmetz.« Wieder holt Samira ihr Album und zeigt mir voller Stolz Fotos von den Arbeiten ihres Mannes. Prachtvolle Fassaden, Verzierungen an Palästen, die aussehen wie aus Tausendundeiner Nacht.

»Hier in Deutschland haben sie nicht sehr viel Arbeit für einen Steinmetz«, sagt Samira traurig. »Vielleicht klappt es am Friedhof.«

In der Nähe des Containers gibt es einen Steinmetzbetrieb, der Grabmale fertigt, Hamsa hat sich dort beworben. Er hofft, dass er dort zumindest eine Chance auf ein Praktikum bekommt. Und er hofft, dass er eines Tages genug Geld verdienen kann, um seiner Familie ein gutes Leben bieten zu können. Ein heiteres Bilderbuchleben wie in Syrien wird es nicht mehr werden, aber immerhin ein Leben in Frieden und Sicherheit.

Samira versucht, sich an den Gedanken zu gewöhnen, in Deutschland zu bleiben. »Warum sollten wir zurück? Unser Haus ist zerstört, unsere Sachen sind gestohlen. Und wie soll richtiger Frieden kommen? Zu lange hat sich das syrische Volk selbst zerstört. Wie sollen die wieder in Frieden zusammenleben, die sich jahrelang gegenseitig ihre Väter und Söhne getötet haben?«

Hamsa ist anderer Ansicht. »Ich bin Steinmetz. Und ein sehr guter. In Deutschland kann ich nur auf dem Friedhof arbeiten. Zurück in Syrien gibt es nach dem Krieg viel Arbeit für mich.«

Auch Nasra und Omran wollen nicht bleiben, sie wollen zurück in ihr altes Leben.

»Nasra sagt immer, sie ist nur zu Besuch in diesem anderen Land. Und dass sie bald wieder nach Hause geht. Ich sage ihr dann, dass das nicht geht, weil zu Hause alles kaputt ist.«

Samira steht auf und geht zum Fenster. »Schau mal.« Sie deutet auf ein Stück Rasen im Vorgarten der Containeranlage. »Dort will ich Rosen pflanzen. Wie in meinem Garten in Aleppo. Nasra wird mir helfen. Sie liebt das deutsche Märchen von Dornröschen.«

Omran drängelt sich zwischen uns durch zu der Rollladenleine, zieht sie begeistert hoch und runter, immer wieder.

»Er liebt diese Rollos«, sagt Samira schmunzelnd, sie freut sich über alles, was wieder ein bisschen Freude in das Leben ihrer Kinder zurückbringt.

»Manchmal bin ich sehr traurig über das Glück, das wir verloren haben«, sagt mir Samira, während sie mich hinausbegleitet. »Und ich habe Angst um meine Kinder, davor, was aus ihnen werden soll. Welche Zukunft werden sie haben? Vor allem sorge ich mich um Nasra, weil sie sich so verändert hat, so still geworden ist und nicht mehr tanzen will. Aber dann ...«, ihre Augen bekommen einen leichten Glanz, »... dann denke ich an Hamsas Schwester im Schlamm von Idomeni, an meine Cousine und ihre Kinder und an alle anderen, deren Flucht viel schlimmer war als unsere, und ich danke Allah dafür, dass wir hier sein und in Frieden leben dürfen. Glück ist wie ein Schmetterling, du kannst es nicht festhalten.« Samira zieht die Strickjacke um ihren schmalen Körper, sieht sich um und lächelt. »Man muss immer versuchen, das Beste aus allem zu machen. Ich werde Rosen pflanzen, wenn die Zeit gekommen ist.«

BEYOND SURVIVAL
»ALLE KINDER AUF DIESER WELT
HABEN EIN RECHT AUF
DAS 21. JAHRHUNDERT!«

KAPITEL 10

»Man kann ihnen nicht entkommen«

Adhanom (17 Jahre) – geflüchtet aus Eritrea

Einmal in der Woche ist Adhanom mit seinen Freunden verabredet, um Musik zu machen. Er spielt die Krar, ein traditionelles Zupfinstrument aus seiner Heimat Eritrea, das manchmal fünf, manchmal sechs Saiten hat. Zur Stammbesetzung gehören noch zwei andere junge Männer, die genau wie Adhanom aus Eritrea geflüchtet sind. Einer spielt Keyboard, der andere trommelt dazu. Bevor sie loslegen, tauschen die Jungen Neuigkeiten aus, träumen von Afrika, bewahren sich auf diese Weise ein Stück Heimat in der Fremde.

Ich treffe Adhanom und seine Band im Untergeschoss einer ehemaligen Schule. Der karge Raum mit den vergitterten Fenstern zum Hinterhof dient den jungen Männern regelmäßig als Übungsraum.

Ein bisschen Deutsch spricht Adhanom schon, aber wir unterhalten uns mithilfe eines Dolmetschers. Adhanom trägt Jeans und ein übergroßes kariertes Herrenhemd, das ihn noch schmächtiger erscheinen lässt, als er ist. Eine ungewöhnlich schöne Stimme hat er. Die meisten Lieder, die er zusammen mit seinen Freunden einstudiert hat, sind melancholische Volkslieder aus Eritrea, die von Freiheit, Gerechtigkeit und Liebe erzählen.

Adhanom streicht über den dunklen, schon etwas abgewetzten Holzrahmen seiner Krar. Es ist nicht sein eigenes Instrument, das musste der Achtzehnjährige bei seiner Flucht aus der Heimat zurücklassen. Seit er in Deutschland ist, spielt er auf einem Instrument, das eine Flüchtlingshilfsorganisation gespendet hat.

»Die meisten eritreischen Jungen machen Musik«, erzählt er. Er hält inne, sammelt sich einen kurzen Moment und taucht wieder ein in seine Erinnerungen. »Vielleicht spielt mein kleiner Bruder heute auf meiner Krar. Ich bin sicher, er spielt sehr gut. Zehn Jahre alt ist er jetzt ...«

Wenn Adhanom in seinem Wohnheim Internetempfang hat, schaut er sich ERi-TV an, einen Sender, der aus dem Land am Horn von Afrika berichtet, von der Tierwelt dort und dem Roten Meer. Dann lebt Adhanom wieder in seiner früheren Welt.

»Es gibt zu Hause eine Straße zwischen zwei Wäldern, dort haben wir oft Tiger gesehen, Hyänen, Affen und Strauße«, erzählt er. »Das war gefährlich, wenn man allein war, aber ich war nie allein. Ich war immer in einer größeren Gruppe mit meinen Freunden unterwegs, da trauen sich die Tiere nur selten heran.«

Zu seinen Freunden von früher hat er heute keinen Kontakt mehr.

»Sie mussten genau wie ich vor dem Militär in andere Länder flüchten, ich weiß aber nicht, wo sie sind, es ist alles verloren.« Wieder und wieder streicht er über sein Musikinstrument, während er spricht. »Manchmal haben wir die ganze Nacht Musik gemacht. Ich habe auch Klavier gespielt und Keyboard. Früher.«

Aus seiner Jeanstasche holt Adhanom den zusammengefalteten Papierausdruck eines Fotos heraus, hält ihn mir hin. Seine Mutter hat es ihm über Facebook geschickt. Es zeigt drei Jungen, die das Victory-Zeichen machen und in die Kamera lachen.

»Das bin ich mit meinen Freunden in Eritrea.« Der Junge ganz außen auf der rechten Seite ist Adhanom. Er wirkt fröhlich und unbeschwert, seine Augen haben den ungestümen Ausdruck heranwachsender Kinder. Heute betrachtet er seine Umgebung vorsichtig und zurückhaltend.

Seit der Flucht aus seiner Heimat hat Adhanom Angst. Anderthalb Jahre brauchte der junge Eritreer für seine gefährliche Reise durch Äthiopien, den Sudan und Libyen bis nach Europa. Sechzehn Jahre alt war er, als er sich auf den Weg machte, um Afrika zu verlassen.

Seit einem halben Jahr ist er jetzt in Deutschland, spricht gut Englisch und ein bisschen Deutsch, wohnt mit einheimischen Jugendlichen in einem Gemeinschaftswohnheim, hat seine Flüchtlingsanerkennung.

Er muss hier nichts mehr fürchten, doch sicher fühlt er sich immer noch nicht.

Adhanom hatte sich entschieden zu fliehen, weil er sich vor dem brutalen und zeitlich unbegrenzten Militärdienst in Eritrea fürchtete. Er reiste aus Libyen über die »tödlichste Flüchtlingsroute der Welt«, um von Afrika nach Europa zu kommen. Seit die Balkanroute geschlossen ist, wählen wieder mehr Flüchtlinge diesen Weg. Hunderttausende warten in dem nordafrikanischen Bürgerkriegsland auf die Möglichkeit, einen Platz in einem der völlig überfüllten Boote zu ergattern. Das Wissen, dass sie ihr Leben aufs Spiel setzen, hindert die Menschen nicht daran, die Überfahrt anzutreten – in ihrer Heimat stehen die Chancen, dass sie überleben, zum Teil noch schlechter.

»Wenn du in Eritrea alt genug bist und keinen Schülerausweis mehr hast, zieht dich das Militär ein«, erzählt mir Adhanom. »Soldaten waren schon bei uns vor der Tür, um mich zu holen. Ich wollte das nicht. Ich bin weggelaufen, so schnell ich konnte, und habe mich im Wald versteckt, habe nicht mehr zu Hause geschlafen. Sie kamen wieder, am Tag und in der Nacht. Sie haben meinen Vater geschlagen, damit er ihnen sagt, wo ich bin. Man kann ihnen nicht entkommen.«

In Eritrea werden sowohl Jungen als auch Mädchen zum unbefristeten Militärdienst eingezogen – offiziell sobald sie achtzehn Jahre alt sind, tatsächlich trifft es aber auch immer wieder minderjährige Jugendliche. Wer bei dem Versuch gefasst wird, sich dem Wehrdienst zu entziehen, wird ohne Gerichtsurteil eingesperrt, gefoltert, getötet oder in Arbeitslager gebracht. Das Land besitzt – im Verhältnis zur Bevölkerungszahl – die größte Armee der Welt. Nach der Militärausbildung müssen die Eritreerinnen und Eritreer irgendwo im Land für einen Hungerlohn auf Feldern oder in Betrieben von Militärs arbeiten, so lange, wie der Staat es ihnen befiehlt.

Erst 1991 hat Eritrea den Sieg über Äthiopien erkämpft, zwei Jahre später stimmte die eritreische Bevölkerung in einem Referendum für die Unabhängigkeit von Äthiopien – mit fast einhundert Prozent der Stimmen. Zuvor hatte das kleinere Land drei Jahrzehnte lang gegen die Besatzung durch den ehemaligen Bruderstaat gekämpft. Unter der äthiopischen Herrschaft hatte es keine Bildungsmöglichkeiten in Eritrea gegeben, es gab keine funktionierende Infrastruktur.

Außerhalb der Kriegshandlungen hatten sich die eritreischen Guerillakämpfer um die Entwicklung neuer Strukturen bemüht – sie hatten ein neues Bildungssystem etabliert, viele Felder bestellt. Doch die Diktatur, die aus der einstigen Rebellenbewegung von damals entstanden ist, gilt heute als eine der schlimmsten der Welt. Im »Nordkorea Afrikas« sind Sklaverei, Folter und Mord an der Tagesordnung. Meinungs- und Pressefreiheit gibt es nicht, ebenso wenig wie eine Verfassung oder eine unabhängige Justiz. Die Eritreische Volksbefreiungsfront regiert das Land mit eiserner Faust und einem gewaltigen Sicherheits- und Geheimdienstapparat, vor dem Adhanom selbst in Europa noch Angst hat.

»Meine Regierung hat überall Spione. Wenn ich etwas Schlechtes gegen die Regierung oder mein Land sage, dann holen sie meine Eltern ab. Oder meinen Bruder. Sie wissen genau, wo wir sind«, sagt er. Die Angst, die ihn immer noch quält, liegt spürbar im Raum. »Solange meine Eltern in Eritrea sind, bin ich nicht frei.«

Adhanom zieht ein zweites Foto aus seiner Hosentasche. »Meine Mutter, mein Zuhause.«

Das Bild zeigt eine Frau mittleren Alters mit dunklem lockigem Haar, geflochten zu einem Zopf, die in einer offenen Küche steht und mit einem Holzlöffel in einer großen Schüssel rührt.

»Sie macht Teig für Injera, mein Lieblingsessen«, kommentiert Adhanom das Foto. Injera ist ein luftiges Brot, das man wie Pfannkuchen in der Pfanne backt. Dazu bereitet Adhanoms Mutter gerne Zegni zu, einen scharf gewürzten Eintopf mit Kohl, Zwiebeln, Tomaten und Paprika aus dem eigenen Garten, wie er mir stolz erzählt.

»Im Hintergrund des Bildes siehst du unseren Garten.« Es ist eine weitläufige Plantage mit Orangen- und Papayabäumen, an deren Ästen ellbogenlange Früchte hängen.

»Bei der Ernte habe ich mitgeholfen. Wir konnten mehrmals im Jahr ernten, weil es zu Hause immer warm ist. Ich vermisse das. Es war nie richtig kalt.« Den Ärmel seines langen Hemdes zieht er dabei weit nach vorne über seine Hände, so als wäre ihm in Deutschland plötzlich noch kälter als zuvor.

Er faltet das Foto wieder zusammen und steckt es zurück in seine Tasche. »Ich wollte nicht weggehen«, sagt er leise.

»Von meinem besten Freund habe ich kein Foto. Er war immer lustig und wir haben viel Spaß zusammen gehabt. Er hat sich nicht gut versteckt. Die

Soldaten haben ihn gefunden und mitgenommen. Er ist zum Militär gekommen, aber dort war er nicht lange. Inzwischen ist er tot.«

Adhanoms Freund wurde eingezogen und ein paar Wochen später bei einem nächtlichen Überfall auf sein Lager an der Grenze zu Äthiopien erschossen. Obwohl der Krieg offiziell vorbei ist, befindet sich Eritrea mit dem Nachbarland in einem permanenten Zustand der Generalmobilmachung. Aus keinem anderen Land Afrikas fliehen so viele Menschen nach Europa wie aus Eritrea. Fast 360 000 Eritreerinnen und Eritreer waren im Sommer 2015 nach UN-Angaben als Flüchtlinge in Europa registriert. Für eritreische Asylsuchende, die aus Europa wieder in ihr Heimatland abgeschoben wurden, besteht laut Amnesty International die akute Gefahr, auf schlimmste Weise gefoltert oder getötet zu werden. Auch die Familien der Geflohenen sind Repressalien ausgesetzt, sie werden schikaniert, inhaftiert oder müssen Geldstrafen zahlen. Einer der am häufigsten genannten Gründe für die Flucht ist der Militärdienst. Da keine UN-Mitarbeiter in das ostafrikanische Land einreisen dürfen, können sie nur mit Menschen sprechen, denen die Flucht nach Europa gelungen ist, um sich ein Bild von den politischen Verhältnissen zu machen.

Der Tod seines Freundes verstörte Adhanom nachhaltig, er gab mit den Ausschlag dafür, dass er die Trennung von seiner Familie in Kauf nehmen wollte.

»Ich wollte nicht sterben, so wie mein Freund.«

Doch Adhanoms Fortgehen würde auch den Druck auf seine Eltern verstärken, was ihm schmerzlich bewusst gewesen ist. Der Vater würde ohne Adhanoms Hilfe noch mehr Geld verdienen müssen, um die Familie ernähren zu können. Diese Verantwortung lastete stark auf den Schultern des Jungen. Doch alle Familienmitglieder waren sich einig, dass er fliehen sollte. Besonders seine Mutter wünschte es sich für ihren Sohn. So sammelte die Familie Geld für die Flucht, die Mutter nähte es kurz vor Adhanoms Weggehen in seine Kleider ein. Einen Plan gab es nicht. Nur schnell musste alles gehen.

An den Tag, als seine Flucht im Morgengrauen begann, erinnert er sich noch genau. »Ich lag bei meinen Brüdern und habe die ganze Nacht nicht geschlafen, ich war aber nicht müde an dem Morgen. Ich habe zwei Tassen Tee getrunken und so viel Injera gegessen, wie ich konnte. Meine Mutter hat mich festgehalten, auf die Stirn geküsst und gebetet. Dann bin ich aus der Tür. Einmal habe ich mich noch umgedreht, meine Mutter fegte den Boden. Sie hat nicht mehr aufgeblickt. Sie hat geweint, das habe ich gesehen, weil ihre Schultern gezuckt haben. Mein kleiner Bruder ist mir noch weit nachgelaufen. Ich habe versucht, ihn wegzuscheuchen. ›Geh weg, geh wieder nach Hause, geh‹, habe ich immer wieder zu ihm gesagt, doch er war sehr stur. Irgendwann hat er dann aber doch aufgegeben und ist wieder zurückgelaufen.«

Adhanom ging eine lange Zeit zu Fuß, bis er in Mendefera ankam, der Stadt, die er von seinem Dorf aus am schnellsten erreichen konnte.

»Von dort bin ich weitergelaufen nach Äthiopien, aber ich musste langsam und vorsichtig gehen, weil man nie weiß, wo Tretminen liegen.«

Adhanoms Weg führte ihn weiter in Richtung Süden nach Adi Kwala, von dort sieht man die äthiopischen Berge zum Greifen nah. Eine weite Ebene trennt Eritrea hier noch von Äthiopien. Im Nachbarland befinden sich Flüchtlingscamps, eines davon war Adhanoms erstes Etappenziel. »Sechs Monate bin ich in dem Camp geblieben. Ich wusste nicht, wohin ich nun gehen sollte, ich wusste nur, dass es kein Zurück mehr gab.«

Äthiopien, eines der ärmsten Länder der Welt, nimmt so viele Flüchtlinge auf wie kein anderer afrikanischer Staat. Über eine halbe Million Menschen leben in den überfüllten Flüchtlingscamps. Die meisten Flüchtlinge kommen aus dem Südsudan, dicht gefolgt von Menschen aus Somalia und Eritrea. Nach einem halben Jahr im Lager hielt es Adhanom nicht mehr aus. Es war heiß, mindestens fünfundvierzig Grad im Schatten, und untergebracht waren die Menschen in mit Wellblech gedeckten Hütten, unter deren Dächern sich die glühende Hitze staute. Doch noch mehr als die hohen Temperaturen oder die schlechten hygienischen Bedingungen störte es den jungen Eritreer, dass er in dem Lager festsaß. Da in Äthiopien selbst für die eigene Bevölkerung kaum Arbeit vorhanden ist, bekommen Flüchtlinge aus anderen Ländern keine Arbeitserlaubnis und haben deshalb keine Chance auf ein selbstbestimmtes Leben.

Nachdem er bereits viel erzählt hat, legt Adhanom seine Krar vorsichtig zur Seite und blickt angespannt zu Boden.

»Du kannst in diesen Lagern nur sitzen und sonst nichts tun. Das habe ich auf Dauer einfach nicht geschafft. Darum habe ich mich wieder auf den Weg gemacht, bin weiter in den Sudan gegangen. Das war nicht einfach, denn die Grenze zwischen Äthiopien und dem Sudan ist sehr, sehr gut bewacht. Beim ersten Versuch haben mich die Soldaten erwischt. Sie haben mich geschlagen und ins Gefängnis gesteckt. Eine Woche lang musste ich bleiben. Es waren schlimme Tage, ich habe nur schlechtes Essen bekommen, und geschlagen wurde ich dort auch wieder. Ich habe mich dann einfach in eine Ecke gelegt und gewartet, bis sie mich freilassen. Als ich aus dem Gefängnis raus war, habe ich sofort noch einmal versucht, über die Grenze zu kommen. Aber ich habe es wieder nicht geschafft. Die Soldaten haben mich auch dieses Mal gesehen, haben mich mitgenommen und zurück ins Gefängnis gesteckt. Ich hatte Glück. Sie hätten mich auch erschießen können.«

Zwei lange Narben hat der junge Mann im Gesicht. Eine Verletzung auf der rechten Wange, eine über der rechten Schläfe. Schmerzhafte Erinnerungen an seine gescheiterten Fluchtversuche. Als ich ihn darauf anspreche, lächelt er leicht. »Ich habe nicht aufgegeben. Wieder hielten sie mich eine Woche fest, danach habe ich jemanden gefunden, der mich für viel Geld mit einem Auto über die Grenze in den Sudan gebracht hat.«

Adhanom erreichte Khartoum, die Hauptstadt der Republik Sudan. »Ich war froh, dass ich es so weit geschafft hatte und noch am Leben war. Aber ich wollte weiter. Nach Libyen und dann ans Mittelmeer. Ich wollte nach Europa.«

Im Sudan blüht das Schleppergeschäft, wie in den meisten Etappenzielen der Flüchtlinge. Die Treffpunkte der Schleuser sprechen sich herum. Adhanom arbeitete illegal in diesem Land, in dem Kinderarbeit weit verbreitet ist. Es war nicht schwer für ihn, einen Job zu finden. Auf einer Baustelle schleppte er große Steine mit den bloßen Händen. Für die schwere Arbeit bekam er wenig Geld. Am Abend konnte er sich kaum noch bewegen, so sehr schmerzte sein Rücken. Als er genug verdient hatte, um die Weiterfahrt auf einem Lastwagen zu bezahlen, setzte er seine Reise fort.

»Auf einem Lkw zusammen mit vielen anderen Leuten hat mich der Schleuser in die Wüste gebracht, dort hat er mich abgeladen und dann ist er wieder verschwunden. Er hat uns einfach in der Sahara zurückgelassen. Wir sind tagelang durch die Wüste gelaufen. Wir hatten nur ganz wenig Wasser und haben aufgepasst, dass wir immer nur kleine Schlucke trinken, um es so lange wie möglich aufzusparen. In der Nacht haben wir uns in den Sand gelegt und geschlafen.«

Adhanom hält inne, greift wieder nach seinem Musikinstrument, berührt jede einzelne Saite, spricht sehr leise.

»Dann, in einer Nacht in der Sahara, sind auf einmal viele Flugzeuge gekommen. Aus Ägypten, haben die anderen gesagt. Es war auf einmal sehr, sehr hell. Aus den Flugzeugen wurde viel Licht auf den Boden gerichtet, so haben sie ihn abgesucht. Dann haben sie uns entdeckt. Sie fingen an, auf uns zu schießen! Ich habe mich ganz schnell flach in den Sand geworfen und meinen Kopf unter den Armen versteckt. Und ich habe gebetet, dass sie aufhören. Aber es ging immer weiter.« Adhanoms Stimme wird fester, Wut steigt in ihm auf. »Ich verstehe einfach nicht, warum sie uns töten wollten! Wir hatten doch niemandem etwas getan!« Der junge Eritreer schaut betreten zu Boden; so schnell, wie sie gekommen war, ist seine Wut auch schon wieder verraucht. »Ich hatte großes Glück, sie haben mich nicht getroffen. Aber eine Frau, die neben mir lag. Sie hat sich einfach nicht mehr bewegt. Sie haben sie mit ihren Kugeln erschossen. Alle anderen waren auch okay.«

Nach der Attacke aus der Luft schleppte sich die Flüchtlingsgruppe weiter durch die glühend heiße Sahara.

»Als wir in einem kleinen Wüstencamp ankamen, hat einer von den anderen jemanden gefunden, der ein Auto holen lassen und ihn nach Libyen bringen konnte. ›Ich will auch nach Libyen, nimm mich mit, bitte nimm mich mit‹, habe ich zu dem Mann gesagt. Er meinte dann: ›Okay, du bist ein guter Junge, du kannst mitkommen und für mich arbeiten.‹ Am nächsten Tag ist ein Auto aus Libyen gekommen. Ich habe dem Himmel gedankt dafür, dass ich aus der Wüste weggeholt wurde. Es war ein kleines Auto, wir haben uns alle aufs Dach gesetzt, insgesamt waren wir fünfunddreißig Menschen auf dem Wagen. Ganz eng zusammen.« Adhanom lächelt ein wenig. »Es war schwierig und wir sind oft vom Wagen runter in den Sand gefallen. In der Sahara Auto zu fahren ist nicht leicht, weil es dort so ist ...« Mit der rechten Hand macht er eine Wellenbewegung. »Es geht hoch und runter, die ganze Zeit. So.«

Erschöpft, hungrig und dehydriert kam Adhanom in Libyen an. Dort wurde er von libyschen Soldaten in ein Auffanglager gebracht. »Mit vielen anderen Menschen war ich in einem Raum, wir mussten auf den nackten Fliesen auf dem Boden schlafen. Es war wie in einem Gefängnis. Sie haben uns mit Stöcken geschlagen und nicht wie Menschen behandelt. Es gab nur zwei sehr schmutzige Toiletten, viele sind krank geworden. Ich hab alle gefragt, die ich gesehen habe: ›Ich brauche ein Schiff nach Europa, kannst du mir helfen?‹ Letztlich habe ich einen Mann getroffen, der gesagt hat: ›Gib mir Geld, dann finde ich ein Schiff für dich.‹

Von dem Schleuser bekam Adhanom die notwendigen Informationen, um aus dem Lager fliehen zu können. Er rannte wie um sein Leben, um den Uniformierten zu entkommen, die ihn wieder einfangen wollten.

Als Adhanom in der Nacht am Strand in der Nähe von Bengasi in einen hölzernen Kahn stieg, hatte er nichts mehr als seine Erinnerungen und die Kleider, die er am Leib trug. Doch mitnehmen durfte er ohnehin nichts, jede Wasserflasche macht einen Unterschied auf einem Boot, das für siebzig Personen gebaut ist und dreihundert transportieren muss.

»Ein Mann mit einer Taschenlampe hat uns gezeigt, wo wir sitzen sollen. Wir haben uns auf den Planken zusammengequetscht. Wir saßen schon übereinander. Neben mir war eine junge Frau mit zwei Kindern, sie hat geweint. Den kleinen Jungen hat sie mir auf den Schoß gesetzt, das Mädchen hat sie bei sich behalten. Dann ist das Boot losgefahren. Der Mond ist hinter den Wolken verschwunden und es wurde richtig dunkel, ich habe fast gar nichts mehr gesehen und auf dem Meer ging ein sehr starker, kalter Wind. Meine Beine taten weh, ich habe versucht, mich ein bisschen auszustrecken, aber dazu war es viel zu eng. Das kleine Mädchen auf dem Schoß seiner Mutter hat viel geweint und geschrien, dass es wieder nach Hause will. Das Boot hat schrecklich geschwankt. Mir wurde übel, aber ich habe versucht, das auszuhalten. Überall um uns herum war nur Wasser. Das war für mich das Schlimmste, in der Sahara hatte ich nicht so viel Angst, auf dem Meer schon. Die Wellen wurden immer höher, und dann brach plötzlich der Boden von dem Holzboot auf. Es kam sehr schnell sehr viel Wasser rein.«

Adhanom fährt sich mit einer Hand durch die Haare, es fällt ihm schwer, über diesen Teil seiner Flucht zu sprechen. »Ich dachte, nun ist es so weit, jetzt werde ich sterben. Deshalb habe ich meine Augen geschlossen, weil ich dachte, es ist besser, zu sterben, wenn man nicht alles so genau mitbekommt. Ich habe gehört, wie die Menschen gerufen haben: ›Die Welle kommt, wir gehen unter!‹ Gut, dann gehe ich eben im Mittelmeer unter, habe ich gedacht. Wenn mein Leben jetzt zu Ende ist, ist es zu Ende. Aber um meine Eltern habe ich mir in dem Moment Sorgen gemacht. Um mich eigentlich nicht.«

Wie lange der Kampf ums Überleben auf dem Meer in dem kleinen Boot dauerte, weiß Adhanom nicht mehr. »Ich habe versucht zu schlafen.«

2016 sind laut der Internationalen Organisation für Migration (IOM) seit Beginn des Jahres bis Ende Mai bereits mehr Flüchtlinge auf dem Mittelmeer gestorben als im gesamten Verlauf des Vorjahres. 2499 Tote wurden den Behörden gemeldet. Und das, obwohl sich in den ersten fünf Monaten des Jahres weniger Menschen über die sogenannte zentrale Mittelmeerroute auf den Weg nach Europa gemacht hatten als im Jahr zuvor. Die Nutzung von maroderen Booten für den Transport der Flüchtlinge wird als einer der Gründe für die erhöhte Zahl der Opfer genannt, aber es wird auch kritisiert, dass Rettungsboote von Anrainerstaaten zum Teil viel zu lange bräuchten, um den Flüchtlingen in Notsituationen auf dem Meer zu Hilfe zu kommen, in einer Zeit, in der aufgrund der Schließung der Balkanroute wieder mehr Flüchtlinge auf dem Seeweg nach Europa fliehen.

Auf Adhanoms in Seenot geratenes Boot wurde die italienische Küstenwache noch rechtzeitig aufmerksam. Er erzählte mir, dass alle Mitfahrenden gerettet wurden.

Als Adhanom in Sizilien ankam, war er ziemlich geschwächt und konnte kaum laufen. Immer wieder sind seine Beine einfach unter ihm weggeknickt. Als er von den Italienern in ein Matratzenlager in einer alten Schule gebracht wurde, die wegen Renovierungsbedarf geschlossen werden musste, war er dennoch erst einmal alles andere als begeistert.

Die Flüchtlinge lagen dort dicht gedrängt aneinander, sogar auf den Fluren waren sie untergebracht. »Überall hat es sehr schlecht gerochen. Viele haben mir gesagt, dass sie schon seit Monaten dort waren. Sie saßen und warteten. Ich konnte dort einfach nicht bleiben. Als ich nach ein paar Stunden wieder einigermaßen normal laufen konnte, bin ich so schnell es ging weg von dort. Ich habe mich in einem nahen Wald versteckt, bis es hell wurde. Ich habe mich auf den Waldboden gelegt und in den Himmel geschaut. Als der Tag kam, bin ich weitergelaufen bis zu einem Dorf, dort habe ich eine Frau gefragt, ob es bei ihnen einen Bus gibt, der nach Mailand fährt. Ich hatte die Adresse und die Telefonnummer von einem Schlepper, den ich dort treffen wollte. Die Frau hat zu mir gesagt: ›Ja, es gibt hier einen Bus nach Mailand. Er fährt dort drüben an der Haltestelle ab.‹ Ich habe sie noch gefragt, ob sie mir etwas Geld für das Ticket geben kann. Sie war eine gute Frau, sie hat mir ein bisschen was gegeben. Als der Bus kam, bin ich eingestiegen, sofort eingeschlafen und erst wieder aufgewacht, als mich der Busfahrer geschüttelt hat. ›Endstation, los, raus mit dir‹, hat er gesagt. Ich bin dann ausgestiegen. Es war Nacht und dunkel. Ich habe einem Mann aus Afrika meinen linken Arm gezeigt, wo ich mir alles aufgeschrieben hatte. ›Wo ist diese Straße?‹, habe ich ihn gefragt. Er hat nur den Kopf geschüttelt und gesagt, dass ich in der falschen Stadt bin. Ich war in Bologna und nicht in Mailand. Es hat ganz stark geregnet. Ich habe mich in der Bushaltestelle in eine Ecke gesetzt und versucht zu schlafen.«

Das Nächste, was Adhanom bemerkte, war, dass ein neuer Tag angebrochen war in Bologna. »Es war sehr laut, überall waren viele Menschen, die durcheinanderliefen, außerdem viele hupende Autos. Ich bin aufgestanden und hatte großen Hunger, wollte etwas zu essen suchen. Ich bin lange durch die Straßen gelaufen und dann war da ein afrikanischer Junge in meinem Alter, den habe ich gefragt, was ich machen kann. Er hat gesagt: ›Komm, ich zeig dir alles.‹ Ich wusste zwar nicht, was er meinte, aber ich habe ihm vertraut. Er hat mich in einen Park geführt. Dann kam die Polizei. Ich bin weggelaufen, aber sie haben mich geschnappt und mitgenommen in ein Camp für Flüchtlinge. Ich war sauer, denn ich wollte doch weiter nach Mailand. Ich musste den Mann dort anrufen, aber ich hatte kein Handy.«

Adhanom lächelt etwas verschämt. »Ich habe dann eine Frau gefragt, ob ich mit ihrem Handy telefonieren darf. Ich habe gelogen. ›Ich muss dringend meine Mutter anrufen, weil sie sehr krank ist‹, habe ich zu ihr gesagt. Dann habe ich den Schlepper angerufen. Der hat gesagt: ›Okay, ich helfe dir.‹ Er hat mir ein Zugticket bringen lassen und ich bin damit bis nach Mailand gefahren. Den ganzen Tag bin ich durch die Stadt gelaufen, bis ich den Park gefunden hatte, in dem ich den Schlepper treffen sollte. Der Treffpunkt war unter einer Brücke. Er hat mir gesagt, dass er mich in drei Tagen nach Deutschland bringen kann. In einem Lastwagen. Er hat mir gesagt, wo ich auf ihn warten soll, dann ist er verschwunden.«

Die Tage bis zur Abfahrt blieb Adhanom im Park, schlief unter der Brücke, suchte in Abfällen nach Essbarem. »Als es so weit war, bin ich am Abend zu der ausgemachten Stelle gegangen und habe gewartet. Und gewartet und gewartet. Aber er kam nicht. Ich bin dort geblieben und habe sogar bis zum nächsten Tag gewartet. Am Abend ist dann ein Lastwagen gekommen mit hellen Scheinwerfern. Der Fahrer ist rausgesprungen, hat mir hinten die Türen aufgemacht und mit der Taschenlampe reingeleuchtet. Es war sehr voll. Da waren viele große Kartons und dazwischen habe ich ein paar Menschen gesehen. Der Fahrer hat mich reingestoßen. ›Mach dich klein und sei still‹, hat er gesagt. Dann hat er die Türen zugeworfen und abgeschlossen. Jemand hat mich am Arm gepackt und in eine Ecke gestoßen. Ich habe mich dort hingehockt und wieder gewartet. Der Lastwagen ist losgefahren, hat wieder angehalten, ist wieder losgefahren. So ging das eine ganze Weile.«

Wie lange Adhanom in dem Lastwagen ausharren musste, weiß er nicht mehr. »Die Luft war sehr schlecht, mir war übel, ich konnte ganz schwer atmen. Jemand hat die ganze Zeit gehustet.« Irgendwann hielt der Lastwagen an. Die Türen wurden aufgerissen und der Fahrer befahl uns auszusteigen. »Alle drängelten heraus, eine Frau ist gestolpert, aber er hat sie einfach zur Seite geschubst. Als wir alle draußen waren, ist er ganz schnell weitergefahren. Ich habe die anderen gefragt: ›Wo sind wir hier?‹ ›In Deutschland‹, haben sie gesagt. Da war ich sehr glücklich.«

Adhanom stand tatsächlich an einem Straßenrand irgendwo in Deutschland. Er hatte sein Ziel erreicht.

»Ich bin einfach nur die Straße entlanggegangen. Immer weiter. Es war so sauber. Und so grün. Die Sonne schien ein bisschen.« Dann wurde er von der Polizei kontrolliert und anschließend in ein SOS-Kinderdorf gebracht.

»Dort habe ich erst gemerkt, wie müde ich war. Ich habe am Anfang immer nur geschlafen und sehr viel gegessen.«

Adhanoms nächstes Ziel ist nun erst einmal, die Schule zu beenden und richtig gut Deutsch zu lernen. »Im Moment traue ich mich noch fast gar nicht, Deutsch zu sprechen. Wenn ich es tue, dann rede ich immer ganz leise.« Anschließend möchte er eine Ausbildung machen, als Metallbauer arbeiten und Geld verdienen. Er will seiner Familie zurückzahlen, was sie für seine Flucht ausgegeben hat.

Große Hoffnung, jemals wieder in seine Heimat zurückzukehren, seine Geschwister zu umarmen und seine Mutter zu sehen, hegt er nicht.

»Als Soldat könnte ich zurück, ja«, sagt er und schnauft. »Sonst nicht. Wenn ich zurückgehe, werden sie mich sofort verhaften. Vielleicht geht es, wenn ich eines Tages einen Beruf habe und der Botschaft Geld bezahle, vielleicht darf ich dann meine Eltern besuchen. Vielleicht. Ich weiß es nicht.«

Aber einen kleinen Hoffnungsschimmer hat er doch. Irgendwo tief drinnen.

»Ich nehme Schwimmunterricht«, erzählt er stolz. »Und wenn ich dann einmal zurück nach Hause komme, kann ich im Roten Meer schwimmen.«

Einmal im Monat kann er, wenn alles klappt – und nicht gerade sein Ladekabel oder sein Handy kaputt ist – mit seinen Eltern telefonieren. Spontan funktioniert das allerdings nicht, die Telefonate müssen gut geplant sein. »Meine Eltern haben kein Telefon zu Hause, sie brauchen einen Internetzugang, um mit mir zu sprechen. Bei uns im Dorf gibt es aber kein Internet, das gibt es nur in Mendefera. Dorthin müssen sie dann gehen.« Doch als die eritreischen Soldaten bei ihrem letzten Besuch von Adhanoms Flucht erfuhren, verprügelten sie seinen Vater so schwer, dass er seither sein rechtes Bein nicht mehr bewegen kann.

»Hallo, Adhanom!«

Ein junger Afrikaner kommt in den Übungsraum im ehemaligen Schulkeller. Er trägt silberne Ohrstecker und Basecap. Adhanom begrüßt ihn mit einer Umarmung. »Das ist mein Freund Nahom, er kommt auch aus Eritrea. Er ist schon lange hier in Deutschland. Er ist auch vor dem Militär geflohen.« Nahom setzt sich zu uns.

»Meinen Vater haben sie umgebracht, meinen älteren Bruder verhaftet«, erzählt er knapp, als ich ihn nach seiner Geschichte frage. »Es gab nur noch meine Mutter, meine zwei kleinen Schwestern und mich. Meine Mutter hat alles verkauft, was wir hatten, und hat mich mit dem Geld nach Europa geschickt. Ich musste viel arbeiten, damit ich ihr alles zurückgeben konnte, was sie für mich ausgegeben hat. Und jetzt muss ich immer noch viel arbeiten, damit ich sie von Deutschland aus unterstützen kann.«

Mehr will er nicht von sich preisgeben. Wie Adhanom hat auch dieser junge Afrikaner Angst vor dem langen Arm des eritreischen Machtapparats und will seine Familie vor Repressalien schützen.

Nahom hat eine Krar dabei. Es ist seine eigene, die er aus Eritrea mitgenommen und mit der er sich auf dem Weg nach Europa als Straßenmusikant etwas Geld verdient hat.

Er setzt sich in Position, beginnt zu spielen und dazu zu singen. In seiner Muttersprache. Mit geschlossenen Augen und sehr viel Sehnsucht in der Stimme.

WAS BRAUCHT DER MENSCH ÜBER DAS ÜBERLEBEN HINAUS ?

Zum Überleben brauchen wir mehr als Kalorien und Wasser.

Es ist wichtig für uns alle, uns selbst als Mensch zu fühlen – nicht als Ware oder Nummer in einer Statistik. Uns selbst zu erkennen und uns als Individuum zu fühlen: Das ist Menschenwürde!

Dazu braucht es die Möglichkeit für jeden Einzelnen, die Musik zu hören, die er mag, sich anzuziehen, wie er mag, das zu essen und zu trinken, was er mag. Entscheidungen für sich selbst zu treffen und nicht ans Überleben denken zu müssen ist enorm wichtig für jeden von uns.

In den Menschenrechten steht, dass jeder ein Recht auf Freizeit hat, auf die Freiheit, sie kreativ zu gestalten, und auf die Freiheit, zu denken, was man will.

Auch Flüchtlinge und arme Menschen besitzen dieses Recht, aber sie können es oft nicht genießen. Es fehlen das Geld oder Zeit oder die Räume, um dies alles zu tun. Deswegen ist es so wichtig, dass wir Kunstprojekte und Künstler auf der ganzen Welt unterstützen, dass Musik und Kultur Teil sind von dem, was wir fördern und finanzieren. Gerade für junge Menschen überall auf der Welt ist es wichtig, einbezogen zu werden, so viel wie möglich zu erleben und zu erfahren. Im Positiven wie im Negativen sind wir global – wir hören die gleiche Musik und schauen die gleichen Filme.

Das Recht auf ein Leben »beyond survival«, ein menschenwürdiges Leben über das bloße Überleben hinaus, ist unser Ziel für alle!

BEYOND SURVIVAL
»ALLE KINDER HABEN
DAS RECHT AUF KINDERRECHTE!«

»Ich weiß, ich muss geduldig sein«

Nubia (15 Jahre) – geflüchtet aus Nigeria

Ein Aufschrei des Entsetzens ging im April 2014 um die Welt, als bewaffnete Männer der Terrormiliz Boko Haram in der Stadt Chibok im Nordosten Nigerias die Government Secondary School überfielen und zweihundertsechsundsiebzig Mädchen zwischen fünfzehn und achtzehn Jahren entführten. Die brutale Verschleppung der jungen Frauen aus dem Internat erregte große mediale Aufmerksamkeit. Unter dem Hashtag #BringBackOurGirls (»Bringt unsere Mädchen zurück«) protestierten viele Prominente, unter anderem die damalige amerikanische Präsidentengattin Michelle Obama. Zurückgebracht wurde niemand. Boko Haram erklärte, dass die entführten Mädchen nicht zurückkehren würden, da sie bereits verheiratet worden seien. Ein paar von ihnen konnten fliehen und berichteten, dass sie in einem Lager im nigerianischen Nachbarstaat Kamerun festgehalten worden und täglich Opfer von Vergewaltigungen gewesen seien. Von über zweihundert Mädchen nimmt man an, dass sie sich noch immer in der Gefangenschaft der Terrororganisation befinden.

Bereits seit 2009 sorgt Boko Haram im Nordosten Nigerias für Angst und Schrecken, kämpft gegen die Verbreitung westlicher Werte. Wie der sogenannte Islamische Staat, dem sie sich im März 2015 offiziell unterstellten, zielen die Milizen von Boko Haram darauf ab, die Scharia, das islamische

Rechtssystem, durchzusetzen. Die große Armut und Arbeitslosigkeit in Nordnigeria macht es den Anführern leicht, neue Kämpfer zu rekrutieren. Die nigerianischen Sicherheitskräfte sind den hochbewaffneten Terroristen nicht gewachsen.

Mehrere Tausend Menschen fielen Boko Haram bisher zum Opfer. Amnesty International schätzt die Zahl der Menschen, die auf der Flucht vor dem Terror sind, auf mehr als zwei Millionen Menschen. Darunter sind auch 800 000 minderjährige Flüchtlinge.

Die fünfzehnjährige Nubia ist eines dieser Flüchtlingskinder. Sie musste aus Nigeria fliehen, weil Boko-Haram-Milizen ihr Dorf überfielen. Nubia schaffte es zu entkommen, doch dann geriet sie in die Hände organisierter Schleuserbanden. Diese machen sich die allgemeine Angst vor Boko Haram zunutze, sprechen die Schutzsuchenden meist in ihren Heimatländern an, werben damit, dass sie sie sicher nach Europa bringen können, und am Ende lassen sie sich teuer bezahlen. In allen gängigen Transitländern haben die Menschenhändler Verbindungsleute, ihr langer Arm reicht bis nach Deutschland. Die Kommunikation erfolgt über soziale Medien, Facebook, WhatsApp-Gruppen.

Über ein Jahr war Nubia unterwegs, mit vierzehn begann ihre Reise, vor ein paar Tagen ist sie in Deutschland angekommen. Hier wurde sie von der Bundespolizei aufgegriffen und in eine Aufnahmestelle für minderjährige Mädchen gebracht. Nun wohnt sie vorübergehend in diesem Haus mit dem schmalen Garten, gesäumt von Hortensienbüschen. Das Haus befindet sich gegenüber von einem Supermarkt an einer gut befahrenen Straße, im Gewerbegebiet einer mittelgroßen deutschen Stadt. Es ist rund um die Uhr bewacht, der Hintereingang und alle Fenster sind vergittert. Wer rein will, muss an der Gartentür klingeln und warten, bis er vom Sicherheitsdienst abgeholt wird.

Christine arbeitet für diesen Sicherheitsdienst. Vier Securityfrauen wechseln sich ab, um den Mädchen Tag und Nacht den bestmöglichen Schutz bieten zu können.

»Die Schlepper sind so unglaublich dreist, sie kommen hierher, warten direkt vor der Tür und versuchen, die Mädchen wieder wegzuholen«, erklärt Christine den hohen Sicherheitsaufwand. Vor Fremden können die Mädchen geschützt werden, vor sich selbst nicht. »Etliche warten nur darauf, dass sie wieder weiterziehen können, sie ruhen sich bei uns kurz aus und setzen dann ihre Reise fort, manche holen wir vorne rein und im nächsten Moment sind sie schon wieder durch die Hintertür verschwunden«, schildert Christine die Situation. Während sie spricht, behält sie die ganze Zeit den kleinen Monitor im Blick, der ihr alle Bewegungen auf dem Grundstück anzeigt.

»Vor allem die afrikanischen Mädchen wollen schnell weiter in die Großstädte und dort arbeiten. Und genau das versprechen ihnen die Schleuser, die hier herumlungern und auf sie warten. Diese afrikanischen Männer sprechen ihre Sprache, das schafft Vertrauen in der Fremde. Aber es sind keine Freunde, es sind Zuhälter, die die Mädchen von sich abhängig machen wollen.«

Das Traurigste sei, vertraut mir Christine an, dass viele der Flüchtlingsmädchen durch die Gewalt, die sie auf der Flucht erleben mussten, durchaus bereit seien, ihre Körper zu verkaufen. Der Unterschied bestehe für sie vor allem darin, dass sie nun Geld für etwas nehmen würden, das ihnen zuvor bereits mehrfach und grausam gegen ihren Willen genommen worden war.

Christine führt mich durch die Notunterkunft. Die Flüchtlingsmädchen sind zu sechst in Zimmern mit Stockbetten untergebracht, jedes hat seinen eigenen Metallschrank, in den Räumen riecht es nach frisch gewaschener Bettwäsche. Sie kommen aus den unterschiedlichsten Ländern an, mit leeren Händen, sie besitzen nur, was sie am Leib tragen. In der Unterkunft können sie sich aus Kleiderspenden aussuchen, was sie anziehen möchten. An einigen Wänden hängen Kinderbilder: ein großes Herz mit einem Gedicht in arabischer Sprache, eine Blumenwiese, über der die Sonne scheint, ein Pferd, das lacht, ein Regenbogen, der dunkle Tränen weint. Es gibt eine Gemeinschaftsküche, in der sich die Mädchen Essen zubereiten können, und einen Raum mit Waschmaschine.

Nubia wartet im Gemeinschaftsraum, in dem alle zusammen fernsehen oder Spiele spielen können. Die hohen Fenster sind vergittert, wie überall im Haus, lassen jedoch viel Licht herein. Es gibt eine Sofaecke, einen langen Esstisch und einen Holzschrank, in dem sich Medikamente für den schnellen Zugriff befinden – Salben, Tabletten, was gerade gebraucht wird. An den Wänden hängen Landkarten, Piktogramme und Listen mit Adressen von Ämtern und Dolmetschern.

Etwas verloren sitzt die Nigerianerin am Ende des Tisches. Sie gibt sich sichtlich Mühe, nicht wie ein Mädchen auszusehen. Ihre dunklen Haare sind raspelkurz geschnitten, ihren Körper versteckt sie in einem übergroßen, rot-schwarz karierten Holzfällerhemd, in dem sie beinahe versinkt. Dazu trägt sie eine weite Jeans, die um ihre dünnen Beine schlabbert. Ihre Füße stecken in weißen schnurlosen Sneakers, die mindestens zwei Nummern zu groß wirken. Sie hat die Arme verschränkt, ihre Augen funkeln trotzig.

Der Dolmetscher, ein gebürtiger Nigerianer, kommt zu uns an den Tisch. Er wird öfter gerufen, wenn es Neuzugänge im Haus gibt. Gerade erklärt er Nubia, warum ich da bin. Ihre Miene entspannt sich ein wenig, sie bleibt aber zurückhaltend. Einfach nur von sich zu erzählen ist ungewohnt für das Mädchen, das anderthalb Jahre lang misshandelt und gedemütigt wurde.

»Hallo, ich heiße Nubia«, sagt sie schließlich auf Deutsch und lächelt ein wenig. Dann holt sie tief Luft und beginnt, ihre Geschichte zu erzählen. Sie hat eine sehr schöne melodische Stimme. Erst redet sie stockend und leise, nach und nach jedoch immer flüssiger.

»Ich komme aus Nigeria in Afrika, ich bin dort in die Schule gegangen. Ich bin sehr gern in die Schule gegangen. Lesen hat mir besonders Spaß ge-macht, ich wollte Lehrerin werden, für Englisch. Aber dann hat es angefan-gen mit Boko Haram. Sie werfen Bomben auf Schulen und Kirchen, töten die Männer, entführen die Frauen und Mädchen. Sie tragen große Gewehre und schießen sogar auf Kinder.« Nubia legt die Arme an wie ein Schütze und feuert: »*Tatatatata.*« Nach einer zweiten Salve setzt sie das imaginäre Gewehr wieder ab, senkt den Kopf und fährt sich mit beiden Händen über ihre kurzen Haare.

»Die Terroristen haben mein Dorf angegriffen. Sie sind mit Gewehren und Messern gekommen und haben alles durchsucht. Plötzlich haben wir eine sehr laute Explosion gehört. Wir sind alle weggelaufen, jeder in eine andere Richtung. Ich bin so schnell gelaufen, wie ich konnte, ich habe noch gehört, wie sie schießen. Einer ist hinter mir hergerannt und hat mich mit seiner Machete auf den Kopf geschlagen. Ich bin gefallen und liegen geblie-ben. Ich hatte Glück … Er hat gedacht, ich sei tot.«

Wie lange Nubia im Staub lag und sich gelähmt vor Angst vor den Bo-ko-Haram-Milizen tot stellte, weiß sie nicht mehr. Im Schutz der Dunkel-heit richtete sie sich irgendwann wieder auf und schleppte sich zurück in die Richtung ihres Dorfes. Doch das gab es nicht mehr.

»Sie haben alle Häuser angezündet und unsere Ziegen mitgenommen. Es war nichts mehr da.« Nubia sieht mich unvermittelt an. »Verstehst du? Mein Zuhause war verbrannt. Nur noch Rauch und Asche. Der Boden war überall schwarz und hat geglüht. Ich habe verbrannte Menschen gesehen, Arme, Beine, Teile von Menschen. Ich habe nicht gewusst, wo meine Familie ist. Ich habe gedacht, dass sie bestimmt alle nicht mehr leben.«

Nubia hält inne, wischt sich mit dem Ärmel ihres langen Hemds über die Augen. »Ich bin zu Fuß in unser Nachbardorf gegangen. Das hat lange gedauert, weil ich große Kopfschmerzen hatte. Dort habe ich alle gefragt, ob sie meine Familie gesehen haben. Ein alter Mann hat mir gesagt, dass er meinen Vater kennt und ihn tatsächlich gesehen hat, dass meine Familie um meinen Bruder geweint hat, weil ihn die Milizen erschossen haben.« Nubia blickt aus dem Fenster, ihr Gesicht ist starr. »Meine Eltern haben gedacht, dass ich auch tot bin oder dass mich Boko Haram mitgenommen hat.«

Nubia formt mit den Fingern das Hashtag-Zeichen. »Kennst du das? Kennst du den Hashtag #BringBackOurGirls? Jeder kennt ihn in Nigeria.« Sie wartet nicht auf eine Antwort, spricht gleich weiter, ihre Augen blitzen wütend. »Das war gar nichts«, erklärt sie mir aufgebracht. »Es hat sich dadurch nichts geändert. Sie holen weiter Mädchen und bringen sie weg, versklaven sie. Sie machen immer weiter. So ist Boko Haram. Niemand kann sie aufhalten.« Man spürt Nubias Wut, die Verzweiflung, ihren Hass auf ein Monster, das offenbar niemand stoppen kann.

Schon vor den Schülerinnen wurden Hunderte Mädchen von Boko Haram verschleppt, und es hört nicht auf. Es gibt Berichte über Mädchen, die als Sexsklavinnen verkauft oder gezwungen wurden, sich als Selbstmordattentäterinnen in die Luft zu sprengen. Diejenigen Mädchen, die sich aus der Gewalt der Extremisten befreien konnten, erzählen davon, dass Boko Haram ihre Geiseln zwingt, zu konvertieren, zu heiraten und Kinder zu bekommen, um eine »neue Generation« von Extremisten zu schaffen. Daher ist die Situation von befreiten oder wieder freigelassenen Mädchen weiterhin schwierig, weil sie in ihren Familien in der Regel nicht mehr akzeptiert werden. Zu groß ist die Angst und das Misstrauen, ob die Terrormiliz es vielleicht geschafft hat, die jungen Frauen umzudrehen. Wieder zu Hause, schweben sie nun in Gefahr, von den eigenen Dorfmitgliedern verstoßen oder sogar getötet zu werden.

Viele Menschen, die vor Boko Haram auf der Flucht sind, suchen Schutz in den Flüchtlingslagern Yola und Dikwa im Nordosten Nigerias, die mit 33 000 Flüchtlingen in Yola und 50 000 in Dikwa jedoch bereits völlig überfüllt sind und in denen es keine Hilfsorganisationen gibt. Und selbst in diesen Lagern ist niemand sicher. Im Februar wurde in Dikwa ein Anschlag von zwei Selbstmordattentäterinnen verübt, mindestens sechsundfünfzig Menschen wurden dabei getötet.

Nubia ging barfuß in die nächste größere Stadt, schlief auf der Straße in dunklen Ecken, bettelte um Essen. Irgendwann wurde sie von einem nigerianischen Schlepper angesprochen.

»Der Mann fragte mich, ob ich nach Europa gehen will. ›Dort gibt es ein gutes Leben für dich, du musst nicht mehr auf der Straße schlafen, du kannst in die Schule gehen und bekommst eine Wohnung‹, hat er zu mir gesagt. Ich habe geantwortet: ›Wie soll das gehen? Ich kann dich nicht bezahlen. Meine Familie ist arm, ich habe kein Geld. Wie willst du mich nach Europa bringen?‹ Der Mann hat gemeint: ›Kein Problem. Du musst nichts bezahlen. Das bekommen wir schon hin. Meine Freunde und ich, wir bringen dich ans Ziel. Und später, wenn du viel Geld verdienst, kannst du uns bezahlen. Jetzt zahlst du erst einmal gar nichts.‹ Ich habe hin und her überlegt. Aber dann habe ich gedacht, ich kann nicht mehr in die Schule gehen, ich habe kein Dach über dem Kopf, ich kann auch nicht für immer in einem Camp leben und ich habe schon Angst, überhaupt auf die Straße zu gehen. Was ist das für ein Leben für mich in Nigeria?«

Nubia sieht mich an, als könne ich ihr eine Antwort geben, spricht dann aber gleich weiter. »Der Mann hat gesagt, er kann mich bis in die Sahara bringen. Von dort helfen mir andere weiter. ›Gar kein Problem.‹ Ich habe schließlich Ja gesagt. In einem großen Auto mit vielen anderen Frauen und Mädchen hat er dann auf mich gewartet. Ich war sehr traurig, als wir gefahren sind, weil ich wusste, jetzt kann ich meine Familie nicht mehr sehen. Aber ich war auch froh, dass ich wegkomme aus Nigeria.«

Der Schleuser ließ Nubia etappenweise transportieren. Zuerst nach Äthiopien, wo er das Mädchen an eine regionale Schlepperbande verkaufte, die Nubia in den Sudan brachte und sie dort einheimischen Banden übergab.

»Es waren immer wieder andere Männer, aber sie waren gut zu mir, sie haben mir zu essen gegeben und zu trinken.«

Die sudanesischen Schleuser fuhren Nubia zusammen mit einigen anderen Mädchen in die Sahara.

»Sie haben uns zu einem großen Lager in der Wüste gebracht, dort waren schon sehr viele Menschen. Es gab nur ein bisschen Schatten unter Plastikplanen für die Männer, die uns bewachten, nicht für uns. Wir wurden einfach abgeladen wie Vieh, geschlagen und getreten. Die Männer sagten zu uns, dass wir jetzt hier warten müssten, bis unsere Familien Geld für uns bezahlen.« Nubia schluckt. »Ich habe eine schwangere Frau gesehen, die haben sie getreten. Sie hat ihnen gesagt, dass sie ein Baby im Bauch hat, aber sie haben nur gelacht und sie dann absichtlich in den Bauch getreten. Die Frau hat ihr Baby verloren. Sie ist daran kaputtgegangen, einfach verrückt geworden. Sie ist nur noch im Kreis herumgelaufen.«

Nubia durchlitt das gleiche Schicksal wie die meisten afrikanischen Mädchen, die in den Wüstenlagern stranden. Fünf Monate lang wurde sie dort festgehalten, immer wieder von den vermummten Männern gequält und vergewaltigt. »Sie haben mich geschlagen und gesagt: ›Gib uns die Telefonnummer von deinem Vater!‹ Aber ich habe sie ihnen nicht gegeben, ich habe ihnen gesagt, dass mein Vater tot ist. Ich habe gedacht, lieber sterbe ich.« In Nubias Augen schimmern Tränen, sie zieht eine rosafarbene Plastikkette mit einem Kreuz unter ihrem Hemd hervor. Das Kreuz nimmt sie fest in die Hand. »Dann sind sie wiedergekommen und haben mich geschlagen. Sie haben gesagt, dass sie meinen Vater gefunden haben. Dass sie mich extra hart bestrafen werden, weil ich sie belogen habe. Ich habe gesagt, dass das nicht stimmen kann, dass sie lügen. Aber dann habe ich am Telefon die Stimme von meinem Vater gehört. Ich weiß nicht, wie sie ihn gefunden haben. Ich habe so geweint. Nicht wegen der Schmerzen, sondern wegen der Stimme von meinem Vater. Sie haben mir das Handy hingehalten und mich dabei mit der Peitsche geschlagen. Ich wollte nicht schreien, ich wollte nicht, dass mein Vater das hört, aber ich habe es nicht geschafft. Dann haben sie zu meinem Vater gesagt: ›Bezahl besser schnell das Geld, sonst schlagen wir deine Tochter tot.‹ Jeden Tag haben sie mich von da an geschlagen und meinen Vater angerufen.«

Nubia fährt sich immer wieder durch ihre kurzen Haare, während sie erzählt. Dabei rutschen die Ärmel von ihrem langen Hemd etwas hoch, ich sehe tiefe Narben auf ihren Unterarmen.

»Irgendwann sind die Männer zu mir gekommen und haben gesagt: ›Du kannst gehen.‹ Sie haben mich in ein Auto gesetzt und über die Grenze nach Libyen gebracht.« Nubia hält inne, bevor sie ergänzt: »Der Himmel über der Wüste ist in der Nacht sehr schön. Es gibt unendlich viele Sterne.«

Die Sahara war nur eine Etappe auf Nubias Leidensweg. Die sudanesischen Schlepper brachten das Mädchen nach Libyen und verkauften es dort wieder weiter. Letztlich geriet sie an einen Zuhälter.

»Ein Mann hat mich in eine Wohnung in einem Ghetto gebracht, dort waren viele andere Männer. Sie haben mir gesagt, ich muss für sie arbeiten, wenn sie mich über das Wasser nach Europa bringen sollen. Sie haben mir gedroht: ›Wir schlagen dich tot, wenn du nicht tust, was wir dir sagen.‹ Ich habe dann gemacht, was sie wollten.« Nubia musste für die libyschen Schlepper als Prostituierte arbeiten. Doch sie wurde krank, die Männer konnten sie nicht mehr gebrauchen. Das war ihre Rettung.

»›Du bist nicht mehr gut fürs Arbeiten. Du nützt uns nichts mehr‹, haben sie zu mir gesagt. Dann haben sie ein anderes Mädchen geholt und mich weggebracht.«

Weil sie mit Nubia kein Geld mehr verdienen konnten, haben die Schleuser sie im Schutz der Dunkelheit an die Küste gebracht.

»Ich bin auf ein großes Boot gestiegen, zusammen mit vielen anderen Menschen aus Nigeria. Ein Mann hat Ärger gemacht, er hat geschrien. Einer von den Schleppern ist gekommen, hat ihn mit einem Stock geschlagen und ins Meer geworfen. Danach hat niemand mehr laut gesprochen.« Nubia knackt mit ihren Fingern.

»Das Boot war schon sehr alt und hat laute Geräusche gemacht. Alle hatten Angst. Ich nicht. Ich habe nichts mehr gefühlt. Ich habe gedacht, ich könnte auch einfach sterben, hier und jetzt, im Wasser.« Sie lächelt. »Der Mond hat ausgesehen wie eine Scheibe.«

Möglicherweise hat genau dieser Mond Nubias Leben gerettet. Ihr Schiff geriet in Seenot, dank der hellen Nacht wurde es jedoch schnell gesichtet und Nubia und die anderen Passagiere konnten von der italienischen Marine geborgen werden.

»Helfer haben mich nach Parma gebracht, in ein Camp für Jugendliche«, erzählt Nubia. »Dort haben sie mich gut behandelt, Leute von der Kirche haben mir Nudeln mit Tomatensoße und Brot gegeben und einen Platz zum Schlafen. Ich war sehr müde, habe viel geschlafen. Ich habe gedacht, ich bleibe ein bisschen, dann gehe ich weiter. Aber dann sind sie wiedergekommen.« Nubias Gesicht verdüstert sich. »Ein Mann aus Nigeria hat vor dem Camp auf mich gewartet. Er hat gesagt, er sei mein Freund und könne mich nach Deutschland bringen, gar kein Problem, ich müsse nichts dafür zahlen, ich könne einfach später für ihn arbeiten.« Nubia sucht meinen Blick, in ihren Augen liegen Hass und Verachtung. »Ich hatte keine Angst mehr vor ihnen. Ich habe zu dem Mann gesagt: ›Verschwinde, hau ab, ich hole die Polizei.‹ Er ist noch ein paar Tage geblieben, aber dann habe ich ihn nicht mehr gesehen.«

Nubia hatte Glück, sie lernte über den Pfarrer des Ortes eine nigerianische Familie kennen, die in Italien lebte, konnte ihnen ein bisschen bei der Hausarbeit helfen und hatte auf diese Weise ein kleines Einkommen. »Als ich genug Geld zusammenhatte, habe ich mir ein Zugticket gekauft.« So kam Nubia nach Deutschland, wo sie von Polizisten gefunden und in die Unterkunft gebracht wurde, in der sie heute lebt.

»Ich habe zuerst gedacht: ›Wo bin ich hier?‹ Ich habe eine Frau in Uniform gesehen und Gitter an den Fenstern. Ich habe geglaubt, ich wäre im Gefängnis. Aber dann waren alle sehr gut zu mir, haben mir zu essen gegeben und Kleider. Und sie haben mir gesagt, dass ich in Sicherheit bin und dass mich hier niemand schlagen wird.«

Ein frisch bezogenes Bett, warmes Essen, ein geregelter Tagesablauf, Menschen, die sich die ganze Zeit um sie kümmern – alles Dinge, die das Mädchen so noch nie erlebt hat.

»Ich will hier in die Schule gehen, Deutsch lernen, arbeiten«, erzählt mir Nubia. »Ich will meinem Vater das Geld zurückgeben, das er für mich bezahlt hat, und meiner Familie helfen.«

Der Dolmetscher sagt ihr, dass es lange dauern wird, bis sie Geld verdienen und ihre Familie unterstützen kann. »Ja, ich weiß, ich muss geduldig sein«, nickt Nubia voller Entschlossenheit.

Die Tür zum Gemeinschaftsraum wird aufgerissen, die ruckartige, unerwartete Bewegung lässt Nubia zusammenzucken. Es ist eine junge Frau mit kurzen dunklen Haaren, die das Mädchen energisch zu sich winkt.

»Entschuldigung, aber ich muss Nubia jetzt zum Arzt bringen. Wir haben einen Termin.«

Nubia steht auf. »Auf Wiedersehen«, sagt sie zu mir. Ich nehme ihre Hand und merke, wie ängstlich sie plötzlich ist.

»Sie muss zum Frauenarzt«, erzählt mir Christine, als Nubia den Gemeinschaftsraum verlassen hat. »Nubia hatte schon seit Längerem sehr starke Unterleibsschmerzen. Als sie bei uns ankam, hat sie nichts davon gesagt. Erst jetzt, nachdem sie etwas Vertrauen gefasst hat, hat sie uns von den Problemen berichtet. Das ist in den meisten Fällen so – wenn die Mädchen ankommen, sagen sie immer, dass es ihnen gut geht. Die Wahrheit sieht in der Regel anders aus.«

Ich sehe Nubia durch das Fenster nach, wie sie mit kleinen Schritten zur Gartentür geht – die Arme verschränkt, den Kopf gesenkt.

Auch der nigerianische Dolmetscher blickt ihr besorgt hinterher. Er ist schon lange in Deutschland, arbeitet gleichzeitig als Streetworker, kümmert sich um seine westafrikanischen Landsleute und kennt deren Schwierigkeiten und Nöte.

»Hoffentlich schafft Nubia das alles. Ich kenne sehr viele Mädchen aus Nigeria mit einer ähnlichen Geschichte, die dann, wenn sie begriffen haben, wie weit ihr Weg noch sein wird, als Prostituierte in Bordellen oder auf dem Straßenstrich arbeiten, um schneller Geld zu verdienen, um die Kosten für ihren Transport nach Deutschland abzuzahlen. Und momentan beobachten wir, dass diese Mädchen immer jünger werden.« Der Nigerianer packt seine Unterlagen zusammen.

»Deswegen stehen die Schlepper inzwischen vermehrt vor solchen Heimen wie diesem hier, wo sie Mädchen finden, die nichts und niemanden mehr haben, geschweige denn ihre Würde. Diese Mädchen versuchen sie mit allerlei Versprechungen zu locken.« Verachtung liegt in seiner Stimme. Er klopft auf seine Aktentasche.

»Viele solcher Fälle haben wir hier. Letzte Woche musste ich für ein Flüchtlingsmädchen übersetzen, das an ein Bordell verkauft worden war. Sie ist sechzehn Jahre alt und ebenfalls aus Nigeria geflüchtet. Ein Mädchen wie Nubia. Die Polizei hat im Bordell eine Razzia veranstaltet, das Mädchen ohne Papiere erwischt. Und jetzt? Jetzt wird sie abgeschoben, zurück nach Nigeria. Und dem Schlepper passiert nichts.«

Draußen vor der Tür werden Stimmen auf dem Gang laut. Schnelle Schritte nähern sich. Eine der Securitymitarbeiterinnen kommt in den Gemeinschaftsraum, im Schlepptau hat sie zwei kleine, sehr schmächtige Mädchen, höchstens zwölf Jahre alt. Beide sind kalkweiß im Gesicht und haben ihre langen dunklen Haare mit einem Gummiband zu einem Pferdeschwanz gebunden. Verschüchtert setzen sie sich zu uns an den Tisch und schauen mit nervösen Blicken nach draußen. Am Zaun steht ein kleiner, stämmiger Mann mit einem großen Bart und winkt ihnen zu.

»Dila und Simin sind vor ein paar Tagen aus dem Irak geflohen und zu uns gebracht worden«, erklärt mir Christine. »Wir wissen noch nicht, wie sie die Flucht bewältigt haben, denn sie sprechen nicht. Wir müssen noch auf den Dolmetscher warten. Ihr Vater ist ein politisch Verfolgter im Irak, deshalb hat die Familie die Mädchen weggeschickt. Sie hatten Angst, dass den Kindern etwas passiert, wenn ihr Vater verhaftet wird. Außerdem haben die beiden im Irak keinerlei Chancen mehr, sie würden nicht studieren können, keine Universität würde sie aufnehmen.«

Während Christine spricht, behält sie ihre kleine mobile Überwachungskamera aufmerksam im Auge. »Der Mann da draußen ist plötzlich hier aufgetaucht, behauptet, der Onkel der Mädchen zu sein, und will die beiden mitnehmen. Die Kinder kennen ihn nicht und wollen auch nicht mit ihm mitgehen. Wir haben die Polizei alarmiert, sie wird gleich hier sein.«

Durch das Fenster kann ich erkennen, wie der bärtige Mann in diesem Augenblick von zwei Beamten angesprochen wird und sie ihn mitnehmen.

»Sie werden jetzt einen DNA-Test durchführen, um zu klären, ob eine Blutsverwandtschaft besteht«, beschreibt Christine das weitere Vorgehen.

»Dann wird überprüft, ob er die finanziellen Mittel und den Leumund hat, sich um die beiden Mädchen zu kümmern – natürlich nur, falls er tatsächlich der Onkel sein sollte.«

Beinahe entschuldigend erklärt Christine, warum die Kinder und Jugendlichen nicht einfach hier bei ihnen bleiben können: »Wir sind leider nur eine Durchgangsstation, eine erste Anlaufstelle in Deutschland, in der sich die minderjährigen Mädchen etwas erholen können. Sie werden medizinisch versorgt, bekommen Nahrung, Kleidung und können in Sicherheit schlafen. Wir hören ihnen zu und tun ihnen nicht weh. Das ist eigentlich das Mindeste und trotzdem etwas, was viele Flüchtlingskinder gar nicht mehr gewohnt sind. Nach ein paar Tagen oder Wochen werden sie anderen Unterkünften zugewiesen, dorthin, wo gerade Platz ist. Dann liegt es in ihren eigenen Händen, wie ihr Leben weitergeht.« Christine lächelt. »Bei Nubia bin ich zuversichtlich. All die Demütigungen und Schmerzen, die sie ertragen musste, konnten sie nicht brechen. Sie ist eine Kämpferin.«

Ganz allein in einer fremden Welt. Angekommen in einem Land, in dem Frieden herrscht, jedoch noch lange nicht in Sicherheit. Mindestens 10 000 unbegleitete Flüchtlingskinder sind nach Angaben der europäischen Polizeibehörde Europol in den vergangenen anderthalb bis zwei Jahren nach ihrer Ankunft in Europa spurlos verschwunden.

»Nicht alle werden kriminell ausgenutzt, manche könnten inzwischen in der Obhut von Familienmitgliedern sein«, sagte Brian Donald, der Stabschef von Europol, im Januar in einem Interview. »Aber wir wissen einfach nicht, wo sie sind, was sie tun oder bei wem sie sind.«

Allein in Deutschland sind laut dem Bundesinnenministerium fast 6000 minderjährige Flüchtlinge nicht mehr auffindbar, darunter etwas mehr als 500 Kinder unter vierzehn Jahren. Die Bundesregierung müsse die Gefahren der Ausbeutung und Zwangsprostitution deutlich ernster nehmen, sagen viele Stimmen, unter anderem die junge Grünen-Politikerin Luise Amtsberg.

In der Zwischenzeit bleibt zu hoffen, dass Mädchen wie Nubia tatsächlich ihren Weg finden, unbehelligt von den Bedrohungen, denen sie auch bei uns immer noch ausgesetzt sind.

BEYOND SURVIVAL
»KEIN KIND DARF MEHR DURCH DIE WÜSTE ODER ÜBER DAS MEER FLIEHEN MÜSSEN, UM TEIL DIESER WELT ZU SEIN!«

»Wir haben sehr großes Glück gehabt«

Familie Housoun – geflüchtet aus Syrien

Das Leben von Familie Housoun – es ist ruhig geworden. Seit zweieinhalb Jahren wohnt die syrische Flüchtlingsfamilie inzwischen in Deutschland, verfügt über alle notwendigen Aufenthaltspapiere, ist angekommen und darf bleiben.

Die neue Heimat von Mutter Dahiba, Vater Ibrahim, dem vierzehnjährigen Abdullah, dem elfjährigen Achmed, Tochter Atefa, neun, und dem fünf Jahre alten Hadi befindet sich in einem kleinen Ort mit rund 3000 Einwohnern. Sie leben in einer Mietwohnung im dritten Stock eines Mehrfamilienhauses. Vor dem Haus stehen Fahrradständer, es gibt Teppichklopfstangen auf den Rasenflächen, im Treppenhaus hängt eine Hausordnung.

Drei der Housoun-Kinder, die beiden ältesten Söhne und Tochter Atefa, gehen in die Schule. Achmed wird demnächst in die Realschule wechseln können, weil er in Mathe und Englisch außergewöhnlich gut ist. Nur Hadi, der Kleine, der gerade seinen fünften Geburtstag gefeiert hat, ist noch zu Hause. Mutter Dahiba hat keinen Kindergartenplatz für ihn bekommen, der Andrang war zu groß.

»Wenn Hadi später in den Kindergarten geht, kann meine Mutter auch einen richtigen Deutschkurs beginnen«, sagt Atefa zu mir, die selbst schon sehr gut Deutsch spricht. Kaum zu glauben, dass es eine Sprache ist, die sie erst seit zwei Jahren lernt.

Ihre Mutter Dahiba ist gerade von ihrem Mittagsschlaf aufgestanden, trägt kein Kopftuch, streicht schnell ihre langen dunklen Haare zurück und steckt sie zu einem Knoten zusammen. Atefa trägt einen Jilbab, den ihr Dahiba jedoch abnimmt, als wir uns auf das Sofa im Wohnzimmer setzen.

Dahiba kann sehr viel auf Deutsch verstehen, tut sich aber noch schwer mit dem Sprechen, daher unterhalten wir uns auf Englisch.

»Jeden Mittwoch kommt Julia zu uns, meine Lehrerin, die ich aus der Nachbarschaft kenne. Eine sehr nette Frau, sie hilft mir viel. Und ...« Der Rest von Dahibas Satz geht in dem lauten Ruf des Muezzin unter, der aus ihrem Handy schallt. Ich besuche die Familie während des Ramadan, dem Fastenmonat der Muslime. Dahibas Handy ruft zum Gebet. Der Koran schreibt den Gläubigen fünf Tageszeiten vor, an denen das rituelle Pflichtgebet erfolgen muss. Diese Zeiten werden nach dem Sonnenstand bestimmt und sind von Ort zu Ort unterschiedlich. Früher mussten sich die Muslime in Ländern, in denen der Muezzin nicht zum Gebet rufen konnte, mit Gebetskalendern behelfen, heute hilft die Technik dabei, den Glauben auszuüben.

Atefa freut sich schon sehr auf das Zuckerfest, das Eid al-Fitr, mit dem alle Muslime das Ende des Ramadan feiern.

»Es gibt Geschenke, wir schlafen kaum und von meinem Onkel bekomme ich Extra-Taschengeld«, erzählt Atefa freudestrahlend. »Ausschlafen kann ich danach auch – meine Schule hat uns Muslimen zwei Tage freigegeben.«

Das Ende der neunundzwanzig Tage andauernden Fastenzeit wird drei Tage lang gefeiert. Die Kinder bekommen Süßigkeiten, die Wohnungen werden festlich geschmückt. Am ersten Tag sind Verwandtenbesuche üblich, an den beiden folgenden trifft man Freunde. Das Zuckerfest ist eines der beiden wichtigsten Feste des Islams und vom Stellenwert mit den christlichen Weihnachtsfeiertagen vergleichbar.

In der neuen deutschen Heimat haben sich inzwischen viele Einheimische auf die Gewohnheiten und Lebensrhythmen der syrischen Nachbarn eingestellt. Aber einige reagieren ab und an auch mal irritiert.

»Gestern um Mitternacht war auf einmal die Polizei da und hat gegen unsere Tür geklopft.« Schmunzelnd streckt mir Dahiba ihre Hände entgegen. »Ich habe die Tür geöffnet und hatte noch Handschuhe an. Die Polizei hat mich gefragt: ›Was machst du da?‹ Ich habe gesagt: ›Ich backe Kuchen und Kekse!‹ Sie haben mir erst nicht geglaubt. ›Warum backst du so spät in der Nacht?‹, haben sie gefragt. ›Weil Ramadan ist‹, habe ich gesagt. ›Weil wir von Beginn der Morgendämmerung bis zum Sonnenuntergang fasten und erst danach essen dürfen.‹ Dann haben sie Hadi im Flur gesehen. ›Und warum ist dein kleines Kind noch auf?‹, haben sie weitergefragt. ›Weil Ramadan ist‹, habe ich wieder gesagt. ›Und weil wir am Tag viel schlafen.‹ Irgendwann haben sie verstanden. Sie haben mir dann noch gesagt, dass unsere Nachbarn bei ihnen angerufen hatten, weil wir immer so laut wären und in der Nacht das Licht bei uns brenne.« Dahiba sieht mich mit großen Augen an. »Wir sind gar nicht laut gewesen«, versichert sie. »Und warum kann ich in meiner Wohnung nicht das Licht anmachen, wann ich will?«

Alarmiert hatte die Polizei eine Familie, die über den Housouns wohnt. Die besorgten Nachbarn stammen aus Bosnien-Herzegowina. »Immer regen die sich auf.« Atefa verdreht die Augen. »Sie mögen uns nicht. Die Deutschen hier im Haus sind alle nett zu uns. Diese Leute nicht.«

Dahiba hat noch ein paar von ihren nächtlich gebackenen Ramadan-Keksen übrig und serviert sie mir mit einem Orangensaft. Fantastisch schmecken sie – mit Sesam, Pistazien, vielen Kernen und einem lockeren Mürbeteig. Dahiba selbst rührt nichts an, erst nach Sonnenuntergang wird die Familie auch wieder essen und trinken.

»Guten Tag.«

Abdullah gesellt sich zu uns. Er trägt Jeans und ein schwarzes Shirt mit V-Ausschnitt, die Basecap verkehrt herum. Große stylishe weiße Kopfhörer baumeln um seinen Hals. Er begrüßt mich mit einem kurzen Handschlag, verzieht sich dann aber gleich wieder. Er hat es eilig, ist mit seinen Kumpels zum Schwimmen an einem nahe gelegenen See verabredet. Sie sind eine gemischte Gruppe, vorwiegend syrische Jungen, aber auch ein paar deutsche sind dabei.

Ein Ausflug an den See oder ins Schwimmbad wäre für Dahiba und ihre Tochter undenkbar, egal wie heiß das Wetter sein mag.

»Ich, nein, Atefa, nein«, sagt die Mutter auf Deutsch in einem Tonfall, der keinerlei Widerspruch zulässt.

Kichernd schaut Atefa ihrem Bruder nach. »Abdullah ist *in love!* Mit Sabina aus seiner Klasse«, flüstert sie mir hinter vorgehaltener Hand zu und macht schmatzende Kussgeräusche, was ihr einen Rüffel auf Arabisch von ihrer Mutter einbringt.

Dahiba verdreht die Augen. »Bei uns in Syrien ist es nicht üblich, dass sich Männer und Frauen in der Öffentlichkeit umarmen und küssen. Als wir in

Europa angekommen sind, habe ich immer weggeguckt und meinen Kindern die Augen zugehalten, wenn ich so etwas gesehen habe. Aber jetzt ...« Etwas hilflos zuckt Dahiba die Schultern. »... jetzt leben wir hier und müssen uns an das gewöhnen, was hier richtig ist.«

Noch allerdings gilt diese Devise vorwiegend für ihre Söhne.

Achmed, der älteste Bruder, ist gerade auf Klassenfahrt im Landschulheim. Dort haben die Jugendlichen striktes Handyverbot bekommen. Ein großes Problem für Dahiba.

»Meine Mutter macht sich immer sehr viele Sorgen, wenn sie nicht weiß, wo wir sind, und sie nicht mit uns sprechen kann«, erklärt mir Atefa. »Die ganze Zeit sagt sie: ›Hoffentlich geht alles gut mit Achmed!‹«

Dahibas Sorgen sind Spätfolgen der Flucht aus Syrien. Die Angst bleibt ein ständiger Begleiter. Ohne die Möglichkeit, mit ihren Liebsten auf dem Handy zu sprechen, das auf ihrem Weg nach Europa das wichtigstes Kommunikations- und Orientierungsmittel war, scheint das Leben plötzlich unkontrollierbar.

Die Flucht der Familie begann 2013, vielleicht 2014. An das genaue Datum kann oder will sich Dahiba nicht mehr erinnern.

»Es fielen immer mehr Bomben, immer wieder hörten wir Sirenen und Explosionen, wir hatten alle langsam Panik bekommen.«

Die Housouns überlegten, was für sie der richtige Weg wäre – zu bleiben und abzuwarten oder zu gehen. Sie beschlossen, dass es zu gefährlich sein würde, weiter in der Heimat zu leben und zu hoffen, dass alles wieder besser werden würde.

»Alle zusammen, die ganze Familie, meine Kinder, meine Schwester und ihre Kinder, meine Cousins, meine Cousinen, meine Tanten, wir alle sind dann in den Libanon geflüchtet. Alle, auch mein Bruder.«

Die Housouns lebten in Syrien in der Nähe von Homs, mit etwas über hundertachtzig Kilometern war Beirut nur rund drei Autostunden entfernt.

Eigentlich wollte die Familie nur vorübergehend in dem Flüchtlingsauffanglager nahe der libanesischen Hauptstadt bleiben, bis sich die Lage in Syrien so weit beruhigt hatte, dass sie in ihre Heimat zurückkehren konnten. Sie rechneten mit einem Aufenthalt von wenigen Wochen, vielleicht ein oder zwei Monaten. Doch als kein Ende der Kämpfe abzusehen gewesen war, die Lebensbedingungen in dem überfüllten Flüchtlingslager immer schlechter wurden, die Stimmung unter den Wartenden im Lager gefährlich kippte, entschied die Familie sich, weiter nach Deutschland zu flüchten.

»Ich wollte das damals nicht.« Dahiba seufzt. »Europa war für mich so weit weg. Ich habe mich sehr vor dem, was kommen würde, gefürchtet. Aber Ibrahim hat gesagt, er will nicht, dass seine Kinder in einem Lager groß werden. Er will, dass sie in die Schule gehen und lernen können. Wir sind also losgegangen, alle außer Mohammed, mein Bruder. Er ist nicht mit uns mitgekommen.«

Die dunklen Erinnerungen bahnen sich ihren Weg, Dahibas Augen werden feucht. »Mein Bruder hat zu mir gesagt, er bleibt noch ein bisschen im Libanon und wartet, und wenn es nicht aufhört, dann kommt er später nach.«

Für viel Geld engagierte die Familie einen Schlepper, 1500 Dollar kostete die Reise pro Passagier. Abdullah, den »Reise-Organisator«, wie ihn Dahiba nennt, für den Transport zu finden, war nicht schwer. Sie bekamen seine Handynummer von einem Syrer, der ebenfalls im Libanon gestrandet war. Drei Tage lang drehte Ibrahim den Zettel mit der Nummer in seinen Händen hin und her. Er wusste ganz genau, dass dieser eine Anruf das Schicksal seiner ganzen Familie beeinflussen würde. Und er kannte auch die Geschichten von Menschen, die den Transport durch Schlepper mit ihrem Leben bezahlt hatten. Dennoch entschied er sich dafür, Abdullah zu beauftragen. An einem geheimen Treffpunkt handelte Ibrahim die Geschäftsbedingungen mit ihm aus, zwei Tage später konnte die Reise beginnen.

Abdullah brachte die Familie zunächst nach Aydın in der Türkei. Mehrere Tage dauerte die Reise. Meistens im Schutz der Dunkelheit waren sie in Bussen, auf Pick-up-Trucks und in Pkws unterwegs. Auf Schleichwegen überquerten sie in der Nacht die Grenze und erreichten die Türkei. Völlig erschöpft und müde, wie sich Dahiba erinnert. »Ich war so schwach, ich wollte nicht mehr weiter, ich habe gesagt: ›Dann bleiben wir eben in der Türkei!‹ Aber Ibrahim war sehr bestimmt, er meinte, dass das nicht geht, dass die Türken uns nicht wollen, dass wir weitergehen müssten.«

Von einem anderen syrischen Flüchtling bekamen sie die Whats-App-Nummer eines Schleppers, der die Weiterreise organisieren konnte.

Ibrahim traf den Mann in einem Café und besprach die Details. Wieder musste er 1500 Dollar für jeden Reisenden bezahlen. Darin inbegriffen war die Überfahrt nach Griechenland, für jeden ein Sandwich und eine halbe Literflasche Wasser, außerdem Rettungswesten.

In einer lauen, sternklaren Nacht brachte der Schlepper die Familie dann in die Küstenstadt Kuşadası, wo das Boot auf die griechische Insel Samos übersetzte.

»Es gab keine hohen Wellen, es war ein Mann dabei, der sehr schön gesungen hat, die Kinder waren ruhig, es ist alles gut gegangen. Wir haben sehr großes Glück gehabt.«

Auch die weiteren Etappen von Samos nach Athen und über die damals noch geöffnete Balkanroute weiter Richtung Deutschland meisterte die Familie ohne größere Zwischenfälle. Ihre erste Station war eine Notunterkunft in einer kleinen Stadt hinter der österreichischen Grenze. Nach der Registrierung wurden die Housouns in eine Gemeinschaftsunterkunft gebracht, dann bekamen sie die Wohnung in dem Mehrfamilienhaus zugeteilt, in der sie jetzt leben.

»Im Vergleich zu anderen haben wir es wirklich gut gehabt«, sagt Dahiba leise. »Ich habe von einigen Leuten viele schreckliche Dinge über die Flucht nach Europa gehört.«

Dass Hadi tagelang unter schweren Magenkrämpfen gelitten hatte und immer dünner geworden war, weil er unterwegs unsauberes Wasser getrunken hatte, dass Atefa nächtelang gequält von Albträumen aufschreckte und Abdullah lange Zeit so aufgedreht gewesen war, dass er keine Minute stillsitzen konnte – all jene Situationen waren für Familie Housoun zwar nicht leicht gewesen, aber sie hatten einander, gemeinsam haben sie allen Widrigkeiten getrotzt.

Die Flucht, Syrien, all das scheint inzwischen weit weg und lange her zu sein. Auf meine Frage, ob sie noch Kontakt nach Syrien hätten, schüttelt Atefa den Kopf.

»Gar nicht«, sagt sie bestimmt. »Mit niemandem.«

An diesem Punkt schickt Dahiba ihre Tochter in die Küche, um noch ein Glas Orangensaft für mich zu holen. Als sich die Tür hinter ihr schließt, schaut mich Dahiba traurig und etwas beschämt an. »Doch«, sagt sie leise, »ich habe noch Kontakt nach Syrien. Zu meinem Bruder Mohammed. Atefa und meine Söhne wissen das nicht. Ich spreche mit meinem Bruder, wenn meine Kinder es nicht hören können.«

Dahiba will nicht, dass die täglichen Telefonate mit Mohammed, die ganzen Sorgen und Ängste, auch noch ihre Kinder belasten. Denn ihr Bruder hat das Lager im Libanon inzwischen verlassen, aber nicht Richtung Europa.

»Er hat es im Lager nicht mehr ausgehalten«, erzählt Dahiba nun. »Immer wieder gab es Kämpfe zwischen den Flüchtlingen, weil dort viele Rebellen waren, aber auch Anhänger von Assad.« Sie beißt sich auf die Lippe. »Mohammed ist zurück nach Syrien gegangen. Ich habe ihn am Telefon angeschrien, gebettelt, habe zu ihm gesagt: ›Mohammed, geh nicht! Du bist verrückt, du kannst nicht zurück in den Krieg nach Syrien gehen. Bitte nicht! Im Libanon bist du wenigstens in Sicherheit.‹ Ich habe geweint, aber Mohammed hat mir gar nicht richtig zugehört. Er hat gesagt: ›Warum soll ich nicht zurückgehen? Ich bin ein Mann, wohin sollen die Männer denn sonst gehen? In die Türkei? Nach Deutschland? Und dann? Was passiert zu Hause, wenn alle weg sind? Nein, wir Männer müssen zurück in unser Land.‹«

Dahiba holt ihr Handy, öffnet eine Fotogalerie. »Guck.«

Voller Stolz zeigt sie mir Bilder von ihrem Bruder, einem sehr gut aussehenden jungen Mann mit auffallend grünen Augen in Rebellenuniform, einer Maschinenpistole auf dem Schoß und einem Patronenband über der Schulter.

Mohammed hatte nach seiner Rückkehr in Syrien eine Frau gefunden und ist Vater von Zwillingen geworden.

»Guck.« Dahiba schluchzt auf. »Schau, wie arm sie leben.« Sie zeigt mir ein Foto, auf dem zwei kleine Jungen zu sehen sind, etwa zwei oder drei Jahre alt.

»Das sind seine Kinder, sie sind zusammen auf die Welt gekommen. Ich habe sie noch nie gesehen. Und vielleicht werde ich sie niemals sehen …«, fügt sie mit zittriger Stimme hinzu.

Dahibas Neffen sitzen vor einer zerstörten Hauswand auf Steinen. Seit der Rückkehr nach Syrien musste sich Mohammed verstecken, lebt ohne Strom und fließendes Wasser, mit wenig Geld und wenig zu essen.

»Alle Menschen sind jetzt arm in Syrien. Das ist doch kein Leben mehr! Aber mein Bruder will dort bleiben. Er will nicht woanders hin.« Dahiba steckt ihr Handy wieder weg. Aus ihrer Tasche ertönt erneut der Ruf des Muezzin. »Ich muss stark sein für meine Kinder, aber … aber einmal habe ich mit Mohammed telefoniert, und dann hörte ich eine Bombe. Sie war so unglaublich laut.« Dahiba hält sich die Hände an die Ohren. »Und dann habe ich viele verschiedene Stimmen gehört: ›Allahu akbar, allahu akbar!‹, haben sie gerufen. Glas splitterte, es hat schrecklich laut gekracht. Ich habe immer wieder ins Telefon gerufen: ›Mohammed, Mohammed, wo bist du?‹ Meine Hände haben gezittert. Und dann habe ich endlich wieder seine Stimme gehört, er hat gelacht und gesagt: ›Was hast du? Kein Problem! Kein Problem, ich bin nicht tot.‹ Ich habe zu ihm gesagt: ›Bist du verrückt? Eine Bombe ist kein Problem?‹ Er hat einfach wieder nur gelacht.«

Atefa kommt zurück ins Wohnzimmer, sie hat nicht nur den Orangensaft mitgebracht, sondern auch ihren kleinen Bruder im Schlepptau, der gerade aus seinem Nachmittagsschlaf erwacht ist.

Der Junge betrachtet mich fragend, klettert auf den Schoß seiner Mutter und schmiegt sich eng an sie.

Atefas Handy klingelt.

»Das ist meine Freundin Viola«, ruft sie mir zu und wechselt ein paar Worte mit dem Mädchen. Atefa hat ausschließlich deutsche Freundinnen.

»Es leben hier keine syrischen Mädchen in meinem Alter. Nur viele syrische Jungs und ältere Frauen. Aber ich verstehe mich sehr gut mit meinen deutschen Freundinnen. Sie sind nett.«

Alle ihre Freundinnen haben sich inzwischen arabische Übersetzungsapps auf die Handys geladen. Für den Fall, dass sich ein unbekanntes Wort einmal nicht mit Händen und Füßen erklären lässt.

Im Kunstunterricht in der Schule lernen sie gerade, die formvollendeten arabischen Schriftzeichen zu malen.

»Das ist sehr leicht für mich«, freut sich Atefa. »Aber sehr schwer für alle anderen. Ich helfe ihnen, wenn sie nicht weiterwissen.«

Ihr Heimatland Syrien spielt in Atefas Leben kaum mehr eine Rolle. Zu den Freundinnen ihrer Kindheit hat sie keinen Kontakt mehr. Sie waren alle noch zu jung, als Familie Housoun aufgebrochen war.

»Ich habe keine Handynummern von ihnen. Ich weiß gar nicht, wo sie sind und wie ich sie finden kann. Vielleicht sind sie auch schon alle weggegangen nach Europa.«

Die Schule will Atefa in Deutschland beenden, dann studieren und am liebsten Ärztin werden. Aus ihrer alten Heimat fehlt ihr nichts. Fast nichts.

»Meine Puppe vermisse ich.« Ganz weit breitet sie ihre Arme aus. »Sie ist sooo groß.«

Atefa spricht von keiner besonderen Puppe, keinem traditionellen syrischen Spielzeug. Ihre Puppe sei einfach nur eine besonders große Puppe gewesen, die man in Deutschland in keinem Laden finden könne.

»Ich habe überall gesucht, aber die Puppen hier sind alle viel kleiner als meine. Sie fehlt mir sehr.« Dass die zurückgelassene Puppe nur etwa halb so groß gewesen ist, wie es Atefa darstellt, verrät mir Dahiba später. Es ist das Heimweh, das den Blick der Tochter trübt und manches in der Erinnerung größer werden lässt, als es tatsächlich war. Und manches besser – auch Dahiba ist davor nicht gefeit.

»Überall sind hier diese Insekten«, beschwert sie sich. »Sssssssss ... Ich mag gar nicht mehr rausgehen, immer stechen sie mich. In Syrien ist das nicht so. In Syrien haben wir im Sommer keine Mücken.«

»Doch, wir haben die auch zu Hause«, korrigiert Atefa ihre Mutter streng. »Und vor allem im Sommer waren sie auch bei uns sehr nervig. Das hast du nur vergessen.«

Die Haustür wird geöffnet, Hadi horcht auf, befreit sich von seinem Platz auf dem Schoß seiner Mutter und stürmt zur Tür. Mit dem Nachwuchs auf dem Arm kommt Dahibas Mann Ibrahim ins Wohnzimmer. Der bärtige, hochgewachsene Mann sieht angespannt aus. Trotz seiner Größe wirkt er schmal und zerbrechlich. Er begrüßt mich kurz mit einem Händedruck, dann zieht er sich zurück.

Dahiba blickt ihm besorgt nach. »Ibrahims Arbeit hier ist sehr schwer«, sagt sie zu mir. »Das war zu Hause anders. Jetzt muss er mit großen Maschinen arbeiten, mit einer Maske und viel Staub.«

In Syrien hat Ibrahim als Kunstschreiner gearbeitet, hat Tische, Stühle, Bänke mit edlen Schnitzereien versehen. In Deutschland war er anfangs lange Zeit ohne Arbeit.

»Das war nicht einfach für uns«, erinnert sich Dahiba.

Vor Kurzem jedoch konnte Ibrahim bei einer Firma ganz in der Nähe als Fliesenleger anfangen, nun erneuert er Bodenbelag. Jeden Abend um siebzehn Uhr kommt er nach Hause, freitags und am Wochenende hat er frei.

»Es ist gut, dass mein Mann endlich eine Arbeit gefunden hat«, betont Dahiba. »Das Glück haben nicht alle Flüchtlinge.« Dass Ibrahim oft müde und gereizt ist und viel Zeit mit syrischen Männern in der Nachbarschaft verbringt, dass sie deswegen oft streiten, vertraut Dahiba mir an, als er uns nicht mehr hören kann. Auch, dass er auf einmal angefangen hat zu rauchen. Darum ist sie sehr froh, dass gerade Ramadan ist, denn während des Fastenmonats ist Rauchen tabu.

»Aber das ist alles nicht schlimm, es geht uns hier wirklich sehr gut«, fügt sie schnell hinzu.

»Ich bete immer, dass mein Bruder zu uns nach Deutschland kommt. Als ich Ibrahim das erzählt habe, hat er gesagt : ›Nein, das kannst du vergessen, er kommt nicht. Und es ist auch richtig, dass ein Mann in seinem Land bleibt und kämpft.‹ Manchmal sagt Ibrahim sogar zu mir: ›Wenn meine Familie nicht hier in Deutschland wäre, dann würde ich jetzt auch wieder zurück nach Syrien gehen.‹ Ich schlage ihn dann und sage zu ihm: ›Du bist verrückt, wie mein Bruder, und du bist dumm, bist in Sicherheit und willst zurück in den Krieg?‹ Er sagt dann nur: ›Ein Mann muss für seine Heimat kämpfen. Irgendwann hört der Krieg auf. Jeder Krieg hat ein Ende.‹«

Gedankenverloren wendet sich Dahiba ab und blickt aus dem Fenster. »Ich will nicht mehr zurückgehen«, sagt sie. »Und die Kinder auch nicht.« Sie lächelt ein wenig. »Wir sind verändert worden. Ein kleines bisschen deutsch geworden vielleicht?«

Dahiba ist eine der wenigen Flüchtlinge aus Syrien, die das Gefühl haben, in ihrem Asylland angekommen zu sein. Gerade mal acht Prozent der Syrer, die derzeit in Deutschland leben, möchten auch dauerhaft in der Bundesrepublik bleiben. Das hat die syrisch-deutsche Initiative Adopt a Revolution in einer Befragung in Kooperation mit The Syria Campaign und Forschern des Wissenschaftszentrums Berlin für Sozialforschung (WZB) herausgefunden. Eine Mehrheit von 52 Prozent würde in die Heimat zurückgehen, wenn Baschar al-Assad nicht mehr an der Macht wäre. Insgesamt wurden fast neunhundert in Deutschland lebende Syrer und Syrerinnen befragt.

»Während in der deutschen Öffentlichkeit die zweifelsohne schrecklichen Verbrechen des Islamischen Staates im Vordergrund stehen, sind es de facto die Fassbomben und die Gewalt des Assad-Regimes, die den Großteil der Menschen zur Flucht zwingen«, weiß Elias Perabo, Mitgründer von Adopt a Revolution. Eine Flugverbotszone würde nach Ansicht von rund 58 Prozent der Befragten verhindern, dass weiterhin so viele Menschen aus dem Bürgerkriegsland fliehen, dicht gefolgt von 38 Prozent, die einen Stopp der Waffenlieferungen an alle Beteiligten des Krieges als eine Möglichkeit sehen, die große Fluchtbewegung zu reduzieren.

Erneut meldet sich der Muezzin auf Dahibas Handy. Ich stehe auf, will sie nicht länger aufhalten.

Auch Dahiba erhebt sich, nimmt meine Hand. »Warte, komm mit.« Voller Stolz will sie mir noch den Rest der Wohnung zeigen, bevor ich gehe.

Sie ist mithilfe von vielen Spenden eingerichtet – angeschlagene Möbel aus Möbelhäusern, Ware zweiter Wahl aus Einrichtungsläden, Geschirr und Kochtöpfe – alles wurde von freiwilligen Helfern zusammengesammelt. Es gibt viel Nützliches, aber auch so einige Dinge, die Dahiba niemals benutzen wird – wie zum Beispiel den Spargelschäler, die Parmesanreibe, die Glaskaraffe für Rotwein.

»Es ist sehr lieb von den Menschen, dass wir das alles bekommen haben, aber so etwas brauche ich nicht in der Küche.« Dahiba kocht syrisch, und das will sie auch beibehalten.

Sie führt mich ins Kinderzimmer, dort stehen ein Stockbett und ein Einzelbett, der jüngste Sohn schläft im Bett der Eltern. In der Ecke hinter der Tür lagern vier überdimensional große neue Koffer. Dahiba erahnt meine Frage, noch ehe ich sie ausgesprochen habe.

»Wer weiß, vielleicht müssen wir bald wieder weggehen … Niemand weiß das«, kommentiert sie das allzeit bereitstehende Reisegepäck.

Die Housouns sind in Sicherheit, sie sind angekommen, angenommen, integriert. Und dennoch ist der Fluchtgedanke etwas für sie geworden, das stetig über ihnen schwebt wie ein Damoklesschwert. Für das Undenkbare, das sich schon einmal mit kaltblütiger Gewalt in ihre Leben gedrängt hatte, wollen sie ein zweites Mal vorbereitet sein.

Dahiba sieht mich an. »Vor zehn Jahren war mein Leben in Syrien so sicher wie deines hier. Ich hatte viele Pläne für meine Kinder, für unsere ganze Familie. Du sagst mir, dass wir in Deutschland sicher sind. Das stimmt im Augenblick, aber weißt du, was in zehn Jahren sein wird? Wie schlecht viele Menschen schon jetzt hier über uns sprechen, macht mir große Angst. Was ist, wenn es immer mehr werden und wenn sie irgendwann gewinnen?« Sicherheit und Beständigkeit sind für die Syrerin Konstrukte geworden, an die sie nicht mehr so richtig glauben kann.

Gedankenverloren rückt Dahiba die blütenweiße Gardine am Fenster zurecht. Dabei fällt ihr Blick auf eine Frau auf der Straße.

»Schau mal, das ist Aysche. Sie kommt wie wir aus Syrien und ist mit ihrer Familie gerade neu angekommen. Sie kennt sich noch gar nicht aus. Ich treffe sie oft, bringe ihr das bei, was ich bei meiner Lehrerin Julia lerne. Und ich helfe ihr auch bei anderen Sachen, zeige ihr, wo der Supermarkt ist und die Apotheke und wo sie einkaufen kann. Ich weiß noch sehr gut, wie sich das anfühlt, wenn alles fremd ist, die Menschen, die Straßen, der Geschmack des Essens, der Geruch, der in der Luft liegt ... Es ist schwer, immer stark zu sein für seine Kinder.«

Wenn ihr Jüngster einen Kindergartenplatz bekommen hat, möchte Dahiba nicht nur ihr Deutsch verbessern. Ihr Traum ist es, in einem Kindergarten zu arbeiten. »Ich möchte den Menschen das zurückgeben, was meine Familie hier in Deutschland von ihnen bekommen hat«, sagt sie.

Doch nun wird bald erst einmal das Zuckerfest gefeiert und für das große Festmahl zum Ende des Ramadan gibt es noch sehr viel zu tun. Vorher aber schallt noch einmal der Ruf des Muezzin aus Dahibas Handy.

WIE
KOMMT
DAS
NEUE
IN
DIE
GANZE
WELT
?

In den letzten Jahren hat sich der technologische Fortschritt rasant beschleunigt. Wir reden über Roboter, künstliche Intelligenz, Internet der Dinge und Digitalisierung. Bald schon werden wir alles dezentral herstellen können, von der Energie bis zu 3D-gedruckten Häusern. Wir müssen alle lernen, mit diesen Entwicklungen Schritt zu halten und den Anschluss nicht zu verlieren. Das birgt große Gefahren, aber auch einzigartige Chancen für Länder und Völker, die im Augenblick noch arm sind. Arbeit und Jobs werden sich verändern. Man wird nicht mehr einen einzigen Beruf lernen und diesen sein ganzes Leben lang ausüben.

Insbesondere in Afrika – wie auch vor einigen Jahren in einigen asiatischen Ländern – werden viele sehr spannende und neue Technologien und Innovationen entwickelt und umgesetzt, die ganze Generationen unserer industriellen Entwicklung überspringen.

Es gibt inzwischen über siebenhundert Millionen Handys in Afrika. Da es kaum Festnetze gibt, sind die Mobilverbindungen oft besser als bei uns in Europa. M-Pesa ist ein Bezahlsystem, das in Kenia erfunden wurde. Mit ihm kann man alles über das Handy bezahlen und ohne Bankkonto sicher Geld empfangen und weitergeben. In Ruanda wird die Entwicklung von Informationstechnologien gegenwärtig besonders schnell vorangetrieben. In diesem Land, in dem 1994 noch ein Genozid herrschte, wird heute jedes Dorf mit Glasfaserkabeln vernetzt.

Dies sind gute Beispiele dafür, dass es dank neuer Technologien überall möglich ist, etwas zu verändern. Allein dadurch, dass viele Menschen ein Handy besitzen und besser vernetzt sind, kann sich die Kenntnis neuer Technologien und Projekte unter ihnen schneller verbreiten als zuvor. So konnten etwa im Rahmen eines innovativen Projekts Handprothesen für syrische Kinder in der Türkei und Jordanien entwickelt und mit 3D-Druckern vor Ort produziert werden. Durch eine Open-Source-Vernetzung halfen und helfen viele

Experten, diese Prothesen zu entwickeln. Anstatt fünfhundert Euro kostet eine Hand jetzt nur noch vierzig oder fünfzig Euro.

Es muss unser Ziel sein, dass alle Menschen den gleichen Zugang zu dem haben, was es auf der Welt an neuen Errungenschaften gibt.

NACHWORT
von Jenny Schuckardt

Malaika war die Erste, die mir ihre Geschichte anvertraute. Wir saßen in einem völlig überfüllen, lauten Fastfood-Restaurant in einem Hauptbahnhof, und die junge Frau aus Somalia, die bereits zum zweiten Mal in ihrem Leben eine lebensgefährliche Flucht hinter sich hatte, erzählte in überwältigender Offenheit von all dem, was ihr auf dem langen Weg von Syrien nach Deutschland zugestoßen war. Ich hörte Malaika zu, mit Tränen in den Augen. Am Ende des Gesprächs hat sie sich bei mir bedankt. »Heute war ein schöner Tag für mich. Ich habe mich gefreut, dass du meine Geschichte gehört hast«, sagte sie und lud mich ein, sie in ihrem neuen deutschen Zuhause zu besuchen.

Ihre Geschichte und die der vielen Kinder und Jugendlichen, die wir im Flüchtlingssommer 2015 an unseren Grenzen ankommen sahen, anzuhören – das war es, was ich wollte. Wissen, was zwischen dem Ankommen in Deutschland und dem Aufbrechen in ihren fernen Heimatländern geschehen war. Welche unfassbare »Reise« hinter diesen Kindern lag. Auf dem Meer, durch die Wüste, immer mit nur einem Ziel vor Augen: irgendwie zu überleben. Zum Wissen gehört Helfen – und ein Experte, der weiß, was zu tun ist, wie der Entwicklungshelfer Kilian Kleinschmidt. Seine Arbeit als »Bürgermeister« des Flüchtlingscamps Zaatari in Jordanien – dort leben 100 000 Flüchtlinge auf engstem Raum – hat mich sehr beeindruckt, ebenso wie seine Art, einen neuen Weg zu suchen zwischen übertriebener Willkommensromantik und Gleichgültigkeit gegenüber Menschen auf der Flucht. »Ich hasse Flüchtlingslager, weil sie den Menschen die Würde nehmen«, sagt er. Sie ihnen zurückzugeben, das versucht er. Hart und herzlich.

Es ist wohl an der Zeit, in der Entwicklungshilfe neue Wege zu gehen. Die sozialen Medien machen unser westliches Leben weltweit erlebbar, und wer will es beispielsweise Mädchen wie der Somalierin Angelina verdenken, dass auch sie schöne Schuhe tragen möchten? Entsetzlich nur, dass sie für diesen Traum ihr Leben riskieren müssen.

Für dieses Buch durfte ich mir die Geschichten vieler Flüchtlinge aus den unterschiedlichsten Ländern anhören, und ich habe jeden einzelnen als lebensfroh, herzlich, aufgeschlossen und gastfreundlich erlebt. Natürlich stand ich des Öfteren vor verschlossenen Türen und erhobenen Datenschutzfingern, doch zum Glück bin ich auch in Behörden und staatlichen Stellen auf sehr viele aufgeschlossene Menschen getroffen – und natürlich in den vielen Helferkreisen, die eine bewundernswerte Arbeit machen: Danke an alle! Sie haben mich unterstützt, weil sie es wie ich für richtig halten, den Fokus in der Flüchtlingsdebatte auf die Menschen – und vor allem auf die Kinder – zu richten. Aus Datenschutzgründen, aber auch weil die Verfahren einiger meiner Gesprächspartner noch nicht abgeschlossen sind, andere mögliche Racheakte ihrer Regierungen an den daheim gebliebenen Familien fürchten, einige noch offene Rechnungen mit Schleppern begleichen müssen, erzähle ich ihre Geschichten ohne Klarnamen und ohne genauere Ortsangaben.

»Die haben ja alle Handys«, und: »Die laufen ja in neuen teuren Klamotten rum.« Sätze wie diese hört man leider noch immer oft, wenn über »die Flüchtlinge« gesprochen wird. Ja, das Handy ist für alle lebenswichtig. Es dient während der Flucht als Orientierungshilfe, Kompass, Gebetskalender, dazu, mit zu Hause in Kontakt zu bleiben, WhatsApp-Gruppen zu bilden, aber auch als Fotoalbum, um ein paar Erinnerungen mitnehmen zu können in das neue Leben. Und ja, es gibt einige namhafte Bekleidungsunternehmen, die so gut wie neuwertige Ware mit kleinen Fehlern an Clearinghäuser und Notaufnahmeeinrichtungen spenden. Dort ist man dankbar dafür, denn die Kinder, die ankommen, besitzen nicht viel mehr als die zerschlissene und oftmals verlauste Kleidung, die sie am Körper tragen.

Auf der griechischen Insel Lesbos begannen und endeten meine Recherchen zu den Flüchtlingskindern, die sich über rund ein Jahr zogen. Tief beeindruckt haben mich die Einwohner dort. Diejenigen, die wegen ihrer enormen finanziellen Einbußen aufgrund fehlender Touristen den besten Grund hätten, sich zu beklagen, gehen mit den Flüchtlingen mit sehr viel Mitgefühl und Menschlichkeit um.

Beyond Survival – wie geht es nach dem Überleben weiter? Der größte Teil der Menschen, die zu uns geflüchtet sind, möchte keine Almosen, sondern Teil unserer Gesellschaft werden, teilhaben und etwas zurückgeben. Wie Dahiba, die ihre wenigen Deutschkenntnisse an eine Syrerin weitergibt, die gerade erst angekommen ist. Oder Malaika, die Farsi gelernt hat, um als Dolmetscherin helfen zu können.

Eine Million Menschen, darunter sehr viele Kinder und Jugendliche aus Kriegs- und Krisengebieten, sind zu uns geflüchtet. Zu glauben, dass alle nur Gutes wollen, ist unrealistisch. Nur: Was folgt daraus für die große Mehrheit der Flüchtlinge? Hingehen, zuhören, mitfühlen, mithelfen und die bürokratischen Prozesse beschleunigen – in meinen Augen kann nur dies unser Weg sein.

Zu den meisten Protagonisten in diesem Buch habe ich noch Kontakt, lediglich das Handy von Fatimas Mutter, die ich auf Lesbos in dem Flüchtlingscamp traf, ist seit ein paar Tagen ausgeschaltet. Aber ich bleibe dran.

BEYOND SURVIVAL

Die Botschaft

Wir sind die Generation des 21. Jahrhunderts – wir leben mit dem, was ihr aus der Erde gemacht habt.

Wir wollen eine andere, gerechtere Welt, denn wenn sie nicht besser wird, werden wir untergehen!

Es gibt für uns keine Grenzen und keine Unterschiede zwischen den Menschen. Wir wollen eine Menschheit, in der wir endlich wirklich teilen, was wir wissen und können.

Wir sagen euch: Das Raumschiff Erde gehört allen Menschen, egal welche Hautfarbe sie haben, welcher Religion sie angehören, aus welcher Region sie kommen. Es gibt nur ein Klima, eine Umwelt, ein Weltmeer und eine Menschheit.

In jedem von uns steckt ein Migrant oder ein Flüchtling – in allen Familien der Welt gibt es eine Geschichte der Migration. Deswegen sagen wir: »In mir ist auch ein Flüchtling!«

Die Menschheit entwickelt sich durch Migration und Vermischung der Kulturen weiter, deswegen wollen wir uns frei bewegen und begegnen können – egal wo auf der Welt!

Selbst mittelalterliche Burgen mussten die Tore öffnen – sonst wären die Menschen, die in ihnen lebten, verhungert oder verdurstet. Wir dürfen keine Mauern und Zäune um uns ziehen und uns einschließen. Sonst verhungern und verdursten wir. Wir wollen eine Welt ohne Barrieren, Mauern und Gefängnisse.

Teilen, tauschen, handeln – davon leben wir, aber wir wollen das fair und gleichberechtigt tun.

Es gibt für alles Lösungen und Antworten – aber nicht alle haben Zugang zu den Lösungen und Antworten. Deswegen ist Vernetzung unsere Zukunft!

Alle Kinder auf dieser Welt haben ein Recht auf das 21. Jahrhundert!

Alle Kinder haben das Recht auf Kinderrechte!

Kein Kind darf mehr durch die Wüste oder über das Meer fliehen müssen, um Teil dieser Welt zu sein!

(aufgeschrieben von Kilian Kleinschmidt)

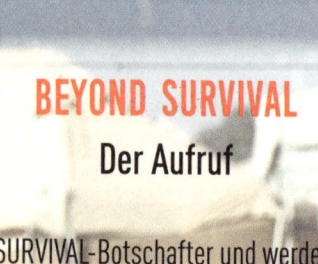

BEYOND SURVIVAL
Der Aufruf

Ich bin ein BEYOND SURVIVAL-Botschafter und werde alles dafür tun, dass es Geschichten, wie sie in diesem Buch stehen, nicht mehr zu erzählen gibt. Ich werde meiner Familie, meinen Freunden und denen, die es hören müssen, diese Erklärung weitergeben. Ich selbst werde denen helfen, die Hilfe brauchen, und ihr Freund und Partner werden, und ich werde Projekte und Initiativen auf der Welt unterstützen, die anderen Kindern den Zugang zu einer gerechten und modernen Welt erlauben.

BEYOND SURVIVAL investiert in innovative und kreative Projekte, die Jugendlichen und Kindern Zugang zu einer modernen Welt verschaffen, in der Bildung, Kunst, Kultur und Technologie feste Bestandteile ihres Lebens sind.

VERNETZE DICH

mit anderen Botschaftern und schließe Freundschaften mit Kindern und Jugendlichen auf der ganzen Welt!

www.beyondsurvival.de

MEHR INFORMATION

unter
www.beyondsurvival.de

TEILE

diese Geschichten über
Facebook, WhatsApp,
SnapChat ... !

www.beyondsurvival.de

PACK MIT AN:

Finde noch heute das Projekt,
das du als BEYOND SURVIVAL-
Botschafter unterstützen
möchtest!

www.beyondsurvival.de

DIE BILDER

TITELFOTO   Auf einem Workshop der Organisation aptART (www.aptart.org) bemalt ein unbekanntes Flüchtlingsmädchen aus dem Distrikt 5 des Flüchtlingscamps Zaatari in Jordanien eine Wand.

KAPITEL 01   Kinder aus Flüchtlingsfamilien in einer Erfurter Willkommensklasse. 09.09.2015.

KAPITEL 02   Im Flüchtlingscamp Badbado in Mogadischu, Somalia, dient Kindern die Ruine eines zerstörten Gebäudes als Spielplatz.

KAPITEL 03   Eine Gruppe von Flüchtlingen auf dem Weg nach Idomeni, Griechenland. 09.03.2016.

KAPITEL 04   Blick auf die Wüste hinter dem jordanischen Flüchtlingslager Zaatari. Vor einer Mutter mit ihrem Kind ist der Graben erkennbar, der ausgehoben wurde, um Zu- und Ausfahrten ins und aus dem Lager besser kontrollieren zu können.

KAPITEL 05   Volunteers und geflüchtete Kinder und Jugendliche des Projekts SOLE: der ersten auf die besonderen Bedürfnisse von Flüchtlingen zugeschnittenen Schule Griechenlands in Athen.

KAPITEL 06   »Lebensbaum«: Dieses Foto bildete den Abschluss eines großen Kinderprojekts der Organisation Child of Play im Flüchtlingscamp Zaatari.

KAPITEL 07   »Danke Deutschland – Wir lieben Deutschland« steht auf diesem Bild, das ein Flüchtlingskind im Februar 2016 bei der Bundespolizei in Passau gemalt hat.

KAPITEL 08   Arbeiter in einer Mine in Sierra Leone, Afrika.

KAPITEL 09   Das Flüchtlingslager IFO in Dadaab, nahe der somalischen Grenze.

KAPITEL 10   Flüchtlingsunterkunft der AWO in Berlin-Gatow. Die Kinder nutzen die letzten warmen Nächte des Herbstes zum Toben vor der Tür. 30.10.2015.

KAPITEL 11   Freiwillige Helfer heißen in Freilassing an der deutsch-österreichischen Grenze Flüchtlingskinder aus Afghanistan willkommen. 19.09.2015.

KAPITEL 12   Die sechsjährige Mariam aus Syrien an der Küste von Lesbos. 03.10.2015.

BEYOND SURVIVAL – Der Aufruf   Die neunjährige Tabarak aus Syrien im jordanischen Flüchtlingscamp Zaatari.

Eine Übersicht über sämtliche für dieses Buch herangezogenen Quellen findet sich auf www.beyondsurvival.de.